贵州多民族傩文化研究

吴电雷 著

中国戏剧出版社
CHINA THEATRE PRESS

图书在版编目（CIP）数据

贵州多民族傩文化研究 / 吴电雷著. --
北京 : 中国戏剧出版社, 2021.10
ISBN 978-7-104-05118-3

Ⅰ. ①贵… Ⅱ. ①吴… Ⅲ. ①少数民族—傩文化—研
究—贵州 Ⅳ. ①K892.24

中国版本图书馆CIP数据核字(2021)第164141号

贵州多民族傩文化研究

责任编辑：肖　楠
项目统筹：李　静
责任印制：冯志强

出版发行：中国戏剧出版社
出 版 人：樊国宾
社　　址：北京市西城区天宁寺前街2号国家音乐产业基地L座
邮　　编：100055
网　　址：www.theatrebook.cn
电　　话：010-63385980（总编室）
传　　真：010-63383910（发行部）

读者服务：010-63381560
邮购地址：北京市西城区天宁寺前街2号国家音乐产业基地L座

印　　刷：北京九州迅驰传媒文化有限公司
开　　本：787mm×1092mm　1/16
印　　张：21.5
字　　数：280千字
版　　次：2021年10月　北京第1版第1次印刷
书　　号：ISBN 978-7-104-05118-3
定　　价：128.00元

目　录

绪　论

一、概念释义

1. 傩

傩，字形结构“亻”＋“难”，蕴含的意义为人遭受灾难、疾病而举行的驱鬼逐疫仪式。《现代汉语词典》释义：旧时迎神赛会，驱逐疫鬼。“傩”字的本义即上古字义为“步行有节度”，意为按照礼仪规范，以符合身份的风度、姿态行走。驱疫之“傩”的本字为“难”（難）。西周时期就已出现，《周礼 · 夏官》有云：“方相氏掌蒙熊皮，黄金四目，玄衣朱裳，执戈扬盾，帅百隶而时难（傩），以索室驱疫。”① 可知在周代，傩已成为当时的重要礼仪制度，其主要特征是：巫师戴着面具驱鬼逐疫。

傩的原始形态是傩祭，后来逐渐演化为以歌舞演故事的傩戏。在汉代，傩仪是一项重大的礼仪活动。《后汉书 · 礼仪志》记载：“先腊一日，大傩，谓之逐疫……方相氏黄金四目，蒙熊皮，玄衣朱裳，执戈扬盾。”② 到了汉代，在“先腊一日”这一天，从宫廷到庶民百姓均举行傩仪，其目的为了“逐疫”，驱逐作祟的恶鬼。唐代，《乐府杂录 · 驱傩》详细记载了有关唐代的傩事：“用方相四人，戴冠及面具，黄金为四目，衣熊裘，执戈，扬盾，口作傩傩之声，以除逐也。”③ 据《东京梦华录》里“打夜胡”的记载：“季冬之月，正居小寒、大寒时候……自此入月，街市有贫丐者，三五人为一队，装神鬼、判官、钟馗、小妹等形，敲锣击鼓，沿门乞钱，俗呼为‘打夜胡’，

---

① 徐正英、常佩雨译注：《周礼》，中华书局 2014 年版，第 657 页。

② 《（景印）文渊阁四库全书》（第 195 册），台湾商务印书馆 1988 年版，第 431 页左上。

③ （唐）段安节撰：《乐府杂录》，中华书局 1985 年版，第 10 页。

亦驱傩之意也。”[①] 这些宋时乞丐在腊月寒冬之际，三五人一队，装神弄鬼地“打夜胡”。

周代的傩被视为古傩的样板，后世驱鬼逐疫之傩，一直沿袭周代的旧制。但是，演化为不同的形态，详指称谓的不同、行傩场合的不同、驱逐对象的不同。

2. 傩文化

傩文化是一种融儒、释、道、巫为一体的文化生态系统，内容包括傩坛（堂）、傩坛班、傩愿、傩仪、傩礼、傩舞、傩歌、傩戏等系列傩元素和系统性的傩事活动。傩信仰是具象的傩事活动在精神层面的升华。贵州汉、苗、布依、侗、土家、彝、仡佬等民族都有傩文化传承，是中国目前傩文化品种保存最多、傩文化研究影响最大的省份。民间有“跳神”“冲傩”“打保符”“还愿”等称谓，广大民众深信举办“酬神还愿”的祀傩神仪式活动能达到“驱鬼逐疫、祈福禳灾”的目的。这种因崇拜傩神而产生的恒久信念，牵引他们通过各种傩事活动来指导和规范自己在世俗社会中的行为，因此形成一种社会意识形态——“傩信仰”。

二、国内外研究现状

（一）本课题国内外研究现状评述

在中国民间信仰体系中，傩文化具有极其重要的地位和影响。从古至今，傩与民众的日常生活、情感体验、精神信仰密切相关，傩事活动成为民众信仰的主要内容，并在很大程度上体现着社会的发展面貌。学术界对此给予极大关注。

---

① （宋）孟元老撰、邓之诚注：《东京梦华录注》，中华书局1982年版，第253页。

1. 国外研究现状

国外学术界对傩文化的研究主要集中于日、德、英、法、韩等国，其研究侧重于傩文化中的仪式戏剧，以及傩文化的比较等问题。田仲一成（日）通过《中国祭祀戏剧研究》（1981 年）、《中国的宗族与戏剧》（1985 年）等著作，探讨中国民间祭祀仪式、祭祀戏剧与宗族等方面的关系，建构中国戏剧史的发展模式。另有布朗德尔（德）与中国学者王兆乾合作的《安徽贵池傩戏》三卷本（德文版，2002 年）、龙彼得（英）的《中国戏剧起源于宗教仪式考》（1985 年）、斑文干（法）的《中国傩戏与欧洲狂欢节》（1992 年）、金学主（韩）的《傩礼和杂戏——以中韩之比较为中心》（1996 年）等。这些国际论著可为本课题研究提供重要参考。

2. 国内研究现状

从现有成果来看，我国学术界对傩文化的研究主要集中在以下三个方面。

① 对傩事活动、傩戏剧本等田野调查材料或文献资料进行搜集、记载和整理。我国台湾学者王秋桂先生主持的“中国地方戏与仪式之研究”计划，辑录了大量的傩文化田野资料，主要调查研究成果编入“民俗曲艺系列丛书”。另有顾朴光的《中国傩戏调查报告》（1992 年）、帅学剑的《安顺地戏》（2008 年）等。

② 对傩的起源、形态演变等问题进行探讨，分析傩的表现艺术、造型艺术等，关注傩与民俗生活、民间信仰等方面的联系。如庹修明《傩戏 · 傩文化——原始文化的“活化石”》（1990 年）、曲六乙《傩戏 · 少数民族戏剧及其它》（1990 年）、徐新建《傩与鬼神世界》（《民俗曲艺》第 82 期）、邓光华《贵州土家族宗教文化：傩坛仪式音乐研究》（1997 年）、章军华《中国傩戏史》（2014 年）和《傩礼乐歌研究》（2016 年）等。

③ 用社会学、人类学的研究视角透视傩文化形态、傩仪现象背后真实的社会文化现象本质规律。如张建建《冲傩还愿：贵州傩仪的结构类型意

义》(1997年)，李岚《信仰的再创造：人类学视野中的傩》(2008年)等。

3. 研究现状点评

国内外研究的关注点在于傩文化的表现形态、艺术特征、宗教意涵等本体内容，对傩多样化形态之间的“互联性”“民族性”“社会性”研究少见。但是，每种傩文化形态与区域内外的其他傩文化必然有某种系统性的内在联系，同时，傩文化的传播及发展必然对当地社会产生深远的影响，并在民族性格方面有所反映。因此，本课题拟从以上几个方面对黔地的傩文化进行研究，以期弥补该领域的不足。

（二）选题的价值和意义

1. 学科价值

“傩”是人类早期形成的一种历史文化载体，蕴含着丰富的历史文化信息，对研究各民族的历史、文化、社会生活及其发展变迁具有较高的学科价值。

2. 理论价值

注重傩文化形态的关联性和民族性研究，运用分析比较的研究方法，重点研究黔地傩文化形态的内质联系及其体现的民族特色，这对伊利亚德等人的比较宗教学理论和我国的宗教学研究大有裨益。

3. 社会价值

傩文化有助于协调自然社会与人类社会圆融发展，它为加快生态文明建设、推进新农村建设、提升民众精神品格、促进民族生活和谐有序发展提供精神营养和理论指导。

4. 现实意义

该项成果有助于社会大众提高认识并尊重傩文化的精神价值，对促进民族地区社会稳定、全面建成小康社会与构建和谐社会，具有重要的现实意义。

三、研究内容

（一）研究对象、总体框架

研究对象：黔域多民族傩文化。在该地区，有众多民众因崇拜傩神而产生恒久的信念，他们通过各种傩事活动来指导和规范自己在世俗社会中的行为，因此形成一种社会意识形态——“傩文化信仰”。傩文化是具象的傩事活动在精神层面的升华。本课题通过梳理该区域多样化的傩文化形态，从信仰层面研究它们的典型性、互联性、民族性、社会性。内容主要由以下几个部分组成。

1. 绪论

主要内容包括：对基本概念给出释义，明确课题研究对象；综述国内外研究现状，确定研究内容和方向；对研究内容、思路方法、创新之处等环节给予清晰化的说明。

2. 第一章：区域傩文化概论

首先统述全国傩文化类型的分布概况，再依次对黔地傩文化的形态类型、区域分布、地域文化渊源及其流播路径等情况进行总体性探究。研究得知：贵州地区傩文化分布最集中、形态最典型，在其地理地貌和人文环境的相对“隔”与“通”格局中孕育出多元共存的傩文化。

3. 第二章：傩文化的民族性

初步研究发现，每种傩文化形态皆与特定的民族相联系。如汉族阳戏坛的“三圣”信仰、化主信仰；苗族、土家族、仡佬族的“桃源三洞”信仰；喇叭苗族、穿青人、布依族庆坛的五通（显）神信仰；汉族、彝族、侗族的创世祖先神信仰；多民族的黑神信仰等。在民族语境下，探索傩文化的成因、民众的思维方式、行为特点等内容。

4. 第三章：傩文化的社会性

首先，论述傩文化的生态环境，即傩文化与自然社会和人文社会的关系，论述傩文化之人与自然和谐相处的生态内质。其次，依次论述傩文化与家庭社会、村寨社会、民众社会和国家社会的关系。探讨傩文化的社会规约性，它提升民众精神品格，增强村寨社会凝聚力，是维系不同民族和谐相处的精神纽带。

5. 第四章：傩文化的互联性

该地区傩文化形态多样，但不孤立存在，“互联性”是傩文化的“内核”。“互联性”主要从傩文化形态的文化生境、文化源流的同一性和具体表演形态的叙事结构、法器道具、操作方式的共通性论述。前者研究不同文化域之间傩文化内涵的同一性；后者观照傩文化自身具象内容诸多要素之间的联系。

6. 第五章：傩文化的异质性

贵州傩戏的“异质性”是从每种傩戏的表演形态视域看，有悖于综合表演形态的成分。该部分内容以撮泰吉、傩堂戏、阳戏和地戏为例，论述仪式戏的戏剧艺术性和民间演戏的仪式性。

7. 余论

以当今社会的核心价值体系为发展指向，探讨提升傩文化品质的途径。

（二）重点、难点和主要目标

1. 重点

研究黔地傩文化形态的典型性、互联性、民族性和社会性。“典型性”，以傩文化的典型类型为个案，分析它的演出宗旨与文化本源；“互联性”，既观照区域内傩文化形态自身要素之间的联系，又观照区域间傩文化内涵的同一性；“民族性”，探索该地区多种傩文化形态的民族品格；“社会性”，分析傩文化之人与自然和谐相处的生态内质和它的社会规约性。

2. 难点

由于前期研究成果较多地针对某一傩文化形态做平面介绍，而跨形态、跨区域的傩文化研究成果十分缺乏，本课题在研究深度和广度上存在难度，但也是研究的价值所在。再者，从傩文化流行地的地理环境、交通条件等方面看，进行广泛而细致的田野调查需要大量的精力和物力。

3. 主要目标

本课题拟采用文献分析、田野调查、比较研究等研究方法，分析黔地傩文化形态的典型性、互联性、民族性、社会性。以此推进民间宗教与民间信仰研究的范式，丰富我国的比较宗教学研究。通过研究傩文化中的民族性因素，促进该地区民众生活稳定、健康、和谐、有序发展。

四、思路方法

（一）研究思路

本课题对黔地多民族傩文化的研究，拟在梳理该地区多样性傩文化形态的基础上，研究傩文化形态的典型性、互联性、民族性和社会性。研究傩文化的典型类型，探究每个类型的文化源流；分析区域内和区域间傩文化的“互联性”，探讨各种傩文化形式之间内质的同一性，进一步厘清傩文化的发展流变史；研究傩文化的“民族性”，即在民族的语境下，探讨傩文化在当今民众生产生活中的价值和意义。论析傩文化的“社会性”，从傩文化与自然社会和人类社会两个层面切入，论傩文化人与自然和谐的生态内质和傩文化的社会规约性。

（二）研究方法

1. 文献分析法

充分利用现有的档案及文字资料，梳理傩文化的知识和理论，掌握其演变特点与发展规律。针对田野调查中获取的经史典籍、口传文献等材料做深入分析，从既有文本的表层深入到傩文化的深层结构，从而发现它的本质内涵。

2. 田野调查法

采用参与观察、深度访谈和直接体验的“田野三角”，实地调查该地区傩文化的文化生态，获取傩文化的第一手资料。

3. 比较研究法

运用比较研究法分析傩文化的典型类型，论证傩文化多民族性的成因；比较区域内和区域间的傩文化形态，发掘它们的互联性，探索傩文化流变的原因及其内在传承发展的规律。

五、创新之处

1. 研究视角创新

傩文化在当今各族民众生活中自发复兴，如何对待这一现象是各级政府主管部门关心的问题之一。恰当处理，有助于提高政府的公信力，促进社会和谐健康发展。本课题即针对该问题而立论。

2. 研究内容创新

本课题把傩文化提升到“信仰”的高度来研究，拓展了傩文化研究的视野，丰富了民间信仰研究的内容。较之前期的研究内容，具有开拓性和创新性。

3. 学术意义创新

本课题把散布在这一区域的傩文化形态做通观观照，发现它们之间的互联性，研究傩文化的民族特色及其新时期的社会价值，这在学术领域具有创新意义。

4. 研究方法创新

成果研究方法主要基于传统历史文献，兼及田野调查的第一手资料与文献观照整体结合；适时运用比较法得出客观结论；有效运用网络调查，为实地考察提供线索。

第一章

区域傩文化概论

本章对全国主要傩文化类型、类型特征、主要分布地域等情况进行总体性梳理。然后将研究的地域范围聚焦于贵州地区，因为傩文化在该区域品种最丰富、分布最集中、形态最典型。通观黔域傩文化的形态类型、地理区域分布、文化渊源及其流播轨迹，在整个黔地的地理和文化的相对“隔”与“通”格局中孕育出多元共存的傩文化类型。

第一节　全国傩文化类型概况

“在我国黄河、长江、珠江流域，以及东北和西北地区，都有过傩戏、傩文化的存在，并以不同的方式和形态传承着，形成了一个东起苏、皖、赣；中经两湖、两广；西至川、黔、滇、藏；北至陕、晋、冀、内蒙、新疆及东北的傩（巫）文化、傩戏圈。”[①]可见，早在20世纪八九十年代，中国傩文化研究者的思维中对傩文化在国内的区域分布和具体形态就形成了较为成熟的学术意识。通过田野调查发现，不同方式和形态的傩文化信仰至今仍活跃在这片广袤的大地上。在东部江苏、安徽和江西的傩文化形态有江苏的童子戏、安徽的家族傩和江西的赣傩。

江苏的童子戏作为一种民间祭祀戏，主要分布在苏北连云港市、赣榆、沭阳、灌云地区。童子戏的表演者艺人自称“乡人傩”，演出仍保留着许多傩祭和许愿敬神的传统。在江苏的南通地区亦流行童子戏，不过名为“僮子戏”。

安徽的傩文化形态主要是家族傩，演出傩戏《孟姜女》，寓意人们对家人团圆、家族人丁兴旺的祈望。家族傩是在家族祠祀的基础上发展形成的，主要特点是整个家族参与祈禳全族全村寨的平安，此类型的傩戏主要分布在皖南、闽北、赣南、粤北、湘南、川东等地。

傩文化在江西俗称“赣傩”，主要分布在抚州、萍乡、宜春、上饶、赣州、吉安、九江等地。江西傩文化资源相当丰富，宋代该地始有傩戏。宋代南丰（今属江西）诗人刘镗《观傩》诗有云：“鼓声渊渊管声脆，鬼神变化供剧戏……五方点队乱纷纭，何物老妪绷犹熏……明日冠裳好妆束，白

① 王秋桂主编：《中国地方戏曲丛谈》，国立清华大学人文社会学院思想文化史研究室1995年版，第289页。

昼通都人面目。”[①]此诗写于宋末元初，表明此时江西傩舞戏基本形成。明清以来，建傩庙者众，宗族建庙尤其多。清同治《义宁州志》（义宁州即今修水县）有云：“各大姓宗族倡捐置买田租，竞立神会，雕彩傩像，兴修傩庙，以供报赛。”[②]南丰石邮明代即有傩庙。萍乡向有“五里一将军，十里一傩神”的俗称，萍乡傩文化带有原始三苗族文化特征的蚩尤崇拜、牛图腾崇拜。

两湖、两广地区的傩文化形态亦呈多样化。其中湖南的湘傩自成体系，傩文化在湘南、湘西南、湘西形成一个半圆形的傩文化带。如以湘南郴州市临武县油湾村为代表的郴州傩，以益阳市安化县、娄底市新化县、邵阳市隆回县“三峒梅山”为代表的梅山傩，以沅陵为代表的辰州傩和以茅古斯、傩堂戏、阳戏为代表的湘西巫傩文化。

茅古斯，演出队伍皆结草为服，赤身表演。装扮后的茅古斯表示“毛人”师祖的再现，喻示祖先神灵附体。茅古斯仪式文化内涵丰富，通过对渔猎时期“毛人”的生产、生活的模拟，形体、动作、语言的模拟，用歌舞、对白等载体，再现了远古“毛人”的生产与生活的情景。祭祀是茅古斯表演的核心目的，就是祈求祖先神保佑民族、家族繁衍兴旺，茅古斯男性生殖崇拜是土家族先民对种的繁衍的强烈愿望的集中体现。

两广地区的傩文化类型主要有广东潮汕和湛江的傩舞、罗定江流域的跳禾楼和广西融水的“芒篙”。潮汕英歌傩舞主要表演形式为演出队伍戴面具饰水浒英雄表演歌舞，主体故事情节有水浒众将攻打大名府救卢俊义和劫法场救宋江两出。英歌傩舞主要表演器具有被称作“英歌槌”的圆木棒，以及乐器锣和鼓。湛江傩舞形式丰富，包括麻章傩舞、廉江傩舞、雷州傩舞、吴川傩舞。其中麻章傩舞又分以雷公和五雷公将为主体的傩舞和以历史上于国家社稷和人民有功德的英雄神将为主体的傩舞。跳禾楼普遍流行于罗定江（南江）流域的广大地区，即广东粤西清远、罗定、郁南、信宜、化州、

---

① （清）曾燠编：《江西诗徵》（卷二十四），《续修四库全书》（第1688册），上海古籍出版社2002年版，第457—458页。

② （清）王维新等修；涂家杰等纂：《（同治）义宁州志》，《中国地方志集成·江西府县志辑》（第15册），凤凰出版社2013年版，第368页。

阳江、开平、台山等县市。跳禾楼以傩舞为主，据乾隆《东安县志》记载："冬十日，田功告成，村落中各设醮报赛。另建一小棚，高二丈许，巫易女服，歌舞其上，名曰'跳禾楼'。散斋、颁胙、剧饮为欢，亦农家之乐也。"① 道光《广宁县志》记载："六月，村落各建小棚，延巫者歌舞其上，名曰跳禾楼，用以祈年。"② 可知，进行跳禾楼活动在秋收后农闲时，以此庆丰收、祈福神。"芒篙"是广西融水当地苗族崇尚的神灵。民间传说，苗族祖先用古树刻成面具，披着芒篙藤制成的蓑衣，脸上涂抹黑灰扮演"芒篙"（野人），成功抵御盗贼山匪的侵扰掠夺。每年农历正月十七，融水苗家都要恭请"芒篙"来参与芦笙踩堂舞，祈求村寨无灾无厄，期望年景风调雨顺。

川、黔、滇、藏是傩文化形态丰富且传播广泛的地区。尤其在黔地分布和传播最集中，这是本书的主要内容，在此不赘述，后文详述。而四川地区傩文化形态有川北地区的阳戏（提阳戏）、芦山县羌族的庆坛、平武县白马藏人的"跳曹盖"。云南有昭通地区的端公戏，以及双柏县彝族的"老虎笙"等傩文化形式。

川北阳戏指流传在四川北部梓潼县、广元射箭乡、剑阁县等地的阳戏。川北阳戏坛主祭川主、土主、药王和化主"四圣"，突出特点是用木偶演出神祇故事，所以又谓之"提阳戏"。"跳曹盖"流行于四川西部的平武县、九寨沟县白马藏区。"曹盖"系白马藏语音译，意为面具，"跳曹盖"即戴着面具跳舞，舞者戴着各种代表不同形象的面具，穿上特制的不同扮相服装起舞。每年正月初六举行，展现对自然神的崇拜，祭祀神灵、祈求神明将鬼怪驱赶出寨外，祈福一年人畜平安、五谷丰登。

云南傩戏的主要形式有端公戏和"老虎笙"。端公戏流行在昭通地区，

---

①（清）汪兆柯：《东安县志（全）》（卷一），清乾隆五年（1740）刻本，成文出版社1974年版，第165页。

②（清）黄思藻等纂修：《（道光）广宁县志》（卷十二·风俗），《中国地方志集成·广东府县志辑》（第48册），上海书店出版社2003年版，第150页。同样内容在《阳江县志》（道光二十三年增补道光二年续修刻本）亦有记载："六月村落中，各建小棚，延巫女歌舞其上，名曰跳禾楼，用以祈年。"参见丁世良、赵放主编《中国地方志民俗资料汇编·中南卷》，北京图书馆出版社1991年版，第838页。

“老虎笙”流行在云南楚雄双柏县的一些彝族村落中。农历正月初八到正月十五，该县法脿镇小麦地冲的彝族罗罗支系举行“老虎笙”，即“虎节”。仪式由接虎神、跳虎舞、虎驱鬼扫邪和送虎四部分组成。这里的彝族群众认为“虎”是其始祖，彝族是虎的民族、虎的后代，虎创造了万物，是世间万物之神。虎教彝族先民学会了农业耕作、日常生活、种族繁衍和节日祭祀。过年时接虎祖回村寨和彝族群众一起过节。“虎节”当天，一位年长者穿着虎皮花纹的外衣带领群众到村民门口边唱边跳，为他们送上祝福、驱邪祛恶。

中国西北、北方以及东北地区也有许多傩文化活动。如甘肃永靖县的“七月跳会”和青海民和县的“杀虎将”，陕西傩戏有陕南汉中的端公戏，山西有曲沃的扇鼓傩戏，河北有武安固义村“打黄鬼”，内蒙古有赤峰市的“呼图克沁”，以及东北地区的萨满信仰等。

青海民和县的“杀虎将”和甘肃永靖县的“七月跳会”。“杀虎将”是青海民和三川地区的土族在“纳顿”节上表演的面具舞。传说，杀虎将是山神爷，山神爷下山降虎，为民除害。甘肃永靖“七月跳会”属于傩舞，傩“戏”的成分少，其剧情结构简单、人物角色较少、剧目数量不多，单出剧目表演用时不长。“七月跳会”与贵州安顺地戏表演形态相似，即所谓“军傩”。据清宣统《甘肃新通志》载：“刘钊，河州人，正统中为都督，奉命整饬贵德，抚有积石关番人七十二族。开设诸屯，垦辟田土，立茶马司，易马一千七百匹，诸番皆悦，于是官厩充实，沿途广设番驿，与河州消息相通，经营守御，皆钊之力。”[①] 由此可联想，在明代以江淮地区为中心可能存在一条随着屯军、屯民向西北、西南戍边的军傩文化传播路线。

陕西汉中傩戏又称“端公戏”，有开口傩、闭口傩两种。“开口傩”指表演时，演员不戴面具，用油彩直接在脸上画脸谱，穿着戏服扮演剧中角色。“闭口傩”演出的显著特点是戴面具，舞者穿着彩色衣袍，佩戴着“傩面王”面具和头饰，踏着锣鼓的节点，向观众表演捕鱼、打猎、耕作、播

① （清）升允、长庚修；安维峻纂：《甘肃新通志·职官志》，江苏广陵古籍刻印社 1989 年版，第 43 页。

种、除草、捉虫、晒收等原始生产、生活剧情场面，用古朴的动作反映人物的浅层思想情感。汉中端公戏表演，场上的道具简洁，唱腔地方特色明显，唱词优美，俚俗诙谐。

山西曲沃扇鼓傩戏是山西省曲沃县任庄村民“遵行傩礼，禳瘟逐疫，祈福祛灾”，于每年仲春时节进行的一项古老的中国民俗祭祀表演活动。《扇鼓神谱》即傩戏唱书，发现于1986年，详细记录了12折傩戏的演唱内容，封面竖写“扇鼓神谱”四字，扉页竖写“遵行傩礼，禳瘟逐疫”八字。

河北傩戏只有流行在武安固义村的“打黄鬼”最为人们所熟知。“打黄鬼”只有《捉黄鬼》是一出傩戏，形式为沿街演出的哑剧。其角色有阎罗王、判官、大鬼、二鬼、跳鬼和被捉拿的对象黄鬼。黄鬼既是洪涝、虫害、疫病等灾异的人格形象，又是人间忤逆不孝、欺负弱小等邪恶势力的代表。通过对黄鬼的极刑处置和一系列仪式，表现了人民群众战胜自然灾异，确保风调雨顺、五谷丰登、人畜平安、世道安宁的美好愿望，同时，对人们进行尊老爱幼等伦理道德教化。

内蒙古的傩文化活动有赤峰市的“呼图克沁”。“呼图克沁”是蒙古语，又写作“好德格沁”，意思是丑角、闹红火或祝福、求子。与汉族的“乡人傩”沿门逐疫是同类活动，目的就是过新年为民众送福送子，祝福日子过得红火热闹、日常生活免灾辟邪。“呼图克沁”的演出时间为农历正月十三至正月十六，主要角色有白老头、曹门代、花日、黑老头（朋斯克）、孙悟空、猪八戒六个。

东北地区信仰萨满王。在萨满信仰地区，萨满王被看作智慧的化身，萨满必须具备许多常识或知识，能够观察事物的发展，预测未来，敢预言吉凶。该地区，崇奉萨满的历史久远，在匈奴时代，萨满在政治、军事上都起着一定的作用，凡战争或其他处于犹豫状态的事件，最后都要取决于萨满。至今，北方很多地方，许多原始宗教的祭司仍被称作“萨满”。

就全国傩文化形态比较来说，黔地是傩文化的最重要版图。这里不仅傩文化形式丰富，而且其影响之深远在全国亦是首屈一指。

第二节　黔域傩文化形态观照

梳理现有文献和综合田野调查情况发现：在黔地 17.6 万平方公里的区域内，傩文化资源丰富、形态类型多样，迄今为止，发现共有十余个傩文化品种。从文化地理学的视角观照，多样化的傩文化形态在黔域的地理版图上构造出一幅条块清晰的傩文化地图，并呈现每类傩文化形态在一定区域内具有独特性的同时，又与其他某种类型略有融合的分布特点。

黔地是迄今发现存有傩文化品种最丰富的区域。典型类型有“撮泰吉”“傩堂戏”“端公戏”“阳戏”“梓潼戏”“滚龙戏”“庆坛”“地戏”“布依族面具戏”“土家族傩戏”“肥套”，以及“跳神”“冲傩”“打保福”“还愿”等。繁多的称谓虽然不排除“名异实同”的客观实际，却恰好反映了黔地傩文化的丰富性和典型性，因为每个品种在祭祀神灵、表演出目、演出时空等方面皆具有独特性质。

1. 撮泰吉

彝族“撮泰吉”，亦谓之“变人戏”，演述彝族先民迁徙、农耕劳作、种族繁衍的情节。主要角色有彝族智慧老人惹戛阿布[①]和阿布摩、阿达姆、麻洪摩、嘿布、阿安六位祖先神。表演时除惹戛阿布外，其他角色都要戴面具。所有面具整体造型相同，呈脸壳状，以黑色为底色，眼口镂空，面具上画白色线条或粘贴麻绳材质的胡须，以线条的多寡或是否粘有胡须来区分角色身份。演出的剧目只有《撮泰吉》一个，演出时间在农历正月初

① 惹戛阿布：支嘎阿鲁的音译，被川、滇、黔、桂地区彝族群体共同认同的始祖。

三至正月十五期间，伴随彝族村寨举行的“扫火星”年俗活动演出，该项仪式活动强调突出“驱鬼逐疫、祈福纳祥”的旨趣。

2. 端公戏

端公戏的流播区域较广，如苏、鲁、皖毗连地区，陕西南部和川、渝、滇、黔接壤地带皆有端公戏演出。端公戏在贵州主要集中在黔西北的金沙等县区传播，因举行庆菩萨、庆坛、打傩、阳戏、做道场、跳端公等活动时由端公主持，所以当地又称“端公戏”。演出端公戏，各种角色戴面具出场表演，并且神龛上供奉被称为“老郎神”或“老郎太子菩萨”的木雕戏神。有些面具既是祭祀面具又是演戏面具，所扮演的角色有文臣、武将、凶煞、善神、男女性神灵等。根据仪式成分比重的大小，端公戏划分为法事戏、正坛戏、耍坛戏三种类型。法事戏具有酬神驱邪的祭祀仪式性质，主要剧目有《开坛》《圆坛》《遣公曹》等。正坛戏主要剧目有《礼请》《二郎记》《桃山救母》等，剧情内容多是与巫道神祇相关的神话故事。耍坛戏又称“春戏”“花戏”“笑坛戏”，夹在法事之间演出，内容多取材于历史演义、神话传说或民间故事，表演目的旨在活跃观众气氛，代表性剧目有《和尚讨亲》《遇龙封官》《天官赐福》等。

3. 傩堂戏

傩堂戏即“傩愿戏”，因在愿主家宅的中堂设神坛演出祀神戏而称之为“傩堂戏”。演出傩堂戏，神龛上供奉傩公、傩母的木雕神像是其最显著的特征。傩堂戏根据其演出目的分类，具体品种又有冲傩、打保福、过关、冲寿傩等。“冲傩”意在驱逐、赶走作祟的邪魔恶鬼，“打保福”指驱赶缠附孩童犯恶之邪鬼和祈求善神佑护其健康成长的一种傩仪，“过关”旨在解除困扰小儿健康成长的关煞，“冲寿傩”用于祈神保佑老人健康长寿。演戏前，由开路先锋请求看管桃源三洞的唐氏太婆拿出钥匙打开桃源洞，请出象征神祇的面具才能开坛演戏。傩坛法师戴上面具唱演其象征神祇的根生故事，傩堂戏面具主要有开山猛将、先锋、和尚、土地、秦童、钟馗、判官、灵官等。傩堂戏演出戏目有两类：一类是与“冲傩还愿”相关的仪式戏，又称傩堂“正戏”，有二十四戏，分上洞戏、中洞戏、下洞戏三部分。“上洞戏”剧目包括《扫地和尚》《地盘开洞》《开路将军》《点兵仙官》《引兵土地》《押兵五郎》《水路将军》等，“中洞戏”剧目包括《甘生八郎》《杀牲九郎》《算命郎君》《九州和尚》《王婆卖酒》《打菜仙姑》《牛皋卖药》等，“下洞戏”剧目包括《勾簿判官》《钟馗斩鬼》《二郎镇宅》《目连追殿》等，演出傩堂正戏须戴面具。另一类是与“冲傩还愿”仪式无直接联系的“插戏”，常演剧目是以《庞氏女》为大题目的折子戏，如《陈氏磨妻》《姜诗休妻》《安安送米》《芦林会》和《柳毅传书》《鹦哥记》《蟒蛇记》等，这类插戏演出时不戴面具。傩堂正戏表演是还愿仪式的主体部分，而插戏表演要服务于仪式活动。傩堂戏演出中间或结束时还常表演开红山、上刀山、下火海、抓油锅、定鸡等傩技，以期达到震妖慑鬼的目的。用于傩堂戏演出的主要法器和表演道具有师刀、牛角号、祖师棍、牌带、令牌、竹卦，乐器有锣、鼓、钹等。

另外，岑巩县注溪乡的“喜傩神”祀神坛为“三清台”[①]，可视为傩堂戏的另一种称谓。因为无论从其演出主旨、演出场域，甚至演出的具体剧目来看，皆与傩堂戏具有高度吻合性。[②]

4. 阳戏[③]

戏坛神龛上祀奉川主、土主、药王“三圣”是阳戏的类型标识。阳戏传播区域广，形态呈多样化，基本类型有仪式型阳戏、仪戏结合型阳戏和民间小戏型阳戏三种。仪式型阳戏一般由傀儡或巫师戴面具演出，仪戏结

---

① 喜傩神有唱词：香烟插上宝烛台，吹动表文登天宫。天上圣母齐降驾，上司请坐三清台。

② 王秋桂、庹修明：《贵州省岑巩县注溪乡岑王村老屋基喜傩神调查报告》，施合郑民俗文化基金会 1995 年版，第 52—253 页。

③ 阳戏演出旨在安神镇宅、还愿、小儿过关、送背扇、娶媳迎新等。

合型阳戏表演艺人须戴面具或涂面装扮成神祇，表演民间小戏型阳戏时演员往往采取涂面化妆的形式。阳戏坛上经常用于扮装神祇的面具有川主、土主、药王、和尚、土地、钟馗、判官、灵官等。仪式型阳戏有“半堂戏”和“全堂戏”之分。“半堂戏”的常规剧目有《开坛》《撒帐》《造棚》《扫棚土地》《开路》《灵官纠察》《请神》《领牲》《走马二郎》《点棚》《牢子》《接神》十二出。“全堂戏”则在“半堂戏”的基础上另加《催愿仙官》《碓磨夫人》《饯驾回熟》《敲枷脱锁》《田郭二位》《六位国主》《杨公大口》《勾愿仙官》《送神法官》《盖魁大将》《梅花姐妹》《安神》十二出，共计二十四出。[①]仪戏结合型阳戏除执行仪式外，还演出一些神祇故事的戏，如《桃山救母》《二郎降龙》《灵官镇坛》等，关于“二郎神”题材的戏是黔地阳戏坛上普遍演出的剧目。阳戏的仪式轨程与傩堂戏相似，均包含请神、颂神、祀神、役神、送神等若干环节，而娱乐性剧目或穿插在仪式的间隙或融于仪式之中演出。民间小戏型阳戏距离酬神祀神的旨意最远，它很大程度上吸收融合了花灯、花鼓及其他民间乐曲等艺术形式，演戏的世俗性、娱乐性也因此大大加强。这类阳戏的典型剧目有《卖纱学打》《河边洗裙》《捡菌子》《贫富上寿》等。

5. 滚龙戏

滚龙戏目前可以断定是黔地独有的一种傩文化形态。滚龙戏是聚居于黔北正安县的仡佬族先民用以驱邪降魔、祈祷平安的一种祭祀仪式戏，它集中流行于正安县谢坝仡佬族苗族乡、市坪仡佬族苗族乡以及邻近的流渡镇、中观镇等地。滚龙戏演出形制比较灵活，在主人家堂屋设坛演出一天一夜的小场戏，10 人即能完成，其中乐器操作 4 人，站坛执行仪式 6 人。在主人家院坝上搭戏台设戏帐演出三天三夜的大场戏，需要人数约 15 人，

---

① 胡天成编：《中国传统科仪本汇编（六）——四川省重庆接龙区端公法事科仪本汇编》（上），新文丰出版公司 2003 年版，第 207 页。该抄本所列阳戏剧目具有典型性，因为黔域各地阳戏的仪式抄本普遍保留着对重庆巴县道光时期阳戏文本的继承性，从抄本体例、传抄时间等方面足以证明。参见拙文《阳戏仪式文本叙录》，《文化遗产》2014 年第 1 期。

除操作乐器的 4 人外，还需化妆 1 人，演唱 10 人左右。滚龙戏的演出场地一般选在主人家堂屋或正对堂屋的院坝上，往往根据演出时间长短而定，表演一天一夜的小场戏就在主人家堂屋设坛唱戏，表演三天三夜的大场戏就在院坝上搭戏台设戏帐演戏。

滚龙戏演出剧目分仪式戏和颂神戏两种。仪式戏的演出完整仪程主要有《设坛》《开坛》《请圣领牲》《唱功曹》《开路》《唱财神》《上圆台》《中圆台》《下圆台》《送神》。其中《下圆台》是滚龙戏的主戏，是仡佬族滚龙戏的“点睛之笔”，演唱川主菩萨锁孽龙，将孽龙镇于海底，民众得以太平的故事，剧情曲折，旨意明确。“滚龙”的含义一是取“翻滚”之意，一是取“驱赶”之意。主角是孽龙，其扮演者往往是戏班的“台柱子”，头戴面具，身披甲靠，手执大刀，在演场中间跳跃翻滚、唱念做打，不时做出钻洞、翻山、投水、跳跃、对打、厮杀、伏擒等动作，其中兼有舞蹈、杂技的成分。收场情景亦是滚龙戏的一大看点，川主收孽龙后，尊坐高位，威武无比，顿时锣鼓齐鸣、火炮不绝，喊声阵阵，喻示庆贺胜利，除魔得安。颂神戏剧常演出目有《川主造刀大破桃山救母》《二郎锁孽龙》《灵官纠察》等。祭祀和唱演的主要神灵有“三圣”（川主、土主、药王）、灵官、三伯公婆、二十四戏神。从演出场所、祭祀主神、表演内容等方面看，滚龙戏是傩堂戏和阳戏的复合体，或者说是祭祀性质浓厚的傩堂戏向偏重娱乐性质的阳戏过渡的一个中间傩戏形态。

6. 梓潼戏

梓潼戏又名“子童戏”，是一种娱神与娱人相结合的戏曲样式，因演戏旨在求子还愿、祈神赐福而得其名。梓潼戏只唱梓潼帝君故事，先是婚后不孕的妇女向梓潼帝君许愿保佑生子，生子之后，杀猪祭供，请戏班唱梓潼戏以还愿。这里梓潼帝君被看作生育神，但在道教神谱中他是主宰功名禄籍的神祇。梓潼戏演出剧目是唐朝神话故事《陈子春》[1]，分《出龙宫》《魏征上朝》《火官保破牢救母》三场进行。安龙县梓潼戏[2]则演十五折仪式折子戏：《点兵大将》《真武》《财神》《太白》《四将》《玉帝》《黑脸》《探子》《红脸》《兵歌》《金童玉女谏公请神》《二郎领牲》《土地点棚》《灵官扫台》《戒魁》。剧中人物有真武祖师、财神赵公明、太白金星、王马赵温四大将军、玉皇大帝、二郎神杨戬等。在戏坛上，只有土地戴面具演出，其他角色采用涂面化妆的装扮形式。唱词兼用板腔体和曲牌体，伴奏乐器有鼓、锣、钹、镲、包包锣、牛角、二胡、箫、笛等。[3]

需要指出：黔北桐梓县的梓潼戏与黔西南安龙县的梓潼戏表演内容大不相同。安龙县梓潼戏与云南文山州梓潼戏形态一致，戏坛供奉陈子春，唱陈子春事。[4]但黔北桐梓县的梓潼戏则与川北梓潼阳戏表演形态一脉相承，戏坛供奉土地、川主和药王，[5]这里的“梓潼戏”可视为“梓潼阳戏”的缩谓。

7. 庆坛

庆坛之坛有五显坛、三霄坛、宝山坛、王母坛、二郎坛等多种类型，分类依据主要是祭祀的主神：五显坛祀“五显神”，三霄坛祀“三霄神”，

---

① 其演出的剧目是根据唐朝神话故事《陈子春》改编的，该剧既有文戏，也有不少分量的武戏。故事讲述了唐代宰相陈光儒之子陈子春考上状元，娶了名门闺秀桂花公主为妻，生下的儿子火官保被天神抢走，收为徒弟并教会武艺。桂花公主被打入地牢。东海龙王有三个女儿，见陈子春一表人才，一见倾心，便设法与陈子春成婚，生下三个儿子。成年后，三个儿子分别考上状元、榜眼、探花，并与大哥火官保相认。整个剧目情节曲折、扣人心弦，最后以“火官保破牢救母”感动玉帝、全家封神结束。演出一般分上、下半夜两部分进行。上半夜所演折子戏剧目分别为《出龙宫》《出太子》《龙王三女》《出妖魔》《出菩提祖师》《反龙宫》《收伏妖魔》《反中原（唐朝）》《夺唐朝》。吃了宵夜之后，接着演《出魏征》《配婚（十月怀胎）》《一出土地》《火官保》《广成子学法》《二出土地》《三仙女配婚》《牢中生子》《土地送子》《三子救母》。演出结束后，将演出时的纸扎用品烧掉以谢神灵。

② 调查资料。时间：2020 年 10 月 4 日；地点：安龙县招堤街道办郎元村龙蛇村民组何达津家；受访人：何达津。

③ 赵煦、刘光书主编：《盘江奇葩——安龙》，贵州教育出版社 2008 年版，第 108—109 页。

④ 云南文山州梓潼戏主要流传于西畴、麻栗坡、马关、广南等县。参见唐永啸《梓潼阳戏与梓潼戏》，载黄道德、于一主编《梓潼阳戏》（内部资料），中国戏曲志四川卷编辑部、绵阳市文化局、梓潼县文化局 1991 年版，第 49 页。

⑤ 调查资料。时间：2020 年 10 月 4 日；地点：安龙县招堤街道办郎元村龙蛇村民组何达津家；受访人：何达津。

宝山坛因主祀桃源宝山上的“三楼天子”（上座云霄罗天子、中座山霄李天王、下座水霄萧天子）而信奉“桃源三洞”。庆宝山坛基本的演出形制是在家庭中堂神龛竖插一根大竹筒，上粘彩纸，内“贮米豆数事为峒以栖神”。稍有病痛或灾难，则延巫祷解，宰杀猪牲，迎降“宝三娘”及桃源神以酬还良愿，一般三年一小庆，五年一大庆。庆坛演出内容因演出目的的不同而随时调整。如晴隆县杨家寨村还小儿过关愿庆坛仪式有《起坛》《请外道》《拜功曹》《上祖师》《请神》《架桥》《献血》《跳老祖宗》《戴脸子》《勾猪》《开财门》《走傩上纂》《敬酒》《献衣》《焚钱遣殃》《背钱》《上宝粮米》《迁坛》《过关》《推凶星》《贺神》《送圣》,[①] 湄潭县三联村庆三霄坛过职仪式有《放牲》《招兵请圣》《统兵进坛》《开坛》《参灶》《申文》《立楼》《开洞》《领牲》《撤坛放兵》《搭桥》《传法度职》。田野考察发现，许多地方的庆坛仪式只是出目名称及其出演的先后顺序不同，实质内容相同，如上文的《请外道》与《招兵请圣》,《请神》与《统兵进坛》等。进行庆坛傩事活动的主要地点在事主家的堂屋，具体时间则由法师和事主商讨择定。

8. 地戏

地戏习惯上称“贵州地戏”“黔中地戏”“安顺地戏”或“屯堡地戏”，当地人则称之为“跳神”。跳神演地戏要遵循七项仪程：（1）开箱：择吉日，从箱子中请出面具；（2）参庙：到庙中参拜神灵，求神保佑；（3）扫开场：由两个小童分别戴红、蓝面具出场，边唱边舞；（4）设朝：君王将帅出场，拟升堂坐朝，调兵遣将；（5）跳神：地戏演出；（6）扫收场：由“和尚”与“土地”对唱，内容为：将一切灾难、不祥扫出去，将金银财宝、吉祥平安扫进来；（7）封箱：将面具包裹好封入“神柜”中。戴面具演出是地戏的最显著特色之一，凡是出演的角色均须戴面具，一个地戏班有几十甚至上百尊面具。现存地戏剧目按历史年代编排有“《封神演义》《大破铁阳》《东

① 调查资料。时间：2013 年 8 月 24—26 日；地点：贵州晴隆县长流乡杨家寨村罗怀尧家；受访人：掌坛师刘凡志。

周列国志》《楚汉相争》《三国演义》《大反山东》《四马投唐》《罗通扫北》《薛仁贵征东》《薛丁山征西》《薛刚反唐》《残唐》《二下南唐》《飞龙传》《初下河东》《二下河东》《三下河东》《九转河东》《二下边关》《八虎闯幽州》《五虎平西》《五虎平南》《岳飞传》《岳雷扫北》《大明英烈传》[①]等三十余个剧目。可见，地戏演出的剧目本身没有驱鬼逐疫的内容，“傩”的含义体现于“开箱”和“封箱”的仪式。地戏演员全是地道的屯堡村民，过去跳神演地戏的全为男性村民，自 2006 年后，因传承需要，屯堡开始组建女子地戏班。地戏演出时间集中在农历正月上半月“跳新春”和农历七月十五“跳米花神”两个时段。演出地点选在空间宽阔的街头巷尾或稻田旷野，不过在当今重视发展、传承民族文化的语境下，不少屯堡把地戏表演搬上了庙宇广场和城乡舞台。[②]

随着社会的发展，安顺地戏表演适时与乡村旅游结合起来，成为地方旅游的特色文化景点。景区表演剔除了地戏开头和结尾的祭祀仪式部分，只截取唱演精彩、打斗激烈的片段，提升了地戏表演的观赏性。这种应景式的表演虽然在某种程度上脱离了传统的民俗背景，却以新的形式在新的文化空间内另辟蹊径地得以发展。

9. 布依族面具戏

布依族面具戏是当地布依族民众在节庆吉日进行自娱的一种傩文化民俗活动。布依族面具戏演出以村寨为单位，一般一个村寨一戏班，每逢节庆日由“戏头”负责召集演出，演员即是村民。演出前通常祭拜传艺的师傅和面具神。[③]主要演出的剧目有《唐僧收徒》《火焰山》《孙悟空三打白骨精》等“西游记戏”，剧情内容与小说《西游记》基本一致。演员戴着孙悟

① 喻文琳：《贵州傩戏面具艺术探究》，贵州师范大学硕士论文，2014 年。

② 调查资料。在安顺地区很多屯堡搭建了供地戏表演的戏台：天龙镇屯堡建设“多彩屯堡剧场”、大西桥镇九溪村龙泉寺戏台、马官镇马官屯文艺舞台、屯院村乡村舞台、二官屯戏台等。

③ 调查资料。时间：2015 年 7 月 3 日；地点：兴隆镇下马贡村韦仁斌家；受访人：韦仁斌。

空、唐僧、猪八戒、沙僧、观音、村姑、老妪、牛魔王、白骨精、铁扇公主等角色面具脸谱表演。① 之所以择演《西游记》故事，大概取其唐僧师徒在西天取经过程中驱邪镇妖的旨意。

布依族面具戏所用面具为纸质，由艺人用牛皮纸一层层地在泥胎模型上手工制作而成，成型后再绘上不同角色的脸谱，演出时用红布绑在演员头上。演出面具戏常用的乐器有钩锣、双钵、堂锣、长号、大鼓等，执钩锣的人为“鼓头”，“鼓头”根据戏剧场面选择不同的曲调，操作其他乐器者亦随之附和。面具戏乐调有【猛虎下山】【五斗银】【黄莺展翅】【寒心】【打架哪个来】【打架我们来】【和平相处】② 等，鼓经调子有【猛虎下山】【公鸡叫唤】【母鸡下蛋】【雄鹰展翅】【三合一】【慢山锤】【蝴蝶飞】【鸡捡米】等。综合来看，面具戏属于哑戏类，演多唱少。

10. 土家族傩戏

黔东南镇远县傩文化形式有傩愿戏、冲傩等类型。傩愿戏，简称“愿戏”，主要演出地区是镇远县西北部尚寨土家族乡及其邻近的土家族、苗族、侗族、仡佬族地区。傩愿戏是在“许愿”达到目的之后“还愿”时才上演的戏剧。如土家族群众想实现某种诸如子女双全、庄稼丰产、六畜兴旺、官司打赢、疾病快好等愿望，如果愿望真的实现，便要唱戏答谢还愿，其戏即为傩愿戏。许愿可以对土主、对菩萨、对自己崇拜的树木、石头等。傩愿戏的品种有傩愿、魈愿、半魈半傩、竹愿、请傩神等。傩愿戏尊崇玉皇大帝、太上老君等神祇，愿堂上供傩神爷、傩神娘头像。

傩愿戏表演时，掌坛法师及弟子头戴彩雕木面具，身着法衣。木制面具有报子、甘生八郎、开山、小鬼、打卦老者、铁匠、金鸡、仙锋、土地、笑和尚、龙神、春官、判官等。法衣为道袍样式。傩愿戏演出时长有一天一夜、三天三夜或七天七夜，甚至十五天十五夜几种规制。为珍爱农时，

---

① 调查资料。时间：2015 年 7 月 3 日；地点：兴隆镇文化馆；材料提供者：莫荣江、韦屯勇。

② 调查资料。时间：2015 年 7 月 4 日；地点：平乐乡联合村岑国安家；受访人：岑国安。

一天一夜的七堂愿戏后来占了主流，演出剧目依次为《引兵土地·押兵先师》《开路将军·开路先锋》《灵官小鬼》《甘生八郎·领牲九郎·九州和尚》《白脸先锋·卖香童子》《开山猛将·打卦老者》《青脸老判》七场，常演十一二小时。三天三夜至十五天十五夜类型的傩愿戏，主要表演内容有打山场、迎圣下马、开光点灯、架桥、迎宾、立楼、扎寨、合神、告歇、安慰、合兵、踩九州、发五猖、纳牲、献白、进标、跑报、甘生八郎、开山、搬仙锋、笑和尚戏仙锋、搬梁山土地、安龙谢土、判官审案、春官贺喜、送神等几十堂法事。主要乐器有海螺号、锣、鼓和钹。

冲傩，指人生病或生活不顺时，如撞了鬼、中了邪、失落了魂、撞到洞家子、撞倒坛、得罪了神等，请法师摆法堂做法事捉鬼拿魂。

上述每一种傩文化形态皆具有“驱鬼逐疫、祈福纳吉、酬神娱人”的祀神功能，其傩事活动基本上是沿着请神→敬神→酬神→驱魔斩邪→贺神→送神的仪式轨程完成演出。然而，傩祭仪式大都是因为某个家庭遇到疾病或灾难才举办，这种由巫师主持的家庭性仪式性戏剧演出，在现代社会中不能转化为民众广泛参与的活动，这在很大程度上限制了傩文化的传承和发展。反过来看，这恰恰体现了“傩”的原生性和本真性。

第三节　黔域傩文化形态的地理分布

“黔东北铜仁市、黔北遵义市、黔中安顺市皆是中国著名的傩戏文化圈。”[①] 而贵州普遍传承的傩戏类型有撮泰吉、傩堂戏、阳戏、地戏等，基本上属于民间傩和军傩两大类[②]，庹修明先生将贵州民间傩戏系统分为两个系列、三个层次：“汉、苗、布依、侗、彝、仡佬等民族地区的傩戏为一个系列，即民间傩系列。彝族傩戏‘撮泰吉’（变人戏），完成了从傩祭向傩戏艺术的初步过渡，是傩戏的雏形，是低级层次。其他民族地区的傩戏，虽与傩祭密不可分，但戏剧艺术因素不断增加和完善，是向单一的戏剧艺术过渡的中间层次。贵州地戏（安顺地戏、布依地戏等）是属军傩系列的傩戏，是傩戏发展较为高级的层次。”[③]

实际上，形态多样的傩文化形态在黔域的地理版图上构造出一幅条块清晰的傩文化地图，并呈现每类傩文化形态在一定区域内具有独特性的同时，又与其他某种类型略有融合的分布特点。

“撮泰吉”集中分布在黔西北毕节市威宁县板底乡裸嘎彝族村寨，“端公戏”分布在与滇省毗连的黔西和黔西北地区，“傩堂戏”主要流布于黔北、黔东北的土家、仡佬族群中，“地戏”的跳演主要在黔中安顺、贵阳附近的汉族屯堡中，阳戏的唱演几乎遍及黔北、黔东、黔东南、黔南、黔中和黔西的整个黔地，庆坛播布于黔西与黔北之间的一条宽阔地带上。

① 庹修明：《巫傩文化与仪式戏剧》，国家出版社 2010 年版，第 209 页。

② 曲六乙先生把中国傩文化分为宫廷傩、民间傩（乡人傩）、军傩、寺院傩四大类。参见曲六乙《建立傩戏学引言》，载庹修明等编《傩戏论文选》，贵州民族出版社 1987 年版，第 2 页。

③ 庹修明：《巫傩文化与仪式戏剧》，国家出版社 2010 年版，第 209 页。

贵州傩文化地图

图例：

撮泰吉

傩堂戏

端公戏

地戏

仪式型阳戏

小戏型阳戏

庆坛

梓潼戏

布依族面具戏

如上页图所示。

“撮泰吉”仅在黔西北威宁县板底乡和赫章县珠市、稚街、妈姑等乡镇的彝族村寨流行。从文化地理视角看，虽然似乎是一种“孤岛”现象，但是自2006年被列入国家级非物质文化遗产名录以后，“撮泰吉”便借政府保护传承民族文化的助力而得到有效保护和长足发展。“撮泰吉”以古朴粗犷的舞蹈动作、喜闻乐见的形式、旨意明确的内容、简短明快的调子反映彝族民族迁徙、繁衍发展历史，在川、滇、黔毗连的彝族聚居区，可谓“一枝独秀”。

端公戏在黔地域外流传更广泛，[①]在域内发现称“跳神戏”为“端公戏”的集中在黔北道真县和黔西北金沙县的一些地方。

傩堂戏的传唱广布于黔北的道真、务川和黔东北的德江、印江、江口以及思南、岑巩等县市。[②]道真傩堂坛班有50余个，广布于域内的14个乡镇，其中在玉溪、旧城、三桥、河口、隆兴、上坝最为集中。[③]其中，演出人员齐整、演出范围较广的坛班有河口乡杨海安坛、旧城镇李楹祥坛、三桥镇左朝元坛。德江傩堂戏有131坛，主要分布在青龙、煎茶、稳坪、潮砥、枫香溪、堰塘、共和、龙泉、钱家、沙溪、平原、楠杆、复兴、合兴、长堡、桶井、荆角、长丰、高山、泉口等乡镇。[④]在德江县闻名乡里的傩戏坛有稳坪镇木叶村的安永柏坛和铁坑村的张毓福坛，以及秦朝刚坛、黄仁华坛和谢云顺坛等。思南县傩堂坛班在文家店、三道水、张家寨、许家坝、大坝场、

① 云南端公戏主要在昭通市的镇雄、彝良、大关、盐津、巧家、永善、威信、绥江、昭阳等县区流传。安徽端公戏作为地方戏曲品种流行于寿县、凤台、颍上、怀远、阜阳、阜南、霍邱、六安等地。山东微山县亦有端公戏，又名“端鼓戏”“端供腔”，由微山湖渔民中流行的演唱形式发展而成，相传由江苏洪泽湖一带传来，现在呈民间小戏形态，唱《喜相逢》《考嫂嫂》等戏目。陕西端公戏源于祀神仪式，因主庆者为端公而得名，俗称“坛戏”“对儿戏”，流行于南郑、城固、西乡、紫阳、汉阴、安康、旬阳、勉县、略阳、留坝、宁陕、宁强、凤县、镇安等县市及陕、川交界处的山区丘陵地带。四川端公戏流传于川北、陇南及成都辖区，是由巫师化妆“庆坛”跳神、唱神歌演进而来的地方剧种。此外，重庆万州区、梁平区等地亦有跳演“端公戏”的仪式。

② 域外傩堂戏的流行主要在湖南湘西、湘南和沅水、澧水流域的苗族、侗族、瑶族、土家族地区，已成为湖南省的地方戏曲剧种之一。

③ 冉文玉主编：《道真古傩》，贵州民族出版社2012年版，第68页。

④ 贵州省德江县民族宗教事务局编：《傩韵——贵州德江傩堂戏》（上），贵州民族出版社2003年版，第18页。

孙家坝、鹦鹉溪、凉水井、瓮溪等乡镇皆有分布。[①]江口傩堂戏班有双江镇的石东平坛、坝盘乡的邱小满坛、民和乡的向法明坛等。[②]印江傩堂戏班主要分布在木黄、天堂、沙子坡、新寨、中坝、洋溪、杉树等乡镇，至今仍频繁演出的坛班有木黄镇坪所村石板寨杨胜淮（第59代）坛、七百渡村秦仁军（法号秦法雷，总第59代，秦氏第33代）坛和荣光村罗会秀（第28代）坛，以及黄仁宽、李如忠、刘福权、马兆德、张泽君、王燕、唐锦伦等坛班。此外，还有铜仁碧江区的徐国顺坛、铜仁石阡县的胡定昌坛、岑巩县平庄镇凯空村肖光华喜傩神坛等。

阳戏在黔地传唱比较广泛，截至2019年，被列入省级非物质文化遗产名录的有福泉阳戏、天柱阳戏、金沙阳戏、息烽阳戏和开阳阳戏。此外，黔北的湄潭县、正安县、桐梓县，黔中地区的开阳县，黔东南的黎平县、黄平县，黔南地区的罗甸县，黔西北的黔西县等地皆有数个演出比较活跃的阳戏坛班。正安县有安场镇自强村梓潼阳戏坛、中观镇桂花村富家坪组黎氏阳戏坛。湄潭县有复兴镇两路口村唐诗钊坛、湄江湖村潘年刚坛、抄乐乡罗耀森坛。开阳县阳戏坛有南龙乡白沙坡李氏坛、中桥村刘正远坛、田坎村谷顶甲组谭光明坛，楠木渡镇黄木村张氏阳戏坛，科丰乡的鲊坝塘也有部分阳戏坛。息烽县阳戏坛有流长镇四坪村黄法坤坛和客户寨黄云武坛、九庄镇潘发远坛和闫元义坛等。福泉市有龙昌镇长冲村黄土哨组徐大学阳戏坛、陆坪镇沙子坎叶廷兴阳戏坛、城厢镇马田村曾华祥阳戏坛、道坪镇谷龙村周法兴阳戏坛等。罗甸县有边阳镇平洋村覃智秀阳戏班、栗木乡达上村邓国飞阳戏坛和该乡土坝村商大强阳戏坛。平塘县有塘边镇新店村李玉辉阳戏班。道真县有隆兴镇张邦宪阳戏坛。

滚龙戏流传于正安县谢坝仡佬族苗族乡、市坪苗族仡佬族乡以及邻近的流渡镇、中观镇等地一带。正安县谢坝乡鱼泉村砖房村民组刘学勇戏坛，至今仍保留了较为完整的演出概貌和“科仪”程式。

---

① 卢朝栋主编：《思南傩堂戏》，贵州民族出版社1993年版，第411—417页。

② 调查资料。时间：2015年4月26日；地点：江口县梵净山傩文化博物馆；受访人：诸位傩坛师。

以演“陈子春”为主要内容的梓潼戏在域外主要流布于云南文山州，黔域内的安龙县、册亨县、贞丰县和开阳县境内见有上演。[①] 其中，安龙县招堤街道办朗元村龙蛇村民组何达津梓潼阳戏坛的演出最为典型。而与阳戏祀“三圣”内涵一致的梓潼戏则流行于黔北的桐梓县。

地戏流行在黔中地区，仅安顺市的258个村寨中就有300堂地戏。[②] 大致分布区域以西秀区为中心点，东到平坝、清镇、花溪，南到紫云、长顺，西到镇宁、关岭、六枝，北到普定，辐射上万平方公里的范围。集中流布在穿越黔中地区的滇黔古驿道两侧，尤其是“征南”明军大本营的密集区。如安顺西秀区的大西桥镇、七眼桥镇、旧州镇、双堡镇、东屯乡、刘官乡一带，以及平坝县的天龙镇、白云镇，普定县的马官镇和贵安新区的幺铺镇、宋旗镇等地。

庆坛集中分布于望谟、长顺、惠水、湄潭、晴隆等县。晴隆县北部及相邻的普安、关岭、六盘水等县市的“喇叭苗”聚居区流行庆五显坛，在晴隆县的中营镇、花贡镇、长流乡、鲁打乡等地尤其集中，该地至今十分活跃的五显坛班有长流乡杨家寨村刘昌智坛，花贡镇白胜村水坝山郑志奇坛，中营镇马鞍山村谢礼坤坛和李文选坛。[③]

布依族面具戏主要流行于黔南、黔西南的布依族地区。在安龙县平乐乡的联合村、上马贡村和兴隆镇的下马贡村、排冗村石板寨演出尤其频繁。

① 中国人民政治协商会议开阳县委员会编：《开阳县非物质文化集萃》，中国文史出版社2013年版，第171页。

② 帅学剑：《安顺地戏》，浙江人民出版社2008年版，第46页。

③ 杨兰：《贵州晴隆县白胜村水坝山苗族庆坛述要》，《民俗曲艺》第94、95期，施合郑民俗文化基金会1995年版，第241—271页。

第四节　黔域傩文化之源流循迹

溯源黔地傩文化发现：贵州傩文化之“源”正如其信仰形式亦呈现多元化。根据文化渊源和传播方式区分为“域外系统源”和“域内系统源”两大主流，而“域外系统源”根据距离远近，又分为近域的“周边文化源”和远域的“中原文化源”。“域内系统源”专指“本土生发源”。

（一）周边文化源

黔地傩文化的“周边文化源”之说指贵州傩文化受周边湘楚文化、巴蜀文化、滇川文化及百越文化的影响。该观点是显性的、客观的，结合“贵州傩文化地图”看非常直观，一目了然，况且还有丰富的文献资料和田野资料做支撑。

1. 湘楚文化源

黔地多种傩文化形态源于湘楚大地。从宏观视角看，黔东北土家族傩堂戏信奉的师娘教和茅山教，与湖南傩堂戏所呈现的民间信仰相通。微观视之，两地演出傩堂戏所使用的唱书剧本、文疏法文、仪式仪轨、祭祀神祇皆有相同或相似之处。关于黔地傩文化源于湘楚的文字记载在傩坛家谱族谱、师坛图上所录甚多。如道真旧城镇红岩村罗家沟王氏师坛所传清抄本师坛图亦载相关信息：

陈法隆生于湖广宝庆府武冈州南路头……邹法盛癸卯年（1663）三月二十八巳时生于务川县打蛇溪老院子……吕法旺乙酉

> 年（1669）冬月二十辰时生于平越府湄潭县……江玉英生于癸酉年（1693）五月十九日巳时，生在正安州思一甲，地名土城关是穴地……①

因此可知，王氏师坛源承至少是湘地，因为“湖广宝庆府武冈州南路头”即在今天的湖南邵阳武冈市辖区。

又如黔北道真傩坛上保存1926年冯正印录藏的《冯氏宗谱》载：

> 冯延富，元成宗大德九年（1305）落业于播州杉树坝，又名布政堂，冯延富生冯德征。德征祖与师父向德玄、师弟安德志师徒三人，负神船一架，神头两面，游酉阳、涪州、重庆、璧山、巴县、南川、乐源野猫孔下大滩口……迁移不动，就地落业，更名歇马台。安德志落业于金凤湾，更名为安家沟。②

文中“乐源”即属今天黔北道真县、正安县治地。后期迁徙到川蜀的湖广移民，辗转向滇黔腹地散布落业的为数不少，此处“乐源野猫孔下大滩口”便是其中一例。

无独有偶，黔域信奉三霄坛神的喇叭苗族群众亦是徙于湖广宝庆府。晴隆一带喇叭苗族为明代洪武年间“调北征南”时期的屯军后裔，他们的祖籍为湖广宝庆府，即今湖南城步县、邵阳市等地。晴隆庆坛是湖南城步、邵阳地区大型傩祭活动“庆娘娘”在贵州的传承与变异。③据中营镇谢礼坤家谱记载，谢氏原籍湖广宝庆府新化县牛栏山，居住小地名鱼池塘，因云贵“九种红苗”作乱，洪武戊申己酉年朱元璋奉行征剿，他们祖辈因之填

---

① 冉文玉主编：《道真古傩》，贵州民族出版社2012年版，第67页。

② 同上。

③ 杨兰、刘锋：《贵州省晴隆县中营镇新光村硝洞苗族庆坛调查报告》，施合郑民俗文化基金会1996年版，第1页。

实黔省。[①]“宝庆府新化县牛栏山”，今分属邵阳武冈市和娄底市新化县。

至于黔东南阳戏的湘地文化源，是毋庸置疑的。黔东南阳戏由湖南黔阳地区（今属湖南怀化市）传入，由于这一带群山层叠，沅江成为出入湘黔门户的主要通道。沅江又称沅水，在贵州都匀汇入了来自南源的龙头江和来自北源的重安江，始称清水江。清水江东流至洪江市与舞阳河汇合后，即称沅江。沅江在湘西辰州一带汇入酉水，水量颇丰，有较强的运输能力，是旧时联系湘黔的重要交通运输线。可以说，对于多山的湘西、黔东、黔南地区来说，沅江就成了茶、马、木材、药材出入云贵的水运古道。戏路随商路，湖南黔阳阳戏传入黔东南地区，也就成为顺理成章之事。与之形成鲜明对比的是贵州福泉阳戏。福泉与天柱仅一苗岭之隔，但其阳戏形态呈现出与湘西阳戏迥然的风格，而宗主川派系统阳戏。这足见水路交通对这一地区文化传播影响之大。

沅江上游的水运对阳戏传播有着重要影响是不争的事实。旧时湖南黔阳和贵州锦屏、天柱、远口、白市、瓮洞等地的沿沅江、清水江一路码头都流传杨公调，祭祀时常唱阳戏。贵州《黎平府志》“杨公祠”条载：

> 杨公祠，即镇江王庙祀杨五将军，在府城南隅神鱼井右，乾隆三十四年建，嘉庆十八年重修，为黎平会馆。又敦寨簸箕滩有杨五庙，船过此甚险，往来竭诚祷祀以保无虞。[②]

阳戏艺人何长盛（生于1923年）回忆：他从八九岁到二十几岁都看过杨公庙庙会演唱阳戏。进入庙会看阳戏的有不少是湘黔在清水江、沅江放排撑船的水运工人，他们看阳戏的同时祈求平安。一些清水江上的放排老板和放排工人中的阳戏爱好者，先是有意无意地学唱阳戏，后请师传教，

---

① 杨兰、刘锋：《贵州省晴隆县中营镇新光村硝洞苗族庆坛调查报告》，施合郑民俗文化基金会1996年版，第37页。

② （清）俞渭：《（光绪）黎平府志·坛庙》（卷二上），《中国地方志集成·贵州府县志辑》（第17册），巴蜀书社2006年版，第126—127页。

阳戏便在天柱一带流传。[①]天柱阳戏来源与之相仿，最早看到阳戏的是经清水江到沅江放排、跑码头的工人。据天柱县度慕《陈氏族谱》载："康熙大疫，合族皆染，固适公避疫香炉坡，数载温散嗣归，重兴寨户……恐疫复袭，咸丰八年（1858）请戏入祠，'作万人缘'。"[②]可知，天柱、锦屏等县的阳戏大约从清咸丰年间开始流行，至2012年已有六代。

古时，确有大量黔东南阳戏艺人积极向湖南同行学习的记录。首先，采取请进来的方式，请湖南阳戏艺人授艺。例如，黎平顺化瑶族乡桥头寨阳戏坛就有请湖南阳戏艺人授艺的经历。黔东南最早演阳戏的是黎平，阳戏传入黎平的第一个定居点就是顺化瑶族乡桥头寨。顺化瑶族乡桥头寨阳戏坛"至今已经相传五代，第一代是生于嘉庆四年（1799）的杨光庭。他十七岁（1816）时，请湖南阳戏艺人进寨教戏，学徒十多人"。[③]当然更多情况是走出去，黎平、天柱很多艺人有到湘西学习的经历。清道光三十年（1850）黎平县潘老寨的杨生保、陈国光去湖南靖州的浦口学阳戏，当年回寨建立阳戏班演出。[④]天柱县远口镇元田村艺人吴述德早年师从湖南会同县阳溪戏师杨开基。事实上，黔东南阳戏与湘西阳戏同属一个系统，前者是后者向西部山区的纵深衍播。

2. 巴蜀文化源

论证黔地傩戏的巴蜀文化源，以考证黔地阳戏的历史渊源为例。讨论贵州阳戏渊源之前，应该正确理解"川地"概念。川地指古蜀地，包括现在重庆市，贵州、云南东北部和陕西南部广大地区。而今天贵州阳戏主要流播在遵义、湄潭、桐梓、凤冈、正安、务川、道真、思南、沿河等黔北、黔东北地区。因与四川的地缘关系，上述地区历史上在很长一段时期内隶

---

① 陶光弘：《民族戏剧集〈幕启春归〉》，作家出版社2009年版，第284页。

② 李瑞岐主编：《黔东南苗族侗族自治州戏曲曲艺概览》，贵州民族出版社2001年版，第2页。

③ 同上。

④ 同上书，第5页。

属四川辖制。《阳戏全本》民国37年（1948）本《接圣》唱词有云："家住贵州铜梁府"，铜梁府原属四川东道。同版本《接神》唱词有云："请贵州胡蛮子去请涪州胡贵郎，头戴凤冠一顶，近前行水又行相。"可知贵州、重庆民间文化之间交流频繁。而阳戏在黔南、黔西的罗甸、福泉、瓮安、惠水、长顺、平塘、金沙、织金等地流行，主要归因于川、黔地区区域间文化交流的结果。

从多维角度看贵州阳戏，都有足够的证据证明其由川入黔的传播途径。从演出形态看，贵州"即于家，歌舞娱神""燕乐亲友，时以夜为常"[①]的阳戏演出形态，其许愿形式、还愿目的、活动程序等方面，皆与"伪饰女旦，亦居然梨园弟子，以色媚人者"[②]的酉阳阳戏演出形态相吻合。

从戏坛主神看，贵州中北部阳戏与川、渝祀奉相同主神。黔北、黔东北阳戏都把历史上长期流行于巴蜀地区的"川主、土主、药王"看作戏坛"三圣"。更有甚者，在黔北遵义、桐梓一带阳戏坛如川北地区一样，除奉"三圣"外，"近或增文昌曰四圣"，亦称阳戏为"梓潼戏""文昌戏"。

从演出剧目看，贵州各地阳戏文本同样能证明黔地阳戏，尤其是黔中、北部阳戏与川地阳戏的传承关系。黔北、黔东北阳戏坛所请神祇除阴阳二十四戏外，还有"棚上、棚下二十四戏"，与川蜀地区阳戏同出一脉。况且，川、黔两地所演有关二郎神的剧目、剧情几近相同，均以二郎降伏孽龙的故事为主线。贵州除黔东南以外的阳戏，都有一个共同的剧目《二郎降龙》。罗甸戏坛为《二郎锁孽龙》，开阳戏坛为《梦斩逆龙》，息烽戏坛为《降孽龙》，道真傩坛为《三元台》，《平越直隶州志·风俗篇》所载李樾《太平阳戏》诗亦见阳戏唱"二郎降龙"[③]。此剧在各地剧名虽有差异，篇幅长短

---

① （清）黄乐之、平翰等修；郑珍等纂：《遵义府志》，《中国地方志集成·贵州府县志辑》（第32册），影印清道光二十一年（1841）刊本，巴蜀书社2006年版，第416页。

② （清）王鳞飞等修；冯世瀛、冉崇文纂：《酉阳直隶州总志》，《中国地方志集成·四川府县志辑》（第48册），据同治三年（1864）刻本影印，巴蜀书社1992年版，第766页左下。

③ （清）黄乐之、平翰等修；郑珍等纂：《遵义府志》（卷四十六），据道光二十一年（1841）刊本影印，成文出版社1968年版，第1080页左下。

略有不同，但主要情节相同，皆写川主李二郎在四川灌口降伏孽龙，为民除害的故事。以二郎神为主角的另一出剧目《桃山救母》，唱述二郎神杨戬劈山救母的故事，同样广泛流行于贵州各地区。

从艺人师承关系看，川、黔两地间阳戏坛班存在师承关系。在田野调查时，当谈及阳戏传承情况时，有的阳戏艺人及掌坛师常出口成诵“教由西蜀传千古，法播黔南第一家”的诗句。当问及阳戏艺人的祖籍时，他们给出的回答无外乎两种：一是祖辈由四川迁入贵州；二是祖辈由江西到四川，再由四川迁入贵州。有的还以家谱为证，如开阳县中桥村刘正远所存《刘氏宗谱》之《纂修宗谱原序》载：“我刘氏系明太常少卿（纲鉴成化二年以太常少卿刘定之入阁预机务）之裔。由江西徙楚，明末兵燹。《恭赠》康熙年间始祖讳祐诸公，由常宁迁蜀，受廛于潼，分驻三台、蓬溪二邑。”①记载祖上从江西吉安先迁到湖南衡阳，再迁到四川自贡，最后到贵州开阳。

从口语特点看，《上云台》《三圣登殿》《将军闯营门》《下河东》等剧本中的语言带有四川口语方言。如《上云台》有：“太阳出来红似火，二八佳人胭脂抹，有人问我名和姓，邓铁匠家婆娘就是我。”《将军闯营门》小鬼一段：“小鬼生得恶，头上八只角。拴在西（须）弥山，蹦断九股索。小鬼生得懒，睡在床上喊。嫂嫂铲锅巴，吃了几大碗。”

可见，黔北、黔中、黔南阳戏与川渝阳戏存在着一脉相承的关系。

再者，流行于黔西南的梓潼戏与川北梓潼阳戏更有母源关系。贵州安龙县的梓潼戏，坛班具有佛教和巫教二教合一的性质，整个坛班信仰的是川佛教，所做的事都是从四川传过来的。至于梓潼戏何时从四川传入安龙，现还无据可考，掌坛师何诗柱说梓潼戏在安龙的传承有十五代人，他也只能数出自他以上的五代传承人。②

---

① 调查资料。刘正远存《刘氏宗谱》；时间：2010年7月27日；地点：刘正远家。

② 王义、吴兴春、韦明芳：《掩藏在布依山寨的瑰宝》，《贵州民族报》2014年2月28日。

3. 滇川、百越文化源

黔西北端公戏显然是滇川端公文化传播的延续。它近连滇东北昭通端公戏，远接川北、陕南端公戏，其文化“源”“流”轨迹清晰了然。

布依族面具戏属于百越文化在黔地的纵深传播。据调查，面具戏在布依族的传播最早在明朝，由韦姓最先搬演，距今已有数百年历史。一辈传一辈，延至民国年间，布依族面具戏才由老艺人韦天德传给韦正朝、韦文典、韦文祥等。[①]

（二）中原文化源

从黔域傩文化形态看，可以说是湘楚、巴蜀、滇川、百越等文化系统共同影响的结果。但这只是从微观视角考证，若从宏观视野看，其文化源在江南，甚至中原地区。

1. 江南地区

江南地区傩文化与黔地傩文化形态的源流关系可以从黔地民俗、神祇信仰、移民文化等方面予以佐证。

从民俗方面看，贵州傩戏有些许与当地民风民俗不吻合，却与江南之民俗一致的现象。先从傩堂戏、阳戏等傩文化活动祀“五猖”神祇的现象论述。“五猖”别称甚多，如“五显灵公”“五圣”“五郎神”“五显”“五通”等，为黔地傩坛上的重要神灵，广受崇奉。然而，据有关资料记载，北宋时祀“五猖”的风俗最先流行于江西婺源、德兴一带。“五通”，又称“五圣”，是南方的民间信仰，主要流行于江浙一带，最迟在唐末已出现。宋代洪迈《夷坚志·癸集》卷三“独脚五通”条记载：五通是一位神，又称“五郎神”。[②]宋代郭象《睽车志》卷五载：“郡人素传有五通神，依后土祠为

① 调查资料。时间：2015 年 7 月 3 日；地点：兴隆镇下马贡村韦仁斌家；受访人：韦仁斌。
② 陈旭霞编著：《中国民间信仰》，河北人民出版社 2013 年版，第 36 页。

祟。”[①] 南宋时“五显”影响超出江西，波及临安，《夷坚志·夷坚丁志》卷十九“江南木客”条云：“大江以南地多山，而俗禨鬼，其神怪甚佹异，多依岩石树木为丛祠，村村有之。二浙江东曰‘五通’，江西闽中曰‘木下三郎’……名虽不同，其实则一。”[②] 明代，“猖祭，召师巫着五色衣，鸣锣吹角跳舞，以祀五通神，云即猖亡败鬼，祈福免灾”[③]。清王士禛《香祖笔记》云：“江浙所祀五通邪神，乃明太祖伐陈友谅阵亡兵卒，诏令五人一队，得受香火。”[④] 清中后期，五通神以偶像形式在江南广受庙祀。严复《有如三保》云：“往者江浙之间有五通神，淫祀也。”[⑤] 可知，贵州傩戏中的“五显神”现象应该是在成为“江南淫祀”的明清时期随同大规模迁入的移民而传入为最大可能。

再者是黔东南阳戏坛的杨公信仰。经湘地由清水江流播入黔的南路阳戏依旧孑遗徽、赣、湘等地的杨公信仰。杨公（杨泗将军）是黔东南地区崇拜的重要神祇之一，当地沿清水江码头建有多处杨公祠。杨公祠是阳戏演出的最重要的场所之一，且演出时必须祭祀杨公。杨公为何神也？杨公，即杨泗，亦称“杨四将军”“杨家四爷”“斩龙杨泗将军”等。杨泗最初源于湖南民间的道教水神，尊号为“九水天灵大元帅紫云统法真君水国镇龙安渊王灵源通济天尊”，他斩除蛟龙，平定水患。杨公信仰广泛流行于长江中下游地区，尤其在古徽州之地更为普遍。当今有许多地名以“杨泗”命名，如湖北武汉市有杨泗港、湖北黄冈市团风县贾庙乡有杨泗村、湖南省浏阳市澄潭江镇亦有杨泗村、安徽省宣城市有杨泗乡等。

江南傩文化传播至川地，与本土文化相融合，并不断向周边地区传播，黔地是其主要传播地区之一。据于一先生调查：射箭提阳戏时任掌坛师李

---

① （宋）郭彖：《睽车志》卷五，《分门古今类事（外八种）》，上海古籍出版社 1991 年版，第 259 页。

② （宋）洪迈撰；何卓点校：《夷坚志·夷坚丁志》（卷十九），中华书局 1981 年版，第 695 页。

③ （明）陶履中等纂修：《瑞州府志》，据明崇祯元年（1628）刊本影印，成文出版社 1989 年版，第 422 页。

④ （清）王士禛撰：《香祖笔记》，上海古籍出版社 1982 年版，第 56 页。

⑤ 严复：《有如三保》，载王栻主编《严复集·诗文（上）》第 1 册，中华书局 1986 年版，第 80 页。

国生说，李家原是湖北孝感人氏，清初，“湖广填四川”时入川。[①]四川绵阳市梓潼县马鸣乡刘映富所抄写《刘氏家谱》记载，刘氏“系湖广麻城县孝感人士”，其“启祖刘芳盈、刘芳诚二人于明代崇祯十七年（1644）入川，到梓潼县回龙山枫厢沟东岭湾插地为业”[②]。湖广人迁四川，江西人迁湖广，使得江西高安、万载等地的傀儡阳戏西迁湖广、四川成为可能。元末明初，“江西填湖广”移民规模比较大，“湖南北部的家族中，江西移民占60%左右，中部有80%强，而西部只有41%。湖北东部的家族中，江西移民达80%，而在西北部还不到30%”[③]。而麻城、孝感正是江西移民移居湖北最集中的地区。巧合的是，川地（包括现重庆辖区）戏班艺人祖籍多为“湖广麻城县孝感乡”。“江西填湖广”与“湖广填四川”对移民来说存在“再移民”的时间差。被称为“傀儡戏”的“阳戏”很可能随着大批移居“孝感”的江西移民，经几代“世居”后再“随身携艺”辗转“填四川”，实非臆测。开阳县南龙乡中桥村阳戏坛掌坛师刘正远，祖籍江西吉安。据《刘氏宗谱·修谱序》记载：“原籍由江西吉安府太和县明成化年间迁楚南衡州府常宁县礼义乡修义里充花沟至国朝定鼎。”[④]而同一乡镇的白沙坡李氏阳戏最早在明洪武年间传入，至今传了十九代，在其祖先李茂高从江西到贵州时带来。[⑤]在阳戏演出盛行的黔东南，江西籍移民更为多见。据黎平《韩氏家谱》载：“始祖韩添公，江南徽州婺源县人也。大明时开辟靖州，委以重任，封为讨掳将军……至永乐二年（1404）拔军之时，四世祖礼公，分守湾寨屯。叠生五支，始靖州，后五开（今黎平），皆有田园庐墓存焉。”[⑥]据《黎平府志》载：黎平城内早在明弘治三年（1490），在城西广运街建了内有大戏楼的城隍庙；在城南相家坡西，明嘉靖四十二年（1563）建五显庙；清乾隆三十四

① 于一：《巴蜀傩戏》，大众文艺出版社1996年版，第25页。

② 田野调查材料。《刘氏家谱》，刘天朝存。时间：2011年5月6日；地点：梓潼县马鸣乡红寨村四队刘天朝家。

③ 王炎松、何滔：《中国老村：阳新民居》，湖北人民出版社2008年版，第38页。

④ 调查资料。刘正远存《刘氏宗谱》；时间：2010年7月27日；地点：刘正远家。

⑤ 杨挺：《贵州阳戏·民族生态的精神财富》，中国网，2014年7月25日。

⑥ 李瑞岐主编：《黔东南苗族侗族自治州戏曲曲艺概览》，贵州民族出版社2001年版，第2页。

年（1769）建了内有大戏台的杨公祠；清嘉庆二年（1797）建了内有大戏楼的万寿宫等。①

江南、西南两地繁忙的商贸情景在杜甫的诗句中可见一斑，《夔州歌十绝句》其七：“蜀麻吴盐自古通，万斛之舟行若风。长年三老长歌里，白昼摊钱高浪中。”

2. 中原地区

黔域中原文化源的傩文化形态有傩堂戏、阳戏和地戏。张紫晨先生认为：“宋代以后，是傩仪向南流布最盛的时期，大体有两个传播路线。西线，由秦中至荆楚巴湘，再进而为黔地，形成独具特色的贵州傩戏。”② 西线傩仪流布至黔地，在黔北、黔东北形成以傩堂戏为主的傩文化形式。针对阳戏，康保成先生更是从文字训诂的视角发微阳戏的中原文化源：“阳戏的最早源头是中原地区商代已有的‘乡人禓’，就是傩。周时有‘乡人傩’，《礼记·郊特牲》中‘乡人禓’即《论语》中的‘乡人傩’。‘禓’字，相传读‘傩’也。”③ 据此判断，傩戏、阳戏其源同一，时间在商周，地点在中原。

从现存呈现傩文化的文本资料看，有标明文化直接缘起的关键性文字。如息烽县流长乡长杆子村黄晓亮阳戏坛《登殿纠察》和《上云台》尾页分别写着“太原洪彬记”和“太原临真录藏记”。岑巩县平庄镇凯空村肖光华喜傩神坛抄本《请圣科》《会兵科》《造水科》封面写有“河南堂”“河南堂抄写”“河南堂法洪抄”“河南堂法海抄写”“河南堂派法海抄”“河南堂抄用”“河南堂肖法兴传用”。同坛的《杨泗将军戏》抄本的扉页写有“杨泗将军如思州传下了傩堂戏、杨家愿戏等”。无论是文字上的“山西”“河南”“山东”，还是艺人从中原迁江南再迁黔地的口述文献，都能表明傩文

① （清）俞渭：《（光绪）黎平府志·坛庙》（卷二上），《中国地方志集成·贵州府县志辑》（第 17 册），巴蜀书社 2006 年版，第 125—128 页。

② 张紫晨：《中国傩文化的流布与变异》，《北京师范大学学报》（社会科学版）1991 年第 2 期。

③ 吴电雷：《论西南地区阳戏之“源”与“流”》，《长江师范学院学报》2012 年第 11 期。

化中原文化源的痕迹。

第二个方面的证据是至今文本中仍保存中原江淮地区的方言音韵。如长顺县威远镇庆五显坛唱本中的“乔”“日头”“焦干”等。

观音设计黄桑弩，二郎设计铁弹弓。打得十二个日月乔天走，却留一日一月照凡间。

自古日头出在扶桑国，月落西山镇乾坤。

阳州鼓是真难打，阳州笛子是难吹。打得老吾老师身又困，唱得十郎弟子口燋干。

带得真茶子，南阳浮里种得生。正月朝阳风摆动，惹得上界龙女芽。正月朝阳风摆动，惹得下来摘茶芽。手中摘，怀中种，润喉解渴入济焦干。（织金庆坛）

六郎此时将言说，老翁在上听言音。

败兵逃回中军报，元帅在上听言音。（《杨家将》）

各拿枪刀飞身上马，炮响三声冲下关去，不问言由接着一场大战。（《五虎平西》）

二人大战数十合，只见输来不见云。两下刀枪齐并起，各显本事定输云。（《薛仁贵征东》）

方言中“乔”即“朝”，“日头”即“太阳”，“焦干”和“燋干”皆为“口干舌燥”的意思。有些是中原音之孑遗，如把“原因”“原由”说成“言音”“言由”；把“输赢”说成“输云”则明显是中原方言之“活化石”存遗。

中原文化源的观点从田野调查得来的口述文献中也能得到证实。据息烽县流长乡阳戏坛掌坛师黄晓亮解释，“太原洪彬记”和“太原临真录藏记”记录戏坛的启坛祖师王氏是山西太原府人。[①] 据岑巩县喜傩神坛掌坛师肖光

① 田野调查材料。时间：2010 年 11 月 20 日；地点：息烽县流长乡长杆子村黄晓亮阳戏坛；受访人：黄晓亮。

华（法名肖法开）介绍，肖家祖上从河南迁徙到江西，再迁徙到贵州，但同时又说自己属于“山东玉皇派”，从山东的金蝉道场发展传播过来。[①]

只是由于年代久远，至今没有见到直接证明中原“乡人傩”传播至江南和江南艺人携艺迁徙到黔地的证据，只能从现存傩戏演出的痕迹或史料记载中去印证它们之间“源”与“流”的关系。[②]傩戏的另一种类型——地戏，所跳唱历史演义的剧目标识着中原是其文化内涵的正统源地。

（三）本土生发源

黔地某些傩文化形态体现了本土民族文化特色。北宋《遵义军图经》有载：“以射猎山伐为业，信巫鬼，好诅盟”[③]，说明黔北地区的民众信奉傩文化的社会习俗根深蒂固，由来已久。安顺屯堡地戏亦有《百苗图》来实证地戏不是“傩”。[④]彝族傩戏“撮泰吉”可视为威宁彝族支系的民族史诗。[⑤]黔中地区的布依族、苗族、仡佬族村寨跳地戏，虽然地戏剧目内容是传统汉文化，但是演出前后所举行的祭神祀神仪式在很大程度上属于这些少数民族的本籍文化。

结　语

贵州傩文化资源丰富、形态多样，典型类型有“撮泰吉”“端公戏”“傩

---

① 田野调查材料。时间：2016 年 1 月 24 日；地点：岑巩县平庄镇凯空村肖光华喜傩神坛；受访人：肖法洪。

② 吴电雷：《中国西南地区阳戏研究》，中国社会科学出版社 2014 年版，第 75 页。

③ （明）刘大谟、王元正等纂修：《（嘉靖）四川总志》，四川省图书馆藏抄北京图书馆原藏明嘉靖二十年（1541）刻本，北京图书馆出版社 1991 年版，第 61 页。

④ 地戏是不是“傩”或“军傩”的问题尚有争论。参见范增如《贵州安顺地戏并非傩戏》，《安顺师范高等专科学校学报》1994 年第 1 期；刘怀堂《贵州地戏不是“军傩”》，《四川戏剧》2012 年第 3 期等。

⑤ 民族史诗具有民族性和独特的地域性。如苗族《亚鲁王》，彝族不同支系有相应唱述民族发展史性质的史诗，如《梅葛》《查姆》《勒俄特依》《阿细的先基》《天地祖先歌》等。

堂戏”“地戏”“阳戏”“庆坛”等品种，且每种类型特点突出，标志明显。多样化的傩文化形态在黔域的地理版图上形成一幅条块清晰的傩文化地图，并呈现每类傩文化形态在一定区域内具有独特性的同时，又与其他类型略有融合的特点，具有较强的地理分布规律性。“撮泰吉”集中分布在黔西北的毕节市威宁县板底乡裸嘎彝族村寨和赫章县韭菜坪村，端公戏分布在与滇省毗连的黔西和黔西北地区，傩堂戏主要在黔北、黔东北的土家、仡佬族群中流行，地戏的跳演主要在黔中安顺、贵阳附近的汉族屯堡中，阳戏的唱演几乎遍及整个黔域，庆坛流布于黔西与黔北之间的一条宽阔地带上。溯源黔地傩文化，主要有域外文化源和域内文化源两大主流。域外文化源又分为“周边文化源”和“中原文化源”，域内文化源单指“本土生发源”。周边文化源意指对贵州傩文化的产生、形成起着重大作用的湘楚、巴蜀、滇川和百越文化，中原文化源指中原文化源地应视为黔地傩文化的远源。

第二章

傩文化的民族性

黔域内，傩文化形态多样，有滚龙戏、傩堂戏、喜傩神、阳戏、庆坛、撮泰吉、哑面戏、梓潼戏等。且傩文化影响深植民间，至今演出活动频繁，成为各民族民间重要的文化形式，在黔域形成较完整的体系成熟的傩文化场域。

贵州境内居住着汉族、苗族、布依族、土家族、壮族、侗族、彝族、瑶族、仡佬族等18个民族。贵州苗族主要分布在黔东南苗族侗族自治州、黔南布依族苗族自治州、松桃苗族自治县、威宁彝族回族苗族自治县。贵州彝族聚居地主要是黔西北毕节市威宁县等地。黔地布依族主要分布在黔南布依族苗族自治州的罗甸、荔波、独山、都匀、惠水、贵定、龙里、长顺、平塘，黔西南布依族苗族自治州的望谟、册亨、贞丰、安龙、兴义、兴仁、晴隆，安顺市的镇宁、关岭、紫云，以及贵阳市的花溪、乌当等地。侗族在贵州聚居于黔东南苗族侗族自治州的锦屏、黎平、雷山等地。水族主要居住在黔南布依族苗族自治州的三都水族自治县，其余分布在荔波、独山以及黔东南苗族侗族自治州的榕江、黎平、从江、麻江、凯里等地。仡佬族散居于贵州省的黔西、织金、六枝、镇宁、普定、大方、清镇、平坝、仁怀、安顺、关岭、遵义、金沙、兴仁、贞丰、晴隆等地。在这些民族中基本上皆流行某种类型的傩文化形态。

初步研究发现，每种傩文化形态皆与特定的民族相联系。如汉族阳戏坛崇拜川主、土主、药王、化主，喇叭苗族、穿青人、布依族信奉五显神，苗族、土家族、仡佬族崇奉“桃源三洞”，汉族、彝族、侗族的创世祖先神信仰，多民族的黑神信仰等。本章内容将溯源每种信仰类型的历史演化，复原它的文化源流。

第一节　汉族阳戏坛“三圣”信仰

“三圣”指川主、土主、药王，崇拜“三圣”是阳戏类型的标志。清吉镇宅、降福禳灾、祈神还愿是阳戏坛“三圣”信仰的宗旨。研究“三圣”信仰，发现两个突出特点：“三圣”由世间“人”向天上“神”的演化过程，浸染神秘性；“三圣”神性在民间呈多样化的特点，体现了“三圣”信仰的功利性。

史上关于“三圣”的说法有多种版本，我国西南阳戏坛尊奉川主、土主和药王为“三圣”。如《（道光）遵义府志》载：“歌舞祀三圣，曰‘阳戏’。三圣，川主、土主、药王也。”①“三圣”既是阳戏坛主神，又是阳戏类型的标志。进行阳戏演出活动时，他们作为一个“神仙组合”，同受御旨，同临愿家，同往仙界。去愿家镇宅清吉是他们共同的神性。

关于阳戏坛“三圣”的研究，前人更多着墨于对他们的仙乡籍地、耕读阅历等信息溯本逐源，考证与某些历史人物的对应。②其实，解析神祇神性与民众生活需求的关系，观照其民间信仰的特点，同样是神祇信仰研究的重要方面。本节拟通过解析阳戏坛“三圣”信仰形成过程和“三圣”神性多样化的原因，说明民间“三圣”信仰的神秘性和功利性特点。

---

①（清）黄乐之、平翰等修；郑珍、莫友芝纂：《（道光）遵义府志·风俗》（卷二十），《中国地方志集成·贵州府县志辑》（第32册），影印清道光二十一年刊本，巴蜀书社2006年版，第416页。

②王跃：《四川省江北县舒家乡上新村陶宅的汉族“祭财神”仪式》，施合郑民俗文化基金会1993年版，第159—233页。

（一）“三圣”信仰的本原神职

胡健国先生语：“世界上各种宗教的许多令人仰慕的圣祖，都是被宗教所神化的凡间俗人。”[①] 阳戏坛“三圣”也延续着由世间“人”到天上“神”的演化轨迹。他们最初对人民的生产生活做出重大贡献，得到民众的尊重和推崇。之后，人们希望得到永久恩惠和保护，就把他们神化为威武吉祥的符号，请上神龛，并祀以顶礼膜拜。

在阳戏坛上，主神川主又称“万天川主崇应惠民大帝”，主宰河川。土主又称“璧山土主清明河潼帝君”，主宰土地。药王又称“苏州药王神功妙济真君”，主宰疾病。据史料记载，冠以“川主”封号的有李冰、李二郎和赵昱；有“药王”称号者数人，但在西南文化圈中，“药王”实指孙思邈；“土主”神，方志材料显示为唐朝蜀臣赵延之。但是，针对“三圣”的文字记载，即便是所谓的“史料”，也浸润着神话色彩，极具神秘性。下文按照川主、土主、药王的顺序依次分析。

1. 川主

“川主”指四川之主，川蜀大地的地域保护神。如李冰、李二郎、赵昱等，皆称川主。历史上，他们对巴渝地区社会、经济、文化发展做出了重大贡献。同时，还对同属巴蜀文化圈的黔、滇等部分地区的民俗、风情产生深远影响。可以说，川主是我国西南地区民间信仰的重要神祇之一。

神祇神性是依据成为神的人或物其原本作用而赋予的。如土地神的神性体现在土地的生长力上，火神的神性体现在火的燃烧性质上，雷神的神性体现在降雨的性能上，人神的神性体现在世间清官乡贤生前的职业贡献方面。因此，川主李冰的主体神性体现在治水控水方面。李冰治蜀，首先是兴修水利，发展农业。凡有关川主的事迹，大都与治水兴农有关。因为

① 胡健国：《傩戏尚未走下神坛》，载《湖南傩戏研究论文集》，香港·大世界出版公司1994年版，第21页。

地理条件因素，水患是古时川蜀民众始终面临的最大威胁。防洪、灌溉、治水是历代治蜀官吏的首要政务。秦孝文王时（公元前 250 年），李冰受职蜀郡守，在灌口兴修都安堰（都江堰）水利工程，治理川西平原的郫江、检江。《华阳国志》载：

冰乃壅江作堋，穿郫江、检江，别支流双过郡下，以行舟船。岷山多梓、柏、大竹，颓随水流，坐致材木，功省用饶。又溉灌三郡，开稻田。于是蜀沃野千里，号为“陆海”。旱则引水浸润，雨则杜塞水门，故记曰：水旱从人，不知饥馑，时无荒年，天下谓之“天府”也。[①]

这些工程不仅起到防洪的作用，还利于灌溉、放木、行舟、交通运输，大大促进了这一地区社会的稳定和经济的发展。此外，李冰在成都平原北部治理了洛水和绵水，使这一地区“郫、繁曰膏腴，绵、洛为浸沃也”[②]，水稻产量大大提高，人民的生活有了保障。

《华阳国志》另一则记载则对李冰兴修水利、治水除水患的历史事件进行了初步神化，有凿崖与水神斗的记载：

周灭后，秦孝文王以李冰为蜀守。冰能知天文地理……时青衣，有沫水出蒙山下，伏行地中，会江南安，触山胁溷崖，水脉漂疾，破害舟船，历代患之。冰发卒凿平溷崖，通正水道。或曰：冰凿崖时，水神怒，冰乃操刀入水中与神斗。迄今蒙福。[③]

李冰治水、保灌区安全的功绩，民众铭刻在心、感恩戴德，并将其人

① （晋）常璩撰；刘琳校注：《华阳国志校注·卷三·蜀志》，巴蜀书社 1984 年版，第 202 页。
② 同上书，第 210 页。
③ 同上书，第 202 页。

其事进一步给予神化，把兴修水利治水的主题衍化成为民除害而战败江神“蛟龙”。《水经注》载“李冰变相斗牛”的神话，“主簿刺杀北面者，江神遂死”①。内容类似的神话，又见李昉等编辑的《太平广记》。虽故事相同，但具体情节有所发展：李冰不再是“变相斗牛”，而是与江神“蛟龙”“二龙相斗”。

《太平广记》：李冰为蜀郡守，有蛟岁暴，漂垫相望。冰乃入水戮蛟。己为牛形，江神龙跃，冰不胜。及出，选卒之勇者数百，持强弓大箭，约曰：“吾前者为牛，今江神必亦为牛矣。我以太白练自束以辨，汝当杀其无记者。”遂呼吼而入。须臾雷风大起，天地一色。稍定，有二牛斗于上。公练甚长白，武士乃齐射其神，遂毙。从此蜀人不复为水所病。至今大浪冲涛，欲及公之祠，皆弥弥而去。②

“斩蛟”故事初现原型。蛟龙因李冰变牛形而变形，李冰战之不胜，设计诱其出水，“武士乃齐射其神，遂毙”③。此时，李冰已经由治水的英雄变身为身怀灵异功能而为民除害的神灵。

李二郎，李冰之子，但正史无记载。最早见于唐代崔令钦《教坊记》【二郎神】④的曲牌名称。唐末五代宫廷“教坊俳优作《灌口神队》”⑤，演灌口二郎锁拿孽龙事。这是对李冰变相斗牛、化牛斗江龙（蛟龙）和智除江龙情节的发展。《灌口神队》的故事情节在阳戏《二郎降孽龙》及川剧《打草降

① （北魏）郦道元：《水经注》，《（景印）四库全书·史部》（第573册），台湾商务印书馆1986年版，第497页。

② 宗力、栾保群：《中国民间诸神》，河北教育出版社2001年版，第451页。

③ （宋）李昉等编：《太平广记》（第六册），中华书局1961年版，总第2316页。

④ （唐）崔令钦：《教坊记》，《中国古典戏曲论著集成》（一），中国戏剧出版社1959年版，第14页。

⑤ 《历象汇编·庶征典》（第十六卷“庶征总部”），《古今图书集成》（第40册），中华书局1934年版，第11页。

孽》等文艺作品中得以沿袭。

从上述故事情节的衍化轨迹来看，李二郎是在李冰治水历史故事的基础上发展起来的，应是一个神化人物。其神话及其信仰的形成，很大程度上是对李冰治水的附会和延续。

秦蜀守李冰使其子二郎除水怪，凿离堆，穿内外二江，灌溉十四州县，田亩沃野千里，号称陆海益州。记曰："都江堰有三石人、五石犀以压水与神。誓曰，涸不至足，涨不及肩，所遗'深淘滩，低作堰'六字垂，为万世法。相传皆二郎治理也。"①

可见，这位"相传"的李二郎的功绩主要有"除水怪"、"凿离堆"、贯通内外二江、兴水利、灌溉田地、以石人或石犀压犯事水神和采取"深淘滩，低作堰"的六字治水"万世法"以助父治水。将对李冰的神化推向更高层次，也可以看作是李冰崇拜的一种延伸。

第三位川主为赵昱，又称"赵姓二郎"。他既是阳戏坛中川主灌口二郎神，也是庆坛中"赵侯坛"的坛神。据清嘉庆《四川通志》载：赵昱是隋朝"青城人，征为嘉州太守"②。"赵昱字仲明。"③ 对赵昱的身世在清嘉庆《扬州府志》中也有记载：

隋赵昱与兄冕学道青城山，炀帝强征之，出为蜀嘉州守。昱于犍为潭中斩蛟，除民害，后隐去不知所终。唐时，嘉陵涨溢，蜀人见昱乘白马从猎者驰波面，水遂平。事闻，太宗封"神勇大

① （清）曾受一等纂修：《（乾隆）江津县志》（卷十七"艺文"），《故宫珍本丛刊：四川府州县志》（第11册），海南出版社2001年版，第216页。

② （清）杨芳灿等纂修：《（嘉庆）四川通志》（卷四十五），京华书局1967年版，第216页。

③ （唐）柳宗元：《龙城录》（卷下），中华书局1985年版，第30页。

将军”，立庙灌江口。昱斩蛟时年二十六，故以郎称后世。①

由上可知：其一，隋朝人赵昱与其兄赵冕，早年在青城山修道；其二，赵昱在犍为斩蛟龙，后遁隐，不知所终；其三，唐时更加神化赵昱，飞马平息洪水，被太宗加封“神勇大将军”，“立庙灌江口”；其四，二郎之名的来历，“年二十六，故以郎称后世”，又因有兄，排行第二，便称“二郎”。

《绘图三教源流搜神大全（外二种）》“灌口二郎神”信息甚全：

六月二十六日生。二郎神者姓赵名昱，从道士李珏隐青城山。隋炀帝知其贤，起为嘉州太守，郡左右冷源二河，内有老蛟为害，春夏水涨，漂淹伤民，昱大怒，特设舟船率壮士及居民夹江鼓噪。昱持刀入水，有顷，其水赤，石崖奔吼如雷。昱右手持刀，左手持蛟首，奋波而出。时有佐昱入水者七人，即七圣是也。隋末，世乱弃官隐去不知所终。后江水涨溢，庶人见昱于青雾中，感其德，立庙于灌江口奉祀焉。唐太宗封为“神勇大将军”，明皇加封“赤城王”，宋真宗封“清源妙道真君”。②

以上记载详明“二郎神”赵昱身世、神圣诞日、仕途经历、降伏为害蛟龙、去世后屡显灵异，直至庶人感恩戴德，灌江口立庙奉祀之。被唐太宗、唐玄宗、宋真宗分别敕封为“神勇大将军”“赤城王”“清源妙道真君”。

明万历《四川总志》对斩蛟、受封的信息记载甚详，并载神助张咏平蜀乱，被敕封“川主清源妙道真君”之事③。至此，赵昱二郎被三次敕封：唐太宗时封为“神勇大将军”，庙祀灌口；唐玄宗时封为“赤城王”显应侯

① （清）阿克当阿修；姚文田纂：《（嘉庆）重修扬州府志》（卷二十五“祠祀”），《中国地方志集成·江苏府县志辑》（第41册），江苏古籍出版社1991年版，第411页左上。

② 佚名：《绘图三教源流搜神大全（外二种）》，上海古籍出版社2012年版，第400页。

③（明）虞怀忠、郭棐等纂修：《（万历）四川总志》（卷十五），齐鲁书社1996年版，第126页。

（故称“赵侯”）；宋真宗时神助张咏平乱治蜀，被封为“川主清源妙道真君”。

相传乐山大佛所在地灵云山与乌龙山之间有一“离堆”，为昔日赵昱治水所凿。被民众神化祀奉，“凡遇水旱，请祷辄应”[①]。后来，道教日益吹捧这位历史人物，并附会“岁时民疾病祷之，无不应”[②]的灵异特性。

关于赵侯身世，民间传说更具神秘性。于一先生的《巴蜀傩戏》一书有详细记述[③]，不复赘述。

由上文可知，赵昱作为一个历史人物，为隋时一名地方要员，自唐宋以来愈来愈神化。赵昱由“人”演化为“神”是民众尊奉、道教吹捧与官方的奖掖敕封三方面合力的结果。

西南各地神坛祀庙所供奉川主神除史载三位外，还有神话传说人物杨戬。

杨戬，又称“二郎神杨戬”，是一位纯粹的神话人物。其“三眼”和“擅变”形象在阳戏文本中常有体现。一见道光本[④]《三圣登殿》：“川主（唱）：三眼两耳透神风。”这里的“三眼”是二郎神杨戬独有的形象，他的眉间比常人多了一只“浑天眼”。另一见息烽阳戏抄本《桃山救母》：“川主（唱）：七十二变神通广，妖魔鬼怪化微尘。”杨戬在神话小说《封神演义》中的形象就是拥有“七十二变”的神通广大的一位天神。在同版本《三领牲》一出中，也有同样的唱词：“吾本有七十二变好本领。”

杨戬融合了“二郎神”李冰、李二郎、赵昱降孽龙、斩健蛟的事迹及其庙祀灌口的敕封。如阳戏《降蹇龙》一段唱白：

---

① （清）高士巍等修：《（康熙）常熟县志》（卷十三“坛庙”），《中国地方志集成·江苏府县志辑》（第21册），江苏古籍出版社1991年版，第292页。

② 《博物汇编·神异典》（第三十九卷“杂鬼神部”），《古今图书集成》（第492册），中华书局1934年版，第11页。

③ 于一：《巴蜀傩戏》，大众文艺出版社1996年版，第325页。

④ 王秋桂主编；胡天成编著：《中国传统科仪本汇编（六）——四川省重庆接龙区端公法事科仪本汇编》（上），新文丰出版公司2003年版，第260—326页。本文所引用民国本、道光本、咸丰本、光绪本皆见此书。

（唱）：吾神不是非凡神，吾是灌口二郎尊。闻听蹇龙来造反，吾今不救等何时。要知吾神真姓名，西川灌口二郎尊。

（白）：吾来杨戬是也，只因西川蹇龙造反……

“二郎神”又借杨戬的神话传说为其树立起扫荡一切冥界妖魔鬼怪、排解万般凶险困苦的巨神形象。杨戬“收七怪”“降大圣”的圣绩分别见于《封神演义》《西游记》等神话小说。

由上可知，“二郎神”是一个神话人物，是李二郎、杨戬和赵昱“三位一体”相结合形成的“神”，是长期以来四川及其周围地区二郎神崇拜的产物。相比前述三位川主，二郎神杨戬神秘化程度更高。

从以上四位传统川主神来看，可以得出两点结论：一是，川主就是川蜀大地，甚至我国西南地区的地域保护神。川主经历了由“人”到“神”的神秘化演化过程，李二郎以秦太守李冰的事迹为母本逐步神化；赵昱修道成仙的轨迹自隋始逐步演进；杨戬则是民间二郎神信仰与神话小说、民间故事等文学形象结合的产物。二是，川主是古代四川民众祖先崇拜和英雄崇拜的产物，他们经历了由治水之人到平妖除暴之神，再到地方保护神这样一个历时性的神化过程。

2. 土主

在阳戏坛上，土主圣号为“璧山土主清明河潼帝君”“璧山土主清明河潼帝君白马大帝”，排在川主之后，是阳戏坛的第二主神。

“土主”为何许尊神也？阳戏剧本有唱词：“土主神，土主神，土主原是璧山人。”[①] 从阳戏剧本信息可以看出，土主仙乡在璧山，能推测出土主神源最初极有可能是璧山一方的保护神。对其神迹身世，一些方志中略有记载：

---

① 王秋桂主编；胡天成编著：《中国传统科仪本汇编（六）——四川省重庆接龙区端公法事科仪本汇编》（上），新文丰出版公司 2003 年版，第 301 页。

壁山庙在重壁山。唐赵延之讨平资泸夷，以功授合州刺史，卒于此山。后人立庙，宋封威烈侯。①

可知，土主神乃指唐代赵延之。其事迹有“讨平资泸夷，以功授合州刺史”，后人建璧山庙，宋时被封“威烈侯”。民间广泛庙祀璧山神，“璧山庙，在府北祀唐赵延之名山县亦有之”②。赵延之任巴川令率军民平贼寇之事，在《四川通志》有更详细记载：

唐土寇猖獗犯邑，知县赵延之集兵于六赢山灭之。后遇黄冠道人于茅莲洞，忽飞仙去，奏封土主，至今邑人祀之。③

由此可知，知县赵延之的圣绩：集兵灭土寇于六赢山，茅莲洞升仙，被敕封为“土主”，受邑人祀奉至今。至此，“土主”称谓始现，乃为赵延之的封号。

至于仙乡祖地的详细信息，此处没有提及。一些唱词虽有提及，却反映出极大的地区差异性。如道光本《上熟跪案饯驾》唱词：“土主座处不非凡，家住峨眉号洞仙。”④光绪本《三圣上寿》唱词：“土主老爷一尊神，老爷原是衢县人。”⑤反映了土主身世的不确定性。

土主身世的不确定性特征，同样体现了土主信仰的神秘性特点。深究土主生卒身世，是研究者热衷的事情。而在实际生活中，民众只知道虔诚祀土主，不求土主是谁，仅祈福土主保佑年景风调雨顺，人畜平安。从实

---

①（明）虞怀忠、郭棐等纂修：《（万历）四川总志》（卷九“祠庙”），齐鲁书社 1996 年版，第 78 页。

②（清）黄廷桂等修：《（雍正）四川通志》（卷二十八上），《（景印）文渊阁四库全书》（第 560 册），台湾商务印书馆 1988 年版，第 528 页左下。

③ 同上书，第 529 页上。

④ 王秋桂主编；胡天成编著：《中国传统科仪本汇编（六）——四川省重庆接龙区端公法事科仪本汇编》（上），新文丰出版公司 2003 年版，第 301 页。

⑤ 同上书，第 363 页。

地调查来看，“土主”崇奉地域性特点明显。四川阆中奉张飞，邛崃奉陈立，重庆綦江、江北阳戏坛奉赵延之，贵州福泉、瓮安及湖南湘西一带奉韩信。土主较多，不一一赘述。但身份各异的“土主”却有共同的特点：他们是当地历史上有较大影响的藩王、官吏、文人、勇士，曾对本州府的治官理民做出较大贡献，深受民众爱戴，被尊奉为神灵。

最后看土主形成的思想渊源。土主就是本土之主，为地域保护神，是土地的主宰。在先民的信仰观中，土地神是山川河流等自然崇拜的一部分。特别是从渔猎转入农耕时期之后，原始先民逐步认识到土地对人类生存的意义，产生对主宰土地及耕作收成的自然力的崇拜，祀奉自然神，如祀石、祀树、祀水。同时，土主圣号“清明河潼帝君”也体现出对自然力崇拜的信息。

3. 药王

药王即医、药之王，圣号为“苏州得道药王妙济真人”“苏州得道药王圣主广目真人”等。

在阳戏坛上，药王是一位医治百家疾苦、为人延生接寿的尊神。对于药王的身世，历来说法不一。而在阳戏坛普遍尊唐医孙思邈为药王。如剑阁阳戏《请圣》中的“有请药王孙真人”。梓潼阳戏《祖师》中命日值功曹：“命你去到御医院，迎接药王到坛前。”《三圣起马》一折，药王自唱：“吾是唐医好杏林，一能起死又回魂。”由唱词中的“孙真人”“御医”“唐医”等信息，推知“药王”为唐朝名医——孙思邈。孙思邈医治千家百病的行医事迹即为阳戏坛“药王”的原坯。

根据历史文献记载①：孙思邈是京兆华原（今陕西耀县）人，于“开皇辛酉岁生”，即生于隋开皇元年（581）。曾事太宗，预知其事，凡诸异迹，多此类也，撰《千金方》三十卷，卒于唐永淳元年（682），仙寿102岁。

① 《二十五史·隋书　旧唐书》，上海古籍出版社、上海书店出版社1986年版，第612页。

《列仙全传》“卷五”详细载其神籍圣绩：“孙思邈，华原人。七岁日诵千言。独孤信见之曰：‘圣童也，顾器大难为用耳。’及长，好谈老庄。周宣帝时，以王室多事，隐于太白山学道，炼气养神，求度世之术。洞晓天文推步，精究医药，务行阴德。”[①]《古今图书集成·神异典》卷四十九引《山西通志》举孙思邈行医灵验、祀香火的例子：“孙真人庙，在猗氏县庄武王庙内。王讨叛有疾，唐德宗命真人孙思邈来医，因建祠于庙左，祷药即愈。”[②]

孙思邈被尊称为“真人”，宋徽宗崇宁二年（1103），徽宗加封孙思邈为“妙应真人”。[③]需要指出的是，药王祖籍是陕西，而不是苏州，苏州是药王修道成仙的地方。在剑阁阳戏文本《请圣》中有记载：“药王天子本姓孙，苏州得道你为尊。”

传说药王孙思邈农历四月二十八在四川青城山撰《千金方》成，白日飞升。这一天内江的药铺张灯结彩，祭祀药王。病家于是日酬谢医生。[④]可见，孙思邈的良医形象在民众心中得到神化。

关于孙思邈行医问药的传说在民间也广泛流行。如《唐王治病》[⑤]《孙思邈骑虎看病》[⑥]等极具神秘色彩。篇幅所限，此处不赘述。

事实上，西南民间的戏坛、家龛盛行尊奉孙思邈深有历史渊源。孙思邈生前游遍川蜀大地的名山大川，搜集各地香草灵药，行医千家，医治百病，恩泽后世。后世仰医道，尊其为“药王”“圣人”。至今川蜀民众仍在佳节喜庆之日燃香祭拜药王，希冀得到他的保佑，家人平安，益寿延年。身患疾病时，祀药王求“妙药”以“驱鬼立灭”。

---

① （明）王世贞辑次；（明）汪云鹏校梓：《列仙全传》，河北美术出版社1996年版，第251页。

② 宗力等：《中国民间诸神》，河北人民出版社1986年版，第522页。

③ 卿希泰：《中国道教史》，四川人民出版社1996年版，第317页。

④ 中国人民政治协商会议内江市市中区委员会文史资料委员会编：《内江市市中区文史资料选辑》（第二十四辑），1986年版，第150页。

⑤ 《中国民间故事集成·重庆市巴县卷》（上册），重庆市书刊准印1988年版，第245页。

⑥ 《中国民间故事集成·四川卷》（上册），中国ISBN中心1998年版，第123页。

（二）“三圣”神职的剧本呈现

研读阳戏剧本发现，“三圣”圣绩或神性较其历史人物的“原型”有较大幅度地扩展。川主、土主、药王分别超越了治水除蛟、平资泸夷、行医问药的“行业”，而拥有普世神、自然神、戏神等神性。这些僭越“本职”的圣绩或神性同样急民众所需，体现了民间信仰功利性的一面。

川主在阳戏坛三位主祭神中地位最高，玉皇御前所封圣号为“万天川主左丞相崇应惠民大帝”。阳戏剧本中有关川主“神性”的信息比较丰富。

首先，川主是一位普世神。川主既被川蜀民众奉为地域保护神，同时又是我国西南地区的地域保护神。主要圣绩就是兴邦安民、恩惠民众百姓。重庆巴南区光绪抄本《三圣登殿》中的“金盆打水洗金脸，朝衣朝帽带随身”唱述了川主上朝时的情景。在息烽阳戏抄本[①]《请神》一坛唱川主圣绩：

> 川主到地常显化，主掌风雨国太平。国有贤良保社稷，泰然拱照铺山河。人民个个来参拜，风调雨顺国太平。川主飞来镇黔邦，惠民灌口显威光。崇应众生勤礼邦，大帝恩大降吉祥。

以上唱词蕴含的信息有：第一，川主是一位勤政的君主，时时处处显灵化身，福佑社稷，恩施众生。上朝装扮尊贵威武，“金盆打水洗金脸”，着朝衣朝帽。第二，川主主掌国家太平，境内风调雨顺，深得人民崇敬，为人人参拜崇奉的神灵。第三，川主不但主管蜀国一方，甚至“飞来镇黔邦”，一承“惠民灌口”的圣绩，恩及友邻异邦。第四，川主福佑社稷，恩惠民众。民间也多处立庙修祠，祀奉川主。灌州祀川主的民情风俗浓厚。

其次，水神是川主最主要的神性之一。“坛神者，秦为太守李冰，宋嘉

① 此抄本由贵州省息烽县流长乡四坪村阳戏掌坛师黄法坤保存，故称“息烽阳戏抄本”。抄录时间为1943年。

州刺史赵昱也，昔皆治水有功，故川人世祀之，谓之庆坛。”[①]

镇宅、扫荡、驱魔的厉神神性随着西南地区民众的民俗文化长期积累、逐步丰富。如梓潼戏《上祖师》唱词中有：“三道牒文去灌州，迎接川主二郎杨戬，让他随带哮天犬镇宅扫荡。”息烽县流长乡阳戏称川主“唐王门下，赵公元帅”，戏坛上的唐王门下赵延之的功绩显然不是灭犯邑的土寇，而是镇宅驱邪。在民间，不论是李姓、赵姓还是杨姓二郎，都离水上岸，不再锁孽龙、捉水怪，而是改弦易辙到民宅镇宅、驱魔、扫荡。

关于川主圣绩，在剧本中多有体现。息烽阳戏抄本《三领牲》中有“造宝刀诛杀蛮精”“斗犀台降孽龙”“封我李二郎执掌昆仑”的唱词。《桃山救母》中关于川主圣绩的唱词：

二郎（唱）：唐朝敕册惠民王，清源妙道大夫尊。七姓将军为猛刀，统领诸将赴法筵。降伏蹇龙归海口，奉会中川作证盟。七十二变神通广，妖魔鬼怪化微尘。

以上唱词描写二郎神的圣绩和敕封情况：1. 二郎“造宝刀杀蛮精”“降孽龙”。2. 桃山救母后，玉皇封他“掌管昆仑”。3. 小孽龙数次涌水犯境，祸害百姓，二郎“降伏蹇龙”。4. 二郎神通广大，有“七十二变”好本领。5. 在唐朝时被敕封为“惠民王”，尊称“清源妙道”。

以上川主二郎神的圣绩全面反映出其神性。锁孽龙、除水害，体现水神神性。诛杀蛮精、桃山救母，体现宗族保护神神性。镇妖驱魔，体现驱邪清吉的厉神神性。

水神、宗族保护神、厉神等神性是从川主“治水保灌”的基本神性中或衍化或生发出来的，是民众期望天无灾害、风调雨顺，无官匪横祸、妻贤子孝，无邪鬼作祟、庭宅清吉的殷切心理反映。

---

① （清）曹抡彬修；曹抡翰纂：《（乾隆）雅州府志》（卷五“节序”），《中国地方志集成·四川府县志辑》（第63册），巴蜀书社1987年版，第458页。

土主，息烽阳戏本圣号“璧山土主清明河潼帝君”，光绪本圣号“璧山土主清明河潼帝君白马大帝”，是阳戏坛“三圣”排列第二位的主神。土主的神性在清代几种阳戏抄本中皆有体现。

土地神的本原神职为使土地生万物、长庄稼。《诗经》曰“以社以方”[①]，土地能生万物。《白虎通》卷一“社稷”条记载：“社者，土地之神也，土生万物，天下之所主也。”[②]土能生万物，土地神即为主宰天下万物的神灵。这时，土地神的主要职能还囿于“土地”的范围内，如保佑庄稼丰收、保护村寨平安吉祥、保佑牲畜兴旺肥壮，等等。随着土地信仰的不断强化，土地神就被赋予了治病、守护的神职功能。如《搜神记》卷十五之“社公贺瑀”条记载：

> 会稽贺瑀，字彦琚，曾得疾，不知人，惟心下温，死三日，复苏。云：“吏人将上天，见官府，入曲房，房中有层架，其上层有印，中层有剑，使瑀惟意所取；而短不及上层，取剑以出。”门吏问：“何得？”云：“得剑。”曰：“恨不得印，可策百神。剑惟得使社公耳。”疾愈，果有鬼来，称社公。[③]

《夷坚志·支景》卷六之“孝义坊土地”条亦载：

> 庆元元年正月，平江市人周翁疟疾不止。尝闻人说疟有鬼，可以出他处闪避，乃以昏时潜入城隍庙中，伏卧神座下，祝史皆莫知也。夜且半，见灯烛陈列，兵卫拱侍，城隍王临轩坐，黄衣卒从外领七八人至廷下，衣冠拱侍。王问曰：“吾被上帝敕命此邦行疫，尔辈各为一方土地神，那得稽缓。”皆顿首听命。其中一神

① 刘毓庆、李蹊译注：《诗经》下，中华书局2011年版，第576页。

② （汉）班固：《白虎通》，崇文书局光绪纪元1875年夏月雕刻，第23页。

③ （晋）干宝撰；汪绍楹校注：《搜神记》，中华书局1979年版，第182—183页。

> 独前白曰："某所主孝义坊，诚见本坊居民家家良善无过恶，恐难用病苦以困之。"王怒曰："此是天旨，汝小小职掌，只合奉行。"神复白曰："既不可免，欲以小儿充数如何？"王沉思良久曰："若此亦得。"遂各声喏而退。周翁明旦还舍，具以告人，皆哂为狂谵，无一信者。至二月，城中疫疠大作，唯孝义一坊但童稚抱疾，始验周语不诬。迨病者安痊，坊众相率敛钱建大庙，以报土地之德。①

通过以上两例，赋予土地神"治病"的神职功能。

同时，土地神的神性还体现在其"守护"的职能方面。正如何星亮先生所言："土地神最初只主宰农作物的收获。后来，人们不断给它增加神职，使它身兼数职，甚至成为万能的神祇，成为各个地域的保护神。"②很多情况下，国家、天子、民众到"社"去祭祀土地神，以期求得土地神的保护，使得国家征伐得胜、田猎丰收、天无恶相、风调雨顺、无火无灾。"国家有征伐之事，必先祭于社；天子田猎，亦必先祭于社；日食之时祀于社；天旱求雨，祈祷于社；发生火灾之时，亦祭告于社，以消除火灾。"③这里的"社"，即土地神的神坛。

阳戏坛上土地神的神性职能，首先表现为主政一方的本土保护神。咸丰本《工兵牢子》中，牢子神的唱词："（璧山）昔日为官多清正，镇守西蜀永兴隆。替天行道民不怨，上帝敕封土主公。"④湄潭县《三圣登殿》有唱词："吾乃璧山土主尊，日管阳来夜管阴。"⑤表现"土主"主政西蜀之地，尽心尽力恩泽本土百姓，使蜀地"永兴隆"，深得民众爱戴。

其次，土主还是喜气神。剧本唱词还用代表喜庆、吉利的"红色"作

① 宗力、栾保群：《中国民间诸神》，河北人民出版社2001年版，第168页。

② 何星亮：《中国自然神与自然崇拜》，生活·读书·新知三联书店上海分店1992年版，第106页。

③ 同上。

④ 王秋桂主编；胡天成编著：《中国传统科仪本汇编（六）——四川省重庆接龙区端公法事科仪本汇编》（上），新文丰出版公司2003年版，第341页。

⑤ 吴电雷、陈玉平：《中国傩戏剧本集成·贵州阳戏》，上海大学出版社2016年版，第130页。

为角色标志，表现土主神意气风发、气志昂扬，土主的坐骑亦为红鬃马。咸丰《阳戏全集》本《上熟跪案饯驾》有唱词：“脸上红色土主神，坐在璧山管万民。”[①] 息烽阳戏《三圣登殿》土主唱词：“遥遥璧山一点红。”[②]《登殿纠察》土主唱词：“封神榜上三杯酒，醉到如今脸鲜红。”在息烽县黄晓亮阳戏坛神龛上供奉的土主神像就是红衣、红面。

再次，体现了土主是土地农耕神和自然生育神的神性。剑阁阳戏《请圣》中，土主自叙：“吾是璧山土主神，主持与泽吉宴临，红莲愿信皆圆满，田蚕五谷足丰登。”说明土主是保佑百姓安居乐业、丰衣足食的吉神，保佑田蚕丰收、五谷丰登。

自然生育神又见民国本《领牲》唱词：

镇四方，以来除祸免灾殃。门前白犬如狮子，驾起金鸡似凤凰。我本当，能包天地变阴阳。河图叔叔把我放，我名老母位中黄。我能生天育万物，皇天无我不万方。

“生育万物”体现土主神自然生育神的神性。“皇天无我不万方”指土主位列尊位。“河图叔叔把我放”体现土主的河神性质。首句“镇四方，以来除祸免灾殃”，体现土主驱鬼治妖的厉神性质。

除前文所述土主的神性外，剧本又见土主麻城救火的唱诗。见道光本《放牲》（或称《判牲》），土主（诗）：“吾本土主一尊神，麻城救火显威灵。”体现了火神神性。

由上观之，土主的神性体现在诸多方面：本土保护神、喜气神、土地农耕神、自然生育神、河神、厉神及火神。作为称职的本土父母官，的确需要“十八般神性”都具备。同时，也反映了民众“有病乱投医”的功利

---

① 王秋桂主编；胡天成编著：《中国传统科仪本汇编（六）——四川省重庆接龙区端公法事科仪本汇编》（上），新文丰出版公司 2003 年版，第 341 页。

② 吴电雷、陈玉平：《中国傩戏剧本集成·贵州阳戏》，上海大学出版社 2016 年版，第 61 页。

性心态，甚至全然不顾水（神）、火（神）不容的社会现实，出现让土主一身兼职的不合情理现象。

药王，剧本记载药王圣号有“苏州得道药王妙济真人”“苏州得道药王圣主广目真人”和“苏州药王天子济善真人清虚大帝”。

药王的神性，首先是问药治病、医治千家。光绪抄本《三圣上寿》有唱词：

吾是苏州药王神，报国救苦孙真人。
妙药能驱鬼立灭，神针拨散满天云。
千家有请千家去，万家有请万户迎。①

息烽阳戏抄本《请神·参药王》中这样描述药王：

家住陕西凤祥府，熬丹炼药救良民。炼得长生金丹老，拯得枯骨活现行，点得老龙眼咟退，常将妙药带随身。②

可以看出，药王职责就是从事“熬丹炼药救良民”的行医职业；医术高明，“妙药能驱鬼立灭，神针拨散满天云”“炼得长生金丹老，拯得枯骨活现行”；医德高尚，“千家有请千家去，万家有请万户迎”。

药王妙药随身救良民和神针驱疫灭鬼的神性，与阳戏坛在民间活动的目的一致。把行医济世的“医圣”孙真人奉为“药王”，并供奉在阳戏神坛上，反映了民众极为重视生命与健康的思想。

另外，出人意料的是，药王还履行其他神职。

神职一，掌管阳戏。同治阳戏抄本《提神》中法师（白）：“今日三、明日四，药王天子下来管花戏。”同一版本《踩棚》有：“药王本是神（仙）

① 王秋桂主编；胡天成编著：《中国传统科仪本汇编（六）——四川省重庆接龙区端公法事科仪本汇编》（上），新文丰出版公司2003年版，第355页。

② 黄登贵编著：《息烽阳戏》，贵州民族出版社2016年版，第70页。

戏。”同治本《踩棚》中养马童子（唱）：“药王差我踩戏场，养马童子二尊神，药王差我踩戏棚。”

此处“花戏”即阳戏。用“花戏”代指阳戏的现象在民间很普遍，如贵州福泉称“五阳花戏”，四川射箭乡称“花花愿戏”。此处的“神戏”也指阳戏，又称“舞阳神戏”“五阳神戏”“舞扬神戏”，类似叫法在民间同样流行。如光绪本《开棚》有：“这棚神戏好舞阳，不知何处把短长。”道光本《催愿》中催愿仙官（唱）：“烧了旗子去旗杆，舞阳神戏再不还。”

神职二，记载愿信的叩许和酬还。如道光本《催愿》，催愿仙官有唱词：

> 三间瓦屋起青烟，药王皇榜挂堂前。高上不写闲言语，凡间有愿欠多年。得力公差差一对，速去凡间催纸钱。鼓乐轻槌打起来，催愿仙官上戏棚。①

即药王的皇榜上登记着凡间信士对神明许下的愿信、欠了几年等信息，不是闲言杂语。再者药王还主管催促愿家还愿、勾销了愿等。愿家还愿的每一个环节，都会派得力的小神去执行公差。如安盘使者、金童玉女、催愿仙官都要奉药王之命行事，安排调控还愿、了愿等事务。咸丰本《催愿》中催愿仙官（唱）：“某宅门首酬还愿，大神差我走一巡。肩扛黄旗走如云，至今离了讲坛乡。”

福泉阳戏剧本《礼请》中，药王（唱）：“药王神来药王神，家住掌坛兴国城；手持一把七星剑，上管君来下管民。”这和土主“日管阳来夜管阴”一样，是治国安民的社稷神。

由上文得知，药王的本职神性是熬丹炼药、问药治病救良民。其他方面的神性，如镇坛神、阳戏坛上管愿神及社稷神，皆是因民众的实际生活需要而逐步丰满的。

① 王秋桂主编；胡天成编著：《中国传统科仪本汇编（六）——四川省重庆接龙区端公法事科仪本汇编》（上），新文丰出版公司 2003 年版，第 297 页。

“三圣”信仰的形成与传播的过程，也是阳戏坛“三圣”神性不断扩张的过程。从“三圣”的共同神性到所衍生出丰富多彩的个体神性，反映出“三圣”信仰语境中民众希望“三圣”全方位驱疫禳灾、降福纳祥的依赖心理，即“三圣”信仰的功利性体现。

川主、土主、药王都经历了从世间“人”到天上“神”的演化轨迹，此过程也是“三圣”信仰的形成过程。他们从“人”演化为“神”，既掺入了一些宗教因素，又受到丰富民间文化的滋养。宗教因素，尤其是道教对他们修道成仙起到催化作用。民间文化里饱含民众百姓美好愿望和想象的内容。所以作为世间人的“三圣”染上了浓浓的神秘色彩。

民众根据需要附会“三圣”神性的现象，反映了民间信仰的功利性特点，体现了民众追求美好生活的愿望。古时民众百姓在生活中，只要遇到自身不能理解的现象、依靠自身的力量不能解决的问题，就把一切希望寄托于心目中最有威望、最令自己信赖的世间英雄身上。除本文所分析事例外，更有四川芦山县的庆坛祀姜维为土地神和送子仙人，云南澄江祀关索为除瘟逐疫和司生殖的大神。在功利心理的驱使下，神灵的具体司职就不再细辨。

第二节　汉族阳戏坛化主信仰

化主信仰只流行在阳戏坛上。阳戏是傩戏的品种之一，祭祀“三圣”是其类型标志。但是有些阳戏坛上有时祀“四圣”，即在“三圣”的基础上再补一尊神祇，如福泉阳戏坛“第四圣”祀关圣帝君，以桐梓县为代表的黔北地区阳戏坛的“第四圣”祀化主梓潼帝君。由于崇奉化主的区域比较广泛，如四川绵阳梓潼县、广元射箭乡的阳戏坛，所以下文将对化主的神迹来历、奉祀过程进行考稽。

（一）化主多种身世

化主，即梓潼帝君，又称文昌帝君，是主管人间的仕进禄籍、驱邪逐瘟、降吉祥留福的主神。四川省绵阳市梓潼县七曲山上有梓潼帝君灵应祠，即梓潼庙，俗称“七曲山大庙”。化主身世的几种说法皆与七曲山大庙梓潼神有关。据清咸丰《梓潼县志》载：

> 神姓张，讳亚子，其先越嶲人，因报母仇，徙居是山。自秦伐蜀后，世著灵异。宋元历封辅元开化司禄宏仁帝君。事见考异，《明史·礼志》记云：张亚子居蜀七曲山，仕晋战殁，人为立庙。唐宋屡封至英显王，道家谓帝命梓潼，掌文昌府事及人间禄籍。元加号为帝君。[①]

---

① （清）张香海等修；杨曦等纂：《（咸丰）梓潼县志·重修梓潼县志》（卷二），成文出版社1976年版，第253页。

可知，梓潼帝君谓之张亚子，名虽同一，皆为“张亚子”；实为两人，一是越嶲人张亚子，一为仕晋的张育。两人均有史料记述，越嶲人张亚子为报母仇，杀了邛崃县令，逃入七曲山，采药救人，后人立亚子祠纪念。①《道藏》对越嶲人张亚子亦有记载：“生于周初，后降生于越嶲。”

吾本吴会间人，生于周初，后七十三化，累为士大夫，未尝酷民虐吏，性烈而行察，同秋霜白日不可犯。后西晋末，降生于越之西雋之南两郡之间。是时，丁未年甲子辛亥二月三日诞。②

张育在《晋书》中记载颇为详细：

蜀人张育、杨光等起兵，与巴獠相应，以叛于坚。晋益州刺史竺瑶、威远将军桓石虔率众三万据垫江。育乃自号蜀王，遣使归顺，与巴獠酋帅张重、尹万等五万余人进围成都。寻而育与万争权，举兵相持，坚遣邓羌与杨安等击败之，育、光退屯绵竹。安又败张重、尹万于成都南，重死之，及首级二万三千。邓羌复击张育、杨光于绵竹，皆害之。③

晋将张育于东晋孝武帝宁康元年（373）与杨光等起兵，自号蜀王，后来被邓羌战败而被害。后人为纪念这位反抗侵略的民族英雄，立祠祭祀。

此外，还有化主为雷神和张公张婆滴血成人的传说。化主为雷神在《华阳国志》卷二“汉中志”条有记载：“梓潼县郡治。有五妇山，故蜀五丁士所拽蚰崩山处也。有善板祠，一曰恶子，民岁上雷杼十枚，岁尽不复见，

① 胡天成主编：《民间祭礼与仪式戏剧》，贵州民族出版社 1999 年版，第 1030—1031 页。

② 李一氓：《道藏·清河内传一卷》（第三册），上海书店出版社、文物出版社、天津古籍出版社 1994 年版，第 286 页。

③ （唐）房玄龄等撰：《晋书·卷一百十三·第十三“苻坚上”条》，中华书局 1974 年版，第 2897 页。

云雷取去。”[①] 如今，在善板祠或恶子祠所供奉的化主本为雷神。再者，张公张婆水中滴血成虫，虫变龙形，龙形修成人身的传说。“自后夜梦或为龙，或为王者天符，或为水府漕，自怪而不甚信为吉兆。三农愆旱嘉禾无甦，舞雩祝神恬然无验。余思曰：‘寐中梦治水府，今夕当验。夜往水际，以梦中官函牒河伯，而惊魂尤恐忸怩不能。’”[②]

至此可以看出，化主梓潼帝君的身世有四种说法：越嶲人张亚子、仕晋的张亚子（张育）、雷神和龙修道成人的化身。然而，在桐梓县阳戏坛上作为（第四圣）的化主，是指“仕晋战殁，人为立庙”的张亚子。

（二）化主祀封经历

张亚子居蜀七曲山，“仕晋战殁，人为立庙”[③]。唐代始立“梓潼祠”，祠内供奉的神祇始称“梓潼神”。剑州梓潼县唐玄宗幸蜀神迎于万里桥，追封左丞相。僖宗播迁亦有阴助之功，加封济顺王。即所谓“（唐玄宗）追封左丞相，僖宗入蜀，封齐顺王（济顺王）”[④]。宋太祖以辅吾仁也，灵应庙神加封圣号[⑤]。据《蜀中广记》记载：“济顺王本张亚子，战死而庙存。”[⑥] 在宋真宗咸平年间（998—1003），追封其为“英显王”[⑦]。在《成都文类》中，又见“英显武烈王”之谓：“惟我英显武烈王自东晋以来逮于有宋，功德卓然，灵异昭著。”[⑧] “宋元祐二年（1087）加封辅元开化文昌司禄帝君。”[⑨] 至元代，“道家谓上帝命梓潼神掌文昌府事及人间禄籍，故元加号‘辅元开化文昌司

① （晋）常璩撰；（明）钱谷钞校：《华阳国志》，世界书局 1979 年版，第 52 页。

② 佚名：《绘图三教源流搜神大全（外二种）》，上海古籍出版社 2012 年版，第 38 页。

③ （元）马端临：《文献通考》（卷九十·郊社考），中华书局 1986 年版，第 823 页中。

④ （明）张瀚：《皇明疏议辑略》（卷十九“正祀典疏”条），《续修四库全书》（第 462 册），上海古籍出版社 2002 年版，第 772 页左下。

⑤ 佚名：《绘图三教源流搜神大全（外二种）》，上海古籍出版社 2012 年版，第 39 页。

⑥ （明）曹学佺：《蜀中广记》，上海古籍出版社 1993 年版，第 339 页上。

⑦ （宋）高承撰；（明）李果订：《事物纪原》，中华书局 1989 年版，第 375 页。

⑧ （宋）程遇孙：《成都文类》（卷三十三），《（景印）文渊阁四库全书》（第 1354 册），台湾商务印书馆 1988 年版，第 657 页上。

⑨ （明）彭大翼：《山堂肆考》（卷一百四十九），《（景印）文渊阁四库全书》（第 977 册），台湾商务印书馆 1988 年版，第 62 页右上。

禄宏仁帝君'，而天下学校亦多立祠以祀之"[①]。梓潼神掌管文昌府和人间禄籍，成为主宰文教的神灵。明弘治元年（1488），给事中张九功请立正祀，天下学宫皆立文昌祠祀梓潼神。清代崇奉文昌帝君之风更盛，把每年农历二月初三定为文昌帝君的生日。

至此，化主张亚子成为后世尊奉的文昌帝君，随着阳戏由川入滇再入黔，化主作为"四圣"之一也随之传播到黔北、黔南地区。

（三）化主与阳戏坛

由上文得知，尊奉化主的阳戏坛在黔北、黔西和黔南地区分布较广，那么化主是如何进入阳戏坛的呢？

相传，从前许州（今梓潼）地区连年大旱，州府断定是孽龙亚子作怪，逮捕了亚子父母张公、张婆入牢。亚子救父母行孝道，向天神二郎借水淹许州城，救出双亲。后来玉皇大帝惩罚他做七星乌鱼，到泥塘中悔过。灵山佛祖因怜亚子"孝心过人"，便诵经超度让张亚子复为人形。自后，张亚子遵守佛训，手持佛祖所赐"收妖摄毒"金牌，在川陕古道巡查，为民行医治病，以补水淹许州之过。[②]化主神收妖摄毒、逐瘟祛疫的神职与傩戏之驱鬼逐疫、祈福禳灾、酬神还愿的本质契合，从而进入阳戏坛成为"第四圣"。

阳戏坛上，化主职能与亚子复为人形后的主要事迹基本一致，并对其生前具体事迹给予精神升华。化主生前行孝父母、治病救人、悬壶济世、多行善举，深受川陕民众的爱戴。死后，当地百姓立善板祠纪念，邑人把他与雷神、蛇神、树神等图腾一起祭祀。[③]在日常生活中，作为化主的梓潼帝君被赋予收妖摄毒、驱瘟祛疫、掌文衡司禄、掌科考取仕的神职。而在

① （明）倪岳：《青溪漫稿》（卷十一），《丛书集成续编》（第113册），上海书店出版社1994年版，第290页左下。

② 详细故事情节见：于一著《巴蜀傩戏》，大众文艺出版社1996年版，第334—338页；胡天成主编：《民间祭礼与仪式戏剧》，贵州民族出版社1999年版，第1031—1033页。

③ 四川梓潼县七曲山大庙之《文昌帝君传略》。

阳戏坛上，化主即是愿主虔诚祀拜“求子得子，求官得爵，永免灾殃”的主要神灵。

在黔北桐梓阳戏坛上祀化主为主神，然而有些阳戏坛则把关圣帝君当作“第四圣”祀奉。

奉关圣帝君为主神的主要是黔南的罗甸县、福泉市和瓮安县以及渝东南酉阳、彭水地区的阳戏坛，在神坛上与川主、土主、药王并称“四圣”。神职功能为戏坛的“护法神”。甚至在普通农家的神龛上也供奉关圣帝君，祀他为“保家神”或“地方守护神”。例如，酉阳阳戏开场戏和尾戏部分都有《关爷扫殿》一出，写关圣帝君初临戏场要清吉、逐邪、驱疫，返回仙乡之前，替主家扫除一切妖魔鬼怪，并封赠主家添寿增福、大吉大利。同其他神祇一样，关圣帝君的神职功能也在随着百姓日常生活的需要而不断衍生。

考稽关圣帝君神源。众所周知，关圣帝君为三国时期著名的蜀国将领，战死沙场后，被当地人追封为“壮缪侯”，祀庙玉泉山。从魏至隋朝，在民间影响甚微，直至唐朝才偶有提及，称之为“关三郎”。宋代以后，成为民间影响极大的神。《铸鼎余闻》卷二引明姚宗仪《常熟私志》：

> 荆州牧前将军，其本号也。汉寿亭侯，其加封也。壮缪侯，唐封号也。宋真宗封义勇武安王，则王之矣。徽宗加封崇宁至道真君，则神之矣。今上尊为协天大帝，又敕三界伏魔大帝、神威远震天尊、关圣帝君，兼赐冕旒玉带，至尊无上也。①

明初复为侯，至万历中，封三界伏魔大帝神威远镇天尊关圣帝君。妻、子皆得厚封，并辅以丞相二人。②

后来，寄托着民众的多种希望，从而成为多神性的人神。据刘若愚《芜

---

① 宗力、栾保群：《中国民间诸神》，河北教育出版社 2001 年版，第 481 页。

② 同上书，第 484 页。

史》记载：

太监林朝所请也。继又崇为武庙，与孔庙并祀。本朝顺治九年，加封忠义神武关圣大帝。今且南极岭表，北极寒垣，凡儿童妇女，无有不震其威灵者。香火之盛，将与天地同不朽，何其寂寥于前，而显烁于后，岂鬼神之衰旺亦有数耶？①

至清初，关帝庙被崇为祀武财神之“武庙”，与祀至圣先师之“文庙”并行。关圣帝君亦被加封为“忠义神武关圣大帝”，且在天南地北受到广泛崇祀。不仅如此，关圣帝君还被赋予明断、祈雨、驱鬼驱疫等神性。据《民间新年神像图画展览会·附录六》记载：

晋初，关帝得勇壮关侯之封号。南宋末被列入正式祭典中。清代对之为更大之崇敬，将皇室与全国置于其特殊保护下：得武帝尊号，与孔子并列。被人视为武神、财神及保护商贾之神。人遇有争执时，求之明见决断。旱时人民向彼求雨，又可抽求病人药方。又被视为驱逐恶鬼凶神之最有力者。②

阳戏坛上，除祭祀川主、土主、药王“三圣”和“第四圣”化主或关圣帝君之外，神位显赫的神祇还有王灵官、和合二仙、三伯公婆，他们都有重要的神性职能。

王灵官，即火神，封号“玉枢火府天将”，是道教护法大神。王灵官形貌威武，红面虬髯、獠牙锯齿、目眦狰狞、大口怒张，右手上擎驱魔神鞭，左手掐诀，一副镇妖驱邪的姿势。在阳戏坛上，王灵官威武刚直，手捧玉帝遣旨，由雷公电母陪同，驾祥云降临愿家为其收瘟驱邪、降魔镇妖，为

① 宗力、栾保群：《中国民间诸神》，河北教育出版社 2001 年版，第 485 页。

② 张淑霞：《许昌关帝庙碑刻〈移集呈稿〉探讨》，《四川文物》1998 年第 4 期。

主人家清吉保平安。除此之外，王灵官还震慑凶神恶煞、孤魂野鬼不敢近阳戏神坛犯乱作梗，保证法事仪式顺利进行。

稽考王灵官神迹，道书崇恩真君姓萨氏，讳守坚，西蜀人，在宋徽宗时尝从虚靖天师继先即王侍宸、林灵素传学道法，累有灵验，而隆恩真君则玉枢火府天将王灵官也，又尝从萨真君传授符法。[①] 王灵官名王善，而道教又称有王恶者，唐时人，曾焚烧江怪之庙，怪风大作，适值萨真人至，作法反风而灭妖，玉帝封为元帅，掌检察之任。此神，显然由王灵官附会衍生而来。[②]

王灵官初为湘阴之地方神，宋朝时入道教护法神列。《明史・礼志》称："隆恩真君者，玉枢火府天将王灵官也。宋徽宗时，尝从萨守坚传符法，乃于禁城之西建天将庙。宣德中，改封真君。"[③]

和合二仙，在阳戏坛上是同父异母的兄弟，象征"和谐"，佑护民间耕读渔樵井然。但在道教神谱上，和合二仙不是具象的两尊神灵，而是一神仙组合。《三教源流搜神大全》"田元帅"条记载："万回圣僧、和事老人、都和合潘元帅、天和合梓元帅、地和合柳元帅皆为喜庆之神。诸元帅以和合之名，当亦取吉祥和睦之意耳。"[④]

而据《西湖游览志馀》记载，和合之神特指万回一神："宋时，杭城以腊日祀万回哥哥，其像蓬头笑面，身着绿衣，左手擎鼓，右手执棒，云是和合之神。祀之可使人在万里外亦能回家，故曰万回。"[⑤] 万回的神源予以清楚解释。

清人则以为和合应为二神，以万回一人当之不妥。《中国民间诸神》有云："故雍正十一年另封唐代诗僧寒山、拾得为和合二圣。自此一神衍为二神。然民间所画和合二仙像，皆蓬头笑面，仍取自万回传说，一持荷花，

① 吕宗力、栾保群：《中国民间诸神》（下），河北教育出版社 2001 年版，第 671 页。

② 同上书，第 675 页。

③ 同上书，第 761 页。

④ 同上书，第 568 页。

⑤ 同上书，第 567—568 页。

一捧圆盒，则取其谐音耳。”①

阳戏坛上其他神祇，或奉差为坛师搭建神坛，或为神祇开路搭桥，或为愿主送福催愿等。如三伯公婆，他们皆是财帛星神，在民间为愿家净坛场，赐愿主财帛，护送财神降临坛场，检点愿信，为愿主勾愿；杨泗将军管水神，造茅船收鬼祟，驾船遣送瘟疫；大鬼小鬼奉“三圣”差遣降临坛场检查祀品、净洁坛场、驱妖镇邪；土地打扫坛场，清点祀神供品，迎请众神到戏棚，保佑当地风调雨顺；春牛，到神坛除瘟降福；结事郎奉药王之命，打扫坛场；和事老者貌似寿星，慈眉善目，来戏坛劝善惩恶；陈牢，衙役差卒装扮，打扫洁净坛场，两厢站班，静候“三圣”登殿；屏风小姐是送子降福的使者，为小姐打扮；僧道，为愿家念咒除灾；梅花陪药王来神坛，为愿家送祝福，家宅安泰，六畜满山；凤冠、柳青两尊女神，主管世间丝蚕六畜；关、韩二将，即关羽、韩信，是守护神、护法神，为愿主镇坛除邪；陈公师姐、天上仙娘二仙，为愿家降福驱邪，她们手执棍杖，把妖孽瘟疠邪气打出家，把金银财宝吉祥打进门；二郎，手握降魔神鞭，驱逐在主家作祟的魑魅魍魉，把五方妖孽鬼怪统统扫进瘟船，永保愿家安康；天官是福神，排在福、禄、寿三星的第一位，临坛为愿主赐福；太白神，受玉帝差遣到人间巡查善恶，虔诚为愿主还愿，最后派白鹤童子奏报玉帝；功曹神，平日细察人间善恶，还愿日带领兵马到真武祖师宫前听候遣使；祖师神，遣四值功曹去迎请川主、土主、药王、化主；钟馗神，终南山武曲星，身佩七星宝剑，来坛场斩鬼驱魔；鲁班神，受玉帝遣使，造茅船一只，将恶鬼送出家门村寨，把神仙送还仙乡；勾愿仙官，将愿家所许愿据一一勾销；判官神，驱赶侵扰主家的疫鬼冤魂；开山莽将神，又称山王，是盘古化身，头长双角，上下四颗獠牙，右手握开山斧，负责开山辟路，为愿家砍开五方财路，驱赶四方凶煞恶鬼；请神童子，给愿主家唱道喜庆贺词，扮装为童仆的“金童玉女”；等等。

---

① 吕宗力、栾保群：《中国民间诸神》（下），河北教育出版社2001年版，第568页。

以上神祇如同川主、土主、药王、化主，其神性职能皆为满足民众百姓基于现实生活的具体需要而产生的，相应的神祇原型是在特定的历史文化环境中长期形成的。

第三节　苗族、土家族、仡佬族的桃源洞信仰

“桃源洞”[①]是贵州地区傩坛普遍流行的信仰形式。在傩堂戏、喜傩神、跳端公的傩事活动中，“桃源洞”是神祇的仙居之地。而在庆坛傩事活动中，对“桃源”的信奉愈加明显，成为庆坛傩文化活动的主要形式。庆坛祀奉的主要神灵是云霄、水霄、山霄“三霄”神灵谱系，而“三洞桃源”是“三霄”神灵的仙乡栖息地，因此“三洞桃源”就成了信奉庆坛信仰民众的精神“圣地”。

傩堂戏同样体现了充分的“桃源三洞”信仰。黔东北傩堂戏有 24 张面具代表 24 出戏，藏在“桃源三洞”里，由唐氏太婆看管。“桃源洞”有上洞、中洞和下洞，上洞藏 12 张天神面具，中洞藏 12 张民间神面具，下洞藏恶鬼，没有面具。唐氏太婆家住河南开封府岱宗殿前，父亲叫唐天子，母亲佘氏，生三姊妹。大姐骑龙上天，二姐骑龙下海，唐氏太婆则统管桃源三洞神兵，三洞分别用金锁、银锁、铁锁锁着。地傩小山（又称“丫角将军”）和小三娘子（又称“丫角娘子”），属于桃源上洞的神祇，其司职统领阴兵阴将，追拿三魂七魄归还失落魂魄的人。唱书唱其“家住桃源宝山”，其邻居叫“桃柳公”，桃柳公的女儿叫“桃花仙姐”，也住在桃源宝山。

思南傩堂戏，传说傩坛上的楼上二十四戏、楼下二十四戏之神祇关在桃源三洞里，玉帝派唐氏太婆掌管三洞，艺人把傩堂戏分藏在“上洞”“中洞”和“下洞”。“上洞”全是为请神还愿服务的，“中洞”则是娱神与娱人各占一半，“下洞”部分是表现收邪斩魔、追鬼抓神的神仙道化戏。

① 在傩戏的民间抄本或相关的仪式文本中，“桃源”又经常写成“桃园”。本节统一写作“桃源”。

傩堂戏《桃源洞》迎合了人们的崇神心理，演绎了世俗生活的逸闻趣事，深受群众喜爱。

在傩坛上，把崇奉“桃源三洞”作为核心信仰的是庆坛傩文化形式。在黔地，庆坛傩事活动主要分布在北部、西部和南部地区，如黔北湄潭高台镇庆坛、黔西南晴隆喇叭苗庆坛、长顺和惠水地区的庆五显坛。黔西南喇叭苗庆坛上的“桃源三洞”信仰非常突出，喇叭苗庆坛主要分布在普安县龙吟镇，晴隆县中营、长流、花贡以及水城、六枝的部分乡镇。这支苗族信奉“桃源三洞”，家家户户在中堂设置宝山坛，三洞桃源神是坛上供奉的主要神祇。写着“龙楼宝殿”的神榜置于神龛的中间，一根坛竹竖立贯穿上、中、下三层，象征桃源三洞，为宝山娘娘、三霄天子、五通圣贤、五岳圣帝等众神祇的仙居之地。

喇叭苗之“桃源三洞”信仰，傩坛师傅习惯称作“三洞桃源”。在掌坛师刘凡志家堂的庆坛神榜列有三霄天子，即桃源宝山的三座三楼天子：上座云霄罗天子，中座山魈（山霄）李天王，下座水霄萧天子。他们分居在桃源洞上、中、下三洞，其神性职责就是管理该洞的神将兵马。

“桃源三洞”在喇叭苗族群中的信仰状况、在异域的流布情况，这种文化现象的传播途径值得做进一步考证。

论析黔西南喇叭苗族“桃源洞”信仰的文化渊源，大体可以推论当是江西、湖南的“庆娘娘”在异地的传承和异变。据《元皇巫教开坛和会仙娘全科录本》载录：

要知仙娘出身处，弟郎方便说原因。家住江西太（泰）和县，鹅颈大丘立坛场。耕了三年六个月，姐妹收拾往东迁；行到江西梅子岭，撞过水火二三人。南方数州十三省，唯有楚省好立坛。娘娘听得如此话，扯起旌旗就转身。界牌岭上打一望，望见宝庆好立坛。城址方圆十八里，东瓜桥下水清凉。曹婆家中借一宿，人多马众扰黎民。娘娘起身多谢了，三粒糯米谢主人。[①]

《仙娘全科》的《蓬峒录本》载：

下了三十三天界，看见阳间敬仙娘。下往江西一片地，府州府邑立坛堂。娘娘心中得一计，各府各州立仙坛。当是娘娘神通大，打马摇鞭往他乡……一程来到湘潭县，又去界牌去打望……唐氏法通行巫教，明花七娘降吉祥……唐氏带领仙娘去，统兵一万上武冈。[②]

综合以上材料可知江西汉人入湘成为苗族的过程：五代时期，江西的汉人讨伐“彭”地，兵败后奔逃至湘西，成为湘西土司之祖，并统治湘西八百年之久。文化传播与人的迁移相随，“庆娘娘”启坛于江西，几经辗转迁坛湖南，后在巫傩大神唐氏法通的率领下，在宝庆府武冈扎坛，从此“庆娘娘”信仰亦得沿袭、传播。直至明洪武年间“调北征南”始流于贵州，成为今日黔西南喇叭苗之“庆坛”，由开坛唱词“我祖你原是湖南、湖北人，来在云贵显威灵”[③]，可见其流播行程轨迹。

黔西南晴隆县的喇叭苗庆坛与湖南宝庆府“庆娘娘”祀“三霄”为近源关系。三霄天子是巫教中的传说人物，“三霄”即是“山魈”的异化。而何为“山魈”呢？胡健国先生称：“楚地山魈的演化，是民间道教渗入傩坛后的派生体。”[④] 据道光《宝庆府志》载：

楚俗多奉娘娘庙，有天霄、云霄、洞霄诸号，即山魈之伪也。

---

① 杨兰：《军队与傩巫文化的传播——兼及军傩的流变》，《中华戏曲》1996 年第 2 期。

② 同上。

③ 田野调查材料。掌坛师刘凡志先生的手抄本。时间：2013 年 8 月 25 日；地点：晴隆县长流乡杨寨村光荣组罗怀尧家；受访人：掌坛师刘凡志。

④ 胡健国：《湖南傩戏研究论文集》，香港·大世界出版公司 1994 年版，第 24 页。

> 能凭人言纳福，小家妇女，假以邀利，远近趋问吉凶。女布坛禹步作法……妇女有病不求医，往问之，即云：我姊妹来汝家，可立峒祀，我归即造笼。延巫以五色彩纸剪花黏箸杆插瓮上，中用大竹筒贮米豆数事为峒以栖神。磔牲宰鸡，鼓钲喤喤，迎神之词，秽亵不经，名曰“庆娘娘”。[①]

“三霄”是楚地“山魈”的演化，是民间道教渗入傩坛后的派生体。但“三霄”又并不是虚妄之词，有的地方还为之塑像供祠：“娘娘庙，在州署后，中祀三女郎像，即俗称三霄娘娘也。”

按：湘南、湘西南汉族的“庆娘娘”中之“娘娘”即是与道教有关的“三霄”，即“山魈之伪”，至今，“庆娘娘”之俗仍在湖南邵阳地区相沿成习。“楚俗多奉娘娘庙……邵俗相沿成习，稍遇灾难”[②]就要“降娘娘”占卜问神，用卜卦的形式避凶祸趋吉福。该地农家平日就在家堂内设立“娘娘坛”，除了朝夕跪拜祠祀之外，还要举行“三年一庆，六年两兴”的朝庆活动，到时延巫择吉日为“娘娘”举行庆典仪式。不过时至今日，在邵阳“娘娘”已演变为“云霄”“山霄”“水霄”之谓，统辖于“桃源宝山娘娘”殿下掌管。虽同为“宝山娘娘”殿下神祇，但有“西川桃源宝山三百六十官家郎娘姐妹”和“潮水四十八位仙娘姐妹”之分，“官家郎娘姐妹”占坛称“宝山坛”，“仙娘姐妹”占坛称“潮水坛”。[③]显然，桃源宝山上聚仙“三百六十官家郎娘姐妹”。

黔西南喇叭苗虽表象上不再以女巫布坛，无须用禹步作法，但内在实质意义无二，掌坛师依旧在事主家的“家堂内插立娘娘坛”，以“竹筒贮米豆数事为峒以栖神”，至今仍是该地“庆坛”的最主要特色。

---

① （清）黄宅中等修；邓显鹤等纂：《宝庆府志》，成文出版社 1975 年版，第 1109 页。

② （清）黄文琛等纂修：《（光绪）邵阳县志》，《中国地方志集成·湖南府县志辑》（第 50 册），江苏古籍出版社 2002 年版，第 149 页。

③ 向绪成、刘中岳：《湖南邵阳傩戏调查》，载顾朴光等编《中国傩戏调查报告》，贵州人民出版社 1992 年版，第 109 页。

庆“三霄”娘娘坛是影响较大的区域文化现象。在重庆的綦江、接龙等地区流行的庆三霄坛上，桃源三洞三霄娘娘的主神地位更加突出，供奉的主要神明是桃源上洞的云霄娘娘、桃源中洞的山霄娘娘和桃源下洞的水霄娘娘。

“桃源洞”信仰在湘桂地区同样流播广泛。在湖南湘西傩堂上流行大本戏《桃源严》，又称《盘桃源》，是傩坛法事演化成戏剧的典型剧目。“盘”指守桃源洞的六娘对杨十九郎的盘诘，体现戏剧的对话体特色。还有一堂《和神》法事，演太上老君弟子杨十九郎到桃源洞搬请六娘和“三霄”“桃源三洞”的诸神同赴傩堂，以保愿家清吉平安。至于桃源洞在桂地，据何光岳《南蛮源流史》转引广西恭城县《千家峒古本书·前言》中记载，湘桂之间古有桃源洞之地。①

综上可知，黔地“桃源洞”信仰是一种流播区域广泛的民间信仰，其区域性超过现行的行政区划和民族类别。

“桃源洞”信仰实质上是一种典型的洞穴信仰形式。史载泸溪南山有盘瓠洞，盘瓠住“桃源洞”。盘瓠作为傩神之一“住”在“桃源洞”，在傩堂上搭设“桃源洞”酬谢傩神。傩坛以桃源洞为核心，反映了傩文化与祖先洞穴时代的密切联系。

盘古（盘瓠）种为梅山峒蛮，“梅山峒蛮”旧不与“中国”通。“峒”通“洞”，即山穴。楚地旧俗妇女有病不求医而“立峒祀”，延巫造龛，用五色彩纸剪花黏箸杆插龛中，用大竹筒贮米豆数事为“峒”以栖神。据同治《武冈州志》载：“元代乡民祷雨，独一巫持鼓深入岩洞不出，后乃为神，岩内神鼓常鸣。”②

傩文化与洞穴文化的关系。洞穴信仰：在巫傩文化中的神灵多数居住在“桃源洞”中，如上洞玉楼罗天子云霄圣主，中洞金楼李天子七宝大神，

① 何光岳：《南蛮源流史》，江西教育出版社 1988 年版，第 152 页。

② （清）黄维瓒等修：《（同治）武冈州志》，《中国地方志集成·湖南府县志辑》（第 54 册），江苏古籍出版社 2002 年版，第 26 页。

下洞银楼萧天子五通灌口。甚至，桃源洞竟成了神女孟姜女的栖息宿地，玉皇大帝封其为桃源中八洞傩坛勾愿神。

傩堂戏文化起源与洞穴文化亦颇具渊源。傩公、傩母是黔地傩堂戏的主神，传说傩公、傩母最初是一群孩童从河边捡到的一男一女两个人头，他们拿到山洞里供奉起来。在众人祭祀时，这两个人头能替贪玩的放牛娃看牛，能为患病的人们治病，从此许愿求福的民众就在山洞里傩公、傩母的木偶杖头前跳舞祭祀。同时，傩公、傩母在其他傩文化种类中也有“东山圣公”和“南山圣母”的说法。

再者，最原始的傩戏形态——“撮泰吉”，无论是“撮泰吉”演出本身，还是围绕其产生的种种生活习俗，皆体现出浓厚的洞穴文化氛围。如表演“撮泰吉”所用的面具，平日统一储放在寨子边的洞穴中，只有在表演时，表演者才一起到洞穴中祭祀面具、佩戴面具。该地区彝族民众的父母去世后，灵牌在家供两至三年后须送到山中的祖先岩中长久存放。

第四节　喇叭苗族、穿青人、布依族的五显神信仰

五显坛信仰在黔省的苗族、穿青人、布依族、汉族族群中流行甚广。苗族庆五显坛集中在晴隆县北部的苗族支系——喇叭苗族群中。穿青人庆五显坛则主要集中在金沙县，“五显坛”是当地穿青人最重要的精神信仰，它起着维系家庭、村寨，甚至族群的精神纽带作用。布依族庆五显坛主要是在黔南地区的布依族群中。

穿青人祭祀五显坛很普遍。清时，穿青人又称“土人”“里民子”，竹枝词里有较多歌咏土人、里民子祭祀“五显神”的诗句。如毛贵铭《西垣黔苗竹枝词》：“九月曾迎五显神，正月山魈又到门；一路鼓歌男女笑，逐班挨挤到前村。”原文注：“土人所在多有之，在广顺、贵筑、贵定者，与军民通婚姻，岁时礼节皆同。九月祀五显神，吹匏笙，连袂顿足歌舞。岁首迎山魈为傩，男子妆像击鼓，唱神歌，所至家皆饮食之。”[①] 蒋攸铦《黔阳竹枝词》：“健妇锄犁号土人，田歌亦解敬如宾；匏笙谱就丰年曲，丛拜村头五显神。”[②] 张澍《黔苗竹枝词》：“田歌处处乐升平，芦曲吹时社鼓声；送得山魈迎五显，大家齐上竹王城。”作者注：“土人妇女力耕作，种植时田歌相会，清越可听。岁首则迎山魈，逐村屯以为傩，男子妆饰如社火，击鼓以唱神歌，所至之家，皆饮食之。九月祀五显神，远近咸集，吹匏笙连橛，宛转顿足，歌舞至暮而欤。”[③] 詹官《白泥竹枝词》：“金鼓迎神响若雷，远村未至近村催；

① （清）毛贵铭撰：《西垣诗钞（2卷）·西垣黔苗竹枝词（1卷）》，清光绪刻本，长沙王氏1884年版。

② （清）蒋攸铦：《黔轺纪行集》，上海古籍出版社2010年版，第126页。

③ （清）张澍：《养素堂诗集》（卷三），上海古籍出版社2010年版，第31页。

花衫窄袖诸苗女，笑指龙旗逐神来。”原文注：“俗每逢九月赛五显，远近悉至，神舆用两巨木，长数丈，数十人扛之而行，旋转跳跃，以为神人之乐。”① 这些竹枝词里明确记载了穿青人的五显神信仰，且在五显神信仰中多有跳傩戏的娱乐活动。今天看来，这些“土人”包括穿青人、土家族和屯堡人等族群。

何为五显神呢？五显神与民间所祀“五通神”和“五圣”又存在怎样的关系呢？

五显神信仰应归属于先贤崇拜之列。五显神为兄弟五个，宋时江西德兴、婺源一带奉其为财神，当时均被封为王。因他们封号的首字都为“显”，因此即称为“五显神”。明代江南移民入黔，把崇拜五显神的习俗带到贵州，并流传至今。

究竟何为“五显神”？有两种主流说法：一是五显神是五位神祇，二是五显神为单一神祇。“五位神祇说”之五显者，不同时期所指不同。如据《铸鼎余闻》记载：“宋王逵《蠡海集》云：九月二十八日为五显生辰。盖金为气母，五显者，五行五气之化也。”② 指“五行五气”，在《古今图书集成·神异典》中亦有记载：“五通庙……一曰五显灵官庙，以岁孟夏季秋致祭。今天下之崇祀五显者，当由此欤？俗说，神以救母罪愆，与目连尊者同一大孝，登正果，号华光藏主妙吉祥如来。然则天帝不离人伦，赫濯亦极仁慈耳，义固可祀也。其实五显者，五行耳。五行之祭，见于《月令》，国家星辰之祀，备五行也。此正气也，若邪气流行，亦足播弄祸福。”③

据《庸盦笔记》记载，五显神是富有灵性的五种动物：“北方人以蛇、狐、猬、鼠及黄鼠狼五物为财神，民家见此五者，不敢触犯，故有五显财

---

① （民国）毛肇显等纂：《余庆县志》，成文出版社 1974 年版，第 26 页。

② （清）姚福均撰：《铸鼎余闻》（卷一），台湾学生书局 1989 年版，第 46 页。

③ 黎景曾、黄宗宪修纂：《宁化县志·祠祀志“五通条”》，厦门大学出版社 2009 年版，第 487 页。又见《古今图书集成·神异典》（卷五四）。

神庙。南方亦间有之。”[①] 据《北平风俗类征·岁时》记载:“彰仪门外有神祠三楹,俗呼‘五哥庙’,塑五神列坐,皆擐甲持兵,即南方之五通神也。”[②] 此处五显神指“五哥庙”外塑造的列坐五神。《陔余丛考》卷三十五“五圣祠”条记载:“钮玉樵谓:明太祖既定天下,大封功臣,梦兵卒千万罗拜乞恩。帝曰:‘汝固多人,无从稽考,但五人为伍,处处血食可耳。’命江南人各立尺五小庙祀之,俗谓之五圣庙。”[③] 文献显示,“五显”为明太祖敕封处处血食的为伍五人。据《夷坚支志》戊卷六“胡十承务”条载:“绍兴之末,有五士人来见,不通姓名,不候主人出,径坐厅上。”[④] 五显神是不知名姓的“五士”。还有一种说法,即五显神是五路神的讹化,因为二者皆为财神。[⑤]

综上所述,“五位神祇说”之五显者有“五行五气”、五种灵性的动物、列坐的五神、为伍的五神、“不通姓名”的“五士”。

五显神之“单一神祇说”者。据《古今图书集成·神异典》记载,“五显灵官大帝”是“佛书所谓华光如来”,且对其神籍、神职记载详细:

鲁应龙《括异志》:五显灵官大帝,佛书所谓华光如来,显迹婺源久矣,岁岁朝献不绝。淳祐中,乡人病于涉远,乃塑其像,迎奉于德藏寺之东庑,建楼阁居之。祠之前素有井,人无汲者,自立祠后,人有汲其水饮之者,病辄愈。[⑥]

五显大帝为华光佛的说法在田汝成《西湖游览志馀》中亦有记载:

---

① (清)薛福成著;南山点校:《庸盦笔记》(卷四“物性通灵”),江苏古籍出版社2000年版,第118页。

② 李家瑞编:《北平风俗类征》,上海文艺出版社1986年版,第20页。

③ 吕宗力、栾保群:《中国民间诸神》(下),河北教育出版社2001年版,第536页。

④ 同上书,第538页。

⑤ 同上。

⑥ 《博物汇编·神异典》(第五十四卷“神庙部”),《古今图书集成》(第494册),中华书局1934年影印,第8—9页。

> 华光庙，在普济桥上，本名宝山院，宋嘉泰间建。绍兴初，丞相郑清之重修，以奉五显之神。亦曰五通、五圣，江以南，无不奉之，而杭州尤盛，莫详本始。《搜神记》所载，荒诞不经，而宋朝《会要》，亦不详载姓氏。或曰：五显，五行之佐也。而五通非五显也。宋政和元年，诏毁五通淫祠，则五通非五显明矣。丰乐桥上，亦有华光庙。①

宋时即以“华光”称五显，此称谓延续于后世。沈平山在《中国神明概论》中云：“五显大帝又称华光佛，道教称作五显灵官大元帅。传说曾降世为马世子，生有三目，人称三眼灵辉。”② 在贵州省长顺县张玉兴庆五显坛上，亦有《华光赞》一出仪式，唱《正一元皇解秽科》科仪。③

五显受封的经历：“五显者，五行之佐也，无姓氏可考。宋时赐号，一曰显聪昭圣孚仁福佑王，二曰显明昭圣孚义福顺王，三曰显正昭圣孚智福应王，四曰显直昭圣孚信福佑王，五曰显德昭圣孚爱福惠王，五王封号，皆有显字，故谓之五显庙云。”④ 宣和年间封两字侯，绍兴中加封四字侯，乾道年间加封八字侯。淳熙初（1174）封两字公，甲辰间封四字公，十一年（1184）加封六字公。庆元六年（1200）加封八字公。嘉泰二年（1202）封两字王。嘉定元年（1208）封四字王，累有阴助于江左，封六字王。绍定六年（1233）十一月诰下，封八字王。理宗改封八字王号，夫人一起被加封：“第一位，显聪昭应灵格广济王，显庆协惠昭助夫人；第二位，显明昭烈灵护广佑王，显惠协庆善助夫人；第三位，显正昭顺灵卫广惠王，显济协佑正助夫人；第四位，显直昭佑灵贶广泽王，显佑协济喜助夫人；第五位，显

① （明）田汝成辑撰：《西湖游览志馀》（第十七卷），上海古籍出版社1980年版，第232页。

② 沈平山：《中国神明概论》，新文丰出版公司1979年版，第232页。

③ 田野调查材料。时间：2016年6月23—25日；地点：惠水县大龙乡甘昌村新寨组李志忠家；内容：贵州省惠水县大龙乡甘昌村新寨组李氏庆五显坛还愿仪式；受访人：掌坛师张玉兴；调查人：笔者。

④ （明）陆以载原纂；李健民标点、整理：《（万历）福安县志·“坛祠”条》，中央文献出版社2003年版，第84页。

德昭利灵助广成王，显福协爱静助夫人。”[①] 五显神的受封体现了从“灵顺庙额”到五通侯爵，到五显公爵，直至五显王爵的演进轨迹。北宋大观三年（1109），赐庙额曰“灵顺”，权邦彦为记。宋宣和五年（1123），封通贶侯、通佑侯、通泽侯、通惠侯、通济侯，故称五通。[②]《弘治徽州府志》曰：“淳熙元年（1174），改封五通神侯爵为公，曰显应公、显济公、显祐公、显灵公、显宁公。嘉泰二年（1202），进封王爵，曰显聪王、显明王、显正王、显直王、显德王。”[③] 明初号五显灵顺庙，曰显聪、显明、显正、显直、显德。在贵州省惠水县大龙乡甘昌村新寨组李氏庆五显坛还愿仪式上，“庆五显坛”之“五显神”是指显聪、显明、显正、显直、显德五尊神灵。[④] 显示与源迹于江西婺源的五显神一脉相承。甚至，标着“婺源仙境宫”字样的墨状神棒更直接指向“五显神”“江西婺源”的仙乡籍地。

五显神与民间所祀“五通神”和“五圣”又存在怎样的关系呢？

“五显”“五通”“五圣”皆是不同区域的传统流传下来的称谓，其实异名而实同。赵翼《陔余丛考》载：“五通神即五圣也。然则五圣、五显、五通，名虽异而实则同。”[⑤]《集说诠真》汤斌《奏毁淫祠疏》载：“苏松淫祠，有五通、五显、五方贤圣诸名号，皆荒诞不经……商贾市肆之人谓称贷于神，可以致富，借直还债，祈报必丰。谚谓其山曰“肉山”，其下石湖曰“酒海”。荡民志，耗民财，此为最甚。更可恨者，凡年少妇女有殊色者，偶有寒热之症，必曰五通将娶为妇，而其妇女亦恍惚梦与神遇，往往羸瘵而死。家人不以为哀，反艳称之。每岁常至数十家，视河伯娶妇之说更甚矣。”[⑥]

按：“五显”“五通”“五圣”虽予祀者丰厚祈报，同时也给祭祀的民众

---

① 佚名：《绘图三教源流搜神大全（外二种）》，上海古籍出版社2012年版，第386—387页。

② （清）姚福均撰：《铸鼎余闻》（卷三），台湾学生书局1989年版，第126页。

③ （清）姚福均撰：《铸鼎余闻》（卷一），台湾学生书局1989年版，第47页。

④ 田野调查材料。时间：2016年6月23—25日；地点：惠水县大龙乡甘昌村新寨组李志忠家；内容：贵州省惠水县大龙乡甘昌村新寨组李氏庆五显坛还愿仪式；受访人：掌坛师张玉兴；调查人：笔者。

⑤ （清）赵翼著；栾保群、吕宗力校点：《陔余丛考·卷三十五“五圣祠”条》，河北人民出版社1990年版，第637页。

⑥ 唐力行主编：《明清以来苏州城市社会研究》（下），上海书店出版社2013年版，第717页。

带来“荡民志，耗民财”的沉重负担，以及“每岁常至数十家，视河伯娶妇之说更甚”的痛苦灾难。

五显神曾被封为五通侯，世人遂以为二者名异实同。其实五通信仰始于唐，非谓五神，乃妖鬼也。宋有“五通”“九圣”，五、九皆非实数，泛指群妖鬼也。五显神起于婺源，五通则所在多有，而盛于江浙，且各有不同。据宋代民间传说，有的形如五六岁小儿，称安乐神；有的能预卜吉凶，民奉为家神；多数则为妖鬼，或为鼠、猪、猴、蛇、蛤蟆、牛头鬼，常化为人形，为祟人间，尤喜淫人妇女。“五通”乃群鬼之通称，每一鬼亦皆可称五通，非谓合五鬼而称之。或又称为木下三郎、木客、独脚五通，又有所谓花果五郎、护界五郎。此俗以江南为甚，至明、清犹沿袭之。猪、牛、猴之属也，然民间因畏惧之，每每祀为神。而五显神又尝封五通侯，世人遂将二合一矣。① 据调查，织金县月亮坡庆五显坛上认为“五显神”与“五通神”同一也：“不说施主东君身出处，且将五通说根源。五通原是魔家子，上界火车脚下轮。原在母腹十年整，十年归母腹中生。世上有人供养我，担财进宝上郎门。施主无心供养我，满屋烧香化灰尘。”②

持“五显”“五通”同一说者，主要原因是神职神性有许多相通之处。首先，“五显”“五通”皆是财神，在北方崇拜五显神，南方多崇拜五通神。如《都门杂咏·纸元宝》云：“一生贫乏命难回，元宝如何借得来？可笑世人穷不起，偏于五显去求财。”《都门杂咏·五显财神庙》云：“灵应财神五弟兄，绿林豪杰旧传名。焚香都是财迷客，六部先生心更诚。”③ 流行在五显财神庙借元宝供奉五显神。

又一说法：“五显”非“五通”。《武林闻见》首先提出不同的见解：“陈友谅僭号亦在采石五通庙。则五圣者，宋元已有之，而非起于明祖矣。”④ 五

① 吕宗力、栾保群：《中国民间诸神》（下），河北教育出版社2001年版，第555页。

② 田野调查材料。时间：2016年2月13日；地点：织金县化起镇月亮坡村；受访人：龙福玺；采访者：陈玉平。

③ 李家瑞编：《北平风俗类征》，上海文艺出版社1986年版，第20页。

④ 吕宗力、栾保群：《中国民间诸神》（下），河北教育出版社2001年版，第536页。

显神，最早始于唐代，然见于典籍始于宋。《夷坚志》载五显、五通较多，五显自五显，五通自五通，绝不混淆。五显神流行于江西德兴、婺源一带，乃兄弟五人为神，宋代封王，因其封号第一字皆为“显”，故称“五显神”。南宋时，五显崇拜就不仅局限于江西一地，在当时都城临安亦有行祠。《夷坚支志》戊卷六“胡十承务”条谓五鬼冒充五显公，自称“吾乃正神，享国家血食”是也。《夷坚志》又称五显神为林姓五王；《祖殿灵应集》称天降五神于婺源王喻家；《铸鼎余闻》引《光绪黄岩县志》称其神为南齐时柴姓五兄弟；《清嘉录》称其神为南朝陈顾野王之五子。自宋至清，唯有宋时称其庙为“五圣行祠”，此乃尊称，非专号，认为“五显”或称“五圣”即可，由此推论：后世所称“五圣”即“五显”，是毫无道理的。《祖殿灵应集》称其神初称“五通”，明《弘治徽州府志》称宋封五神为“五通侯”，后世遂谓“五通”即“五显”，却不知二者判然相异。

的确，稽考其仙籍，五显、五通、五圣的神迹源流，又不尽然。五显神发迹于江西德兴、婺源地区。《夷坚三志·己卷》记载：“德兴五显庙，本其神发迹处。故赫灵示化，异于他方。淳熙三年，弋阳周关须沅州郡守阙未赴，卧病困笃。”[①]神庙求药，四哥给药治愈。“林刘举登科梦”条记载：“淳熙四年，将赴解省，祷于钱塘门外九西五圣行祠。梦成大殿……是秋获荐，来春于姚颖，登科黄甲，注德兴尉。既交印奠谒五显庙。”[②]

那么，具体何为“五通神”呢？五通，据《龙城录》记载：柳州旧有鬼，名“五通”。[③]在西南边区，五通即五鬼；而在江浙一带，五通称谓颇多。《夷坚丁志》记载：“二浙江东曰五通，江西闽中曰木下三郎，又曰木客，一足者曰独脚五通，名虽不同，其实则一。”[④]“宋项安世《项氏家说》引《澧阳志》云：五通神，出屈原《九歌》，今澧之巫祝呼其父曰‘太一’，其子曰‘云

① （宋）洪迈撰，何卓点校：《夷坚志·“周沅州神药”条》，中华书局1981年版，第1378页。
② （宋）洪迈撰，何卓点校：《夷坚志·“林刘举登科梦”条》，中华书局1981年版，第1379页。
③ （唐）柳宗元：《龙城录·卷上“龙城无妖邪之怪”条》，中华书局1985年版，第18页。
④ （宋）洪迈撰；何卓点校：《夷坚志·夷坚丁志》（卷十九），中华书局1981年版，第695页。

霄五郎’‘山魈五郎’，即东皇太一、云中君之类。”[①] 祝穆《方舆胜览》载：“五通庙在徽州婺源县，乃兄弟五人，本姓萧，每四月八日，人争祭之。”[②]《香祖笔记》记载五通神为五位：“浙江所祀五通邪神，乃明太祖伐陈友谅阵亡士卒，诏令五人一队，得受香火，云云。”似乎与“五显”神籍又相似。

何为“五圣”？“五圣”即五位神圣，乃某类鬼神之通称。“五显神”可称之为“五圣”，“五通神”可称之为“五圣”，又有一类野鬼则专称“五圣”者。明清以来，委巷空园、屋檐树下、树头花间、鸡埘豕圈，每有小庙，称“五圣堂”或“五圣庙”，显然不是声势煊赫之“五显”或“五通”。明祖“命江南家立尺五小庙祀之，俗称‘五圣祠’。是后日渐蕃衍，甚至树头花前、鸡埘豕圈，小有萎夭，辄曰‘五圣为祸’”[③]。

《绘图三教源流搜神大全（外二种）》“五圣始末”条对“五圣”记叙最详：

《祖殿灵应集》云：五显公之神在天地间相与为本始，至唐光启中乃降于兹邑。图籍莫有登载，故后来者无所考据，惟邑耆耄口以相传，言邑民王瑜有园在城北偏。一夕，园中红光烛天，邑人麇王观之，见神五人自天而下，道从威仪如王侯状，黄衣皂绦坐胡床，呼瑜而言曰：“吾授天命，当食此方，福佑斯人。什胜寻幽，而来至止，我庙食此，则佑汝亦无穷。”瑜拜首曰：“惟命。”言讫，祥云四合，神升天矣。明日，邑人来相宅，方山在其东，佩山在其西，左环杏墩，右绕蛇城，南壮两潭，而前坐后大溪，北来萦纡，西下两峰，特秀巉然，水口良然，佳处也。乃相与子来斩竹薙草，作为华屋，立像肖貌，揭虔安灵，四远闻之，鳞集辐辏。自是神降，格有功于国，福佑斯民，无时不显。先是庙号，止名五通，大观

① （清）姚福均撰：《铸鼎余闻》（卷三），台湾学生书局1989年版，第125页。

② （清）阮葵生纂：《茶余客话》（卷四），商务印书馆1936年版，第36页。

③ （清）钮琇辑：《觚剩》（卷一），时中书局印行1912年版，第25页。

中始赐庙额曰“灵顺”。宣和年间封两字侯，绍兴中加四字侯，乾道中加八字侯，淳熙初封两字公，甲辰间封四字公，十一年加六字公，庆元六年加八字公，嘉泰二年封两字王，嘉定元年封四字王，累有阴助于江左，封六字王，绍定六年十一月诰下，封八字王。理宗改封八字王号：打供胡百二检察，都打供胡靖一总管，打供黄太保，打供王太保，金吾二大使，掌善罚恶判官。

《周礼·小宗伯》祀五帝于四郊，汉仪祠五祀，宋朝明堂图五方帝位于昊天之侧，从之以五人帝，五官神，皆五行直气也。盖五行为天地间至大，化必有为之主宰者，故曰玄冥，曰祝融，曰勾芒，曰蓐收，曰后土，皆指水火金木土而言之。则今五神之降于此，岂非默助五行之造化，以福生民乎。或以五圣为五通，谓其非正神，名实不辨甚矣。每岁四月八日本县启建大斋，士民辐辏。

本朝有褒封敕诰：第一位显聪昭应灵格广济王，显庆协惠昭助夫人；第二位显明昭列灵护广佑王，显惠协庆善助夫人；第三位显正昭顺灵卫广惠王，显济协佑正助夫人；第四位显直昭佑灵贶广泽王，显佑协济喜助夫人；第五位显德昭利灵助广成王，显福协爱静助夫人。王祖父启佑喜应敷泽侯，祖母衍庆助顺慈贶夫人；土父广惠慈济方义侯，母崇福慈齐庆善夫人；长妹喜应赞惠淑显夫人，次妹懿顺福淑靖显夫人。

至有吏下二神者，盖五公，既贵不欲以祸福惊动人之耳目，而委是二神司之欤？黄衣道士、紫衣员觉大师、辅灵翊善史侯、辅顺翊惠下侯、翊应助顺周侯、令狐寺丞、王念二元帅、打供高太保。①

该“五圣”之说，即指“五显”。其中“五通”为五显初期庙号。除“五通”“五圣”外，贵州傩坛上与“五”字相关的神仙鬼怪还有“五

① 佚名：《绘图三教源流搜神大全（外二种）》，上海古籍出版社2012年版，第385—387页。

路神”“五瘟鬼”，似与“五显”有颇深的渊源关系。

明以来江南开始祭祀“五路神”，清代以来则称“五路神”为财神。何为“五路神”？“五路神”，又名“五路财神”，指东路财神招宝天尊萧升、南路财神招财使者陈九公、西路财神纳珍天尊曹宝、北路财神利市仙官姚少司、中路财神玄坛元帅赵公明。① 王世祯在《细说中国民间信仰——由神话起源探讨民俗信仰》一书中写道：“相传五路财神是唐、刘、张、葛、李五位江洋大盗，生前为人慷慨，急公好义，劫富济贫，死后特别受人供奉，俗称‘五哥庙’。因其具有五路神通，故名五路财神，一名五通神。”② 干宝《搜神记》记载，有三种说法：元末人，姓何名五路，御寇死，因祀之；即五祀中之行神，意即出门五路皆得财；即五显神，以清初汤斌巡抚江苏，禁其祀，遂更名。或本祀何五路，后以五显为财神，遂又讹五路为财神。③ 元末人何五路御寇死，可知是位民族英雄，祭祀之实属常理，后因五显神的财神神性附加于五路神，五路神也就成为五行之财神。

辟“五瘟鬼”是傩堂信仰常态的活动。何为“五瘟鬼”？据《搜神记》记载：“昔颛顼氏有三子，死而为疫鬼：一居江水，为疟鬼；一居若水，为魍魉鬼；一居人宫室，善惊人小儿，为小儿鬼。于是正岁命方相氏，帅肆傩以驱鬼疫。”④

傩坛又有“五瘟使者”之谓，何为“五瘟使者”？据《绘图三教源流搜神大全（外二种）》载：“五瘟”即春瘟张元伯、夏瘟刘元达、秋瘟赵公明、冬瘟钟士贵、总管中瘟史文业。

昔隋文帝开皇十一年六月内，有五力士现于凌空三五丈，于

① 台湾、闽南地区大年初五到神庙中迎财神，初四晚做好准备。微信采访。时间：2017 年 1 月 31 日；受访者：台湾中央大学孙玫教授。

② 王世祯：《细说中国民间信仰——由神话起源探讨民俗信仰》，武陵出版社 1985 年版，第 80 页。

③ 吕宗力、栾保群：《中国民间诸神》（下），河北教育出版社 2001 年版，第 558 页。

④ （晋）干宝撰；汪绍楹校注：《搜神记》（卷一六），中华书局 1979 年版，第 189 页。

身披五色袍，各执一物。一人执杓子并罐子，一人执皮袋并剑，一人执扇，一人执锤，一人执火壶。帝问太史居仁曰："此何神？主何灾福也？"张居仁奏曰："此是五方力士，在天为五鬼，在地为五瘟，名曰五瘟：春瘟张元伯、夏瘟刘元达、秋瘟赵公明、冬瘟钟士贵、总管中瘟史文业。如现之者，主国民有瘟疫之疾，此为天行时病也。"帝曰："何以治之，而得免矣？"张居仁曰："此行病者，乃天之降疾，无法而治之。"于是其年国人病死者甚众。是时帝乃立祠，于六月二十七日，诏封五方力士为将军。青袍力士封为显圣将军，红袍力士封为显应将军，白袍力士封为感应将军，黑袍力士封为感成将军，黄袍力士封为感威将军。隋、唐皆用五月五日祭之。后匡阜真人游至此祠，即收伏五瘟神为部将也。[①]

五瘟使者，初现于隋文帝开皇年间的五方力士。五瘟使者在世间行瘟作乱，疾病天降，人无法而治，隋文帝便立祠堂祭祀之，并依次封为：显圣、显应、感应、感成、感威五位将军。

"瘟疫"谓何？古时单称"瘟""疫"，指多种烈性、急性传染病，发作快、传染快，后果严重，人们对之极为恐惧，自身又无法抗拒，遂认为由恶鬼主之。

《素问·刺法论》："五疫之至，皆相染易，无问大小，病状相似。"所以又称为"五瘟鬼"，后世塑瘟神像，遂多设五像。自晋以后，世人又传说赵公明等代上帝至人间降瘟，故隋唐时民间有以赵等为五瘟神之说。道教移此五瘟神为匡阜真人之部将。宋时又有张大王主瘟部说，明小说以吕岳为主瘟大帝，掌瘟部六神。凡此诸神皆人鬼也。[②]

---

① 佚名：《绘图三教源流搜神大全（外二种）》，上海古籍出版社 2012 年版，第 157 页。

② 吕宗力、栾保群：《中国民间诸神》（下），河北教育出版社 2001 年版，第 389 页。

第五节　多民族祖先神信仰

汉族祖先神信仰体现在屯堡村寨的“抬汪公”习俗和跳地戏唱历史演义中的英雄神，彝族祖先神信仰体现在演“撮泰吉”（又称“变人戏”）和“老虎笙”，侗族的祖先崇拜则表现为演述先民开拓疆土、耕种收贮等先民生活的重要主题。

“抬汪公”是贵州屯堡地区的祖先神信仰形式。[①]“抬汪公”，当地又称“抬亭子”“抬阁”“游菩萨”“迎神”“迎菩萨”，是为祭祀汪公的诞辰而举行的传统民俗活动。汪公名讳世华，字英发，另字国辅，后因避唐太宗李世民名讳，避“世”字，而更名为汪华。汪公官刺史，九宫都监。历封忠武将军、忠烈汪王、上柱国越国公。自唐至明，历经四朝，诰封敕命共九十二道。入宋以来，汪华公祠遍布江南各地，祭祀活动更加兴隆，百姓同祭，千年不衰。在徽州地区，至今仍有每年农历正月十八抬迎汪公的祭祀活动。

到了明洪武十四年（1381），因开辟黔疆，无论是征南还是镇南入迁者，祖籍多在江南。虽然时过境迁，但邑人怀念汪公、迎接汪公的乡俗不废。于是在黔中一些屯堡中又建立了汪华公庙，把古徽州迎祭汪公这一活动传承至今，汪公信仰对所有屯堡人的护佑功能趋于共识。最终，“抬汪公”成了安顺屯堡村寨重要的祈愿求财的祭祖活动。

黔中地区汉族屯堡“跳神”唱诵历史演义中的英雄神是民众崇拜祖先神的具体体现。不过，田野调查发现，演出地戏或称“跳神”的民俗不仅

① 田野调查材料。时间：2015年3月8日（农历正月十八）；地点：贵州省安顺市普定县屯院村；内容：“抬汪公”；采访人：笔者。

局限于屯堡中的汉族族群，附近的布依族、苗族、仡佬族、黎族等村寨传唱地戏的历史同样悠久。①

彝族“罗罗人”是一个以“虎”为崇拜对象的民族，他们自称是虎的后裔。虎节上跳“老虎笙”舞，“老虎笙”是一种古朴、神奇、原生态的舞蹈形式，被学界称为彝族古傩仪的珍贵遗存和彝族古老文化的“活化石”。在双柏小麦地冲彝族支系“罗罗人”心中，老虎是他们遥远的祖先，他们认为是老虎开创了宇宙天体和河流、山川、大地、树木世间万物，老虎是创造万物的主神，虎教会彝族先民认识自然世界，学会了采集渔猎、农业耕作，学会了生产生活、祭祀衍生，彝族是虎的民族、虎的后代。彝族“罗罗人”过“虎节”接虎祖回村寨一起欢庆节日，虎节期间（农历正月初八至正月十五），由村中寨老带领民众身着虎皮豹纹的外衣到每家每户的门口又跳又唱，为户主送祝福禳灾，逐疫除恶。

毛南族猴鼓舞，源于贵州省平塘县卡蒲毛南族乡甲坝村，是毛南族在丧事习俗中由巫师表演的民间舞蹈。猴鼓舞，由猴王出世、猴子敲桩、猴火引路三部分组成。猴王出世，表现毛南族先祖自强不息的奋斗精神；猴子敲桩，表现毛南人顽强生存、勇敢团结的精神风貌；猴火引路，表现毛南族人继承先人遗志、奋勇前进的精神。

瑶族猴鼓舞，流传于荔波县瑶山乡一带，是白裤瑶祭祀祖先的民间舞蹈。相传白裤瑶的祖先从广西迁徙经荔波县捞村乡时，途遇危难，一群猴子解危救难并一路护送。为纪念祖先的迁徙之苦和猴子护送之功，模仿祖先跋山涉水的情景，以及猴子们攀爬跳跃护送祖先的神态形成“猴鼓舞”，并将此作为丧葬祭祀的重要仪式。

侗族萨玛节祭祀萨玛神。侗族认为萨玛神至高无上，能赋予人们力量去战胜一切，赢得村寨安宁、五谷丰登、人畜兴旺。萨玛被封为侗族的社

---

① 贵安新区高峰镇狗场村仡佬族村寨唱《三国演义》，2015 年 3 月 5 日笔者调查；贵阳市花溪区布依族村寨地戏对唱《杨家将演义》，2013 年 2 月 8 日笔者调查；苗族“神头”张美华组织马官屯地戏队唱《三国演义》，2015 年 3 月 6 日笔者调查。

稷神，又是传说中的古代女英雄，在侗族古代社会的政治、军事、文化等方面占有重要地位。为了祭祀萨玛，大多数侗族村寨都建有萨玛的神坛——“然萨”（萨玛祠、圣母祠），每年农历正月、二月都要在“然萨”举行盛大的祭祀活动。

第六节 多民族黑神信仰

一、南霁云史实及奉祀情形

蓝勇指出："西南地区民间神祀最大的一个特点是移民会馆神祀的出现……贵州地区以江南籍和江西籍移民为主。"[①]黑神信仰属于贵州移民民间信仰。黑神供奉在黑神庙，黑神庙又名"忠烈祠""忠烈宫""荣禄宫""贵州馆""黔阳宫""黑爷庙"等。黑神信仰祀唐代忠臣南霁云，明时期黑神信仰逐渐成为黔地的一种重要的民间信仰形式，而外郡稀见；而至清代黑神信仰在贵州流行颇广，据《黔南识略》载："忠烈庙在城内，祀唐南霁云，苗人称之曰黑神，外郡遍有。"[②]

黑神信仰的神职神性具有除水灾、旱灾、瘟疫等多样性。据田雯《黔书》载"黑神庙"云："神姓南名霁云，庙在黔城之内，凡水旱、灾祲、疠疫、兵革之事，有祷必应。"[③]在黔省苗族族群中，信仰黑神尤其独具特色，"诸苗最敬惮之，其遇有暧昧未决事，称将质诸黑神庙，则无不吐实者"[④]。黑神是为护城神，防止火灾：杨文莹《黔阳杂咏》载"火政克修真使事，未容长恃黑神灵"。原文注："南明河在贵阳南门外，水响必有火灾。黑神者，南霁云也，黔人禳火于其庙。"[⑤]祈祷黑神南霁云消火灾护城。廖大闻《黎

① 蓝勇：《西南历史文化地理》，西南师范大学出版社1997年版，第188—189页。

② 爱必达：《黔南识略》（卷一），成文出版社1968年版，第14页。

③ 罗书勤等点校：《黔书·续黔书·黔记·黔语》，贵州人民出版社1992年版，第97页。

④ 杜文铎等点校：《黔南识略·黔南职方纪略》，贵州人民出版社1992年版，第24页。

⑤（清）杨文莹撰：《幸草亭诗钞》（卷上），《清代诗文集汇编》（第737册），上海古籍出版社2010年版，第387页。

峨杂咏》诗云："毕竟南来重城守，弓刀犹祀黑神灵。"[①] 令狐堃《黔阳杂歌拟古竹枝体》诗云："拟执鸡豚问霁云，黑神底事独称君；当年断指抽身早，不使奸雄逐剑分。"[②] 等等，不一而足。如今，黔地民众祭祀"黑神"相当普遍，甚至在家堂正面把"黑神"作为黔地"首神"供奉。[③]

南霁云，唐朝顿丘（今河南清丰县）南寨村人，在平息"安史之乱"的战争中屡立战功。唐肃宗至德二年（757）十月，睢阳陷落，南霁云与主将张巡为叛军所杀。死后，唐王朝对南霁云追爵加封，南霁云被封为开府仪同三司，赠扬州大都督，并绘像于凌烟阁。据《旧唐书》记载：

> 贼将尹子奇攻围（睢阳）经年……时贺兰进明以重兵守临淮，巡遣帐下之士南霁云夜缒出城，求援于进明。进明日与诸将张乐高会，无出师意。霁云泣告之曰："本州强寇凌逼，重围半年，食尽兵穷，计无从出。初围城之日，城中数万口，今妇人老幼，相食殆尽，张中丞杀爱妾以啖军人，今见存之数，不过数千，城中之人，分当饵贼。但睢阳既拔，即及临淮，皮毛相依，理须接助。霁云所以冒贼锋刃、匍匐乞师，谓大夫深念危亡，言发响应，何得宴安自处，殊无救恤之心？夫忠臣义士之所为，岂宜如此！霁云既不能达主将之意，请啮一指，留于大夫，示之以信，归报本州。"霁云自临淮还睢阳，绳城而入。城中将吏知救不至，恸哭累日。十月，城陷。巡与姚撝、南霁云、许远，皆为贼所执……巡大骂曰……是日，与姚訚、霁云同被害，唯许远执送洛阳。[④]

---

① 卢僎创修；蒋芷泽等纂：《兴义县志·艺文》，《中国地方志集成·贵州府县志辑》（第30册），巴蜀书社2006年版，第423页。

② 桐梓县地方志编纂委员会编；胡大宇等校点：《桐梓历代诗集成》，（内部发行）1998年版，第801页。

③ 田野调查材料。时间：2016年6月23—25日；地点：惠水县大龙乡甘昌村新寨组李志忠家；调查事项：庆五显坛还愿仪式。调查时发现李志忠的堂兄李志祥家正堂第二层供奉黔首黑神。

④（后晋）刘昫等著：《旧唐书·卷一百八十七下·列传第一百三十七·忠义下》（第四册），中华书局2011年版。第4900—4902页。

又据柳宗元《南府君睢阳庙碑（并序）》记载：

> 天宝末，寇剧凭陵，隳突河、华……惟公与南阳张公巡、高阳许公远，义气悬合，訏谟大同……至德二年十月，城陷遇害……朝廷加赠特进扬州大都督，定功为第一等，与张氏、许氏并立庙睢阳，岁时致祭……公讳霁云，字某，范阳人。有子曰承嗣，七岁为婺州别驾，赐绯鱼袋，历刺施、涪二州。服忠思孝，无替负荷。惧祠宇久远，德音不形，愿斫坚石，假辞纪美。惟公信以许其友，刚以固其志，仁以残其肌，勇以振其气，忠以摧其敌，烈以死其事，出乎内者合于贞，行乎外者贯于义，是其所以奋百代而超千祀者矣。①

"安史之乱"波及地区，供奉南霁云的祠宇颇多。芮城地区的张睢阳祠，内祀唐名将张巡，部将南霁云配享。泗洪县的南霁云祠，祀唐忠臣南霁云。

江淮地区奉祀"安史之乱"之殉难将领张巡、许远、南霁云、雷万春等仪式，相沿成习，成为当地的民俗信仰活动。但南霁云在该地区仅是作为配祀，祭祀的主神是睢阳名将张巡。黄山地区把"安史之乱"中战亡的张巡、许远、雷万春、南霁云奉为"车公菩萨"，仙源、甘棠两地建忠烈祠奉之。东平王殿每年农历七月十八至七月二十四举行祭祀活动，降福驱邪。绩溪地区在每年农历八月十五举办祀南霁云、雷万春等的庙会。如十四都大石门的太尉会、保安会（又称"善会"）、大王会、龙舟会等，皆是纪念"安史之乱"中殉难的南霁云、张巡、许远、雷万春等将帅。

此外，江淮地区至今仍举行一些祭祀南霁云的活动。如镇江工商业界有"都天会"民俗，出都天会时称"城西灯会"，当晚有灯会，以纪念"安史之乱"时为保卫两淮地区殉难的南霁云、张巡和雷万春。都天庙内供奉

① 徐乾学等编注：《中华传世文选·古文渊鉴》（下），吉林人民出版社 1998 年版，第 773—775 页。

着多种行业神，雷国公雷万春为肉业祖神，而南国公南霁云为渔业祖神，二者皆是和张巡一道守睢阳而阵亡的大将。不过，睢阳名将张巡享主祀，南、雷二将享配祀。

二、贵州黑神信仰发展史稽考

（一）奉祀祠宇与渊源

贵阳黑神庙，又称“忠烈宫”“忠烈庙”，祀唐忠臣南霁云，始建于明初。据觉罗图思德《重修忠烈庙碑记》记载：

> 贵州省城南有忠烈庙，祀唐赠扬州大都督忠烈南将军之神。德以乾隆三十七年巡抚其地，拜庙下，知神庇佑黔民，灵应若桴响……尝考《唐书》，神于唐有再造功，故自肃宗后，凡国家有德音，必于郭汾阳王子仪，李西平王晟，颜太师杲卿、真卿兄弟，段太尉秀实，张、许二公与南将军八族之子孙，各与以五品官，终唐之世如此。神之子承嗣，又以忠勇惠爱，克荷先业，著清名于涪州、施州、清江间。唐时，此地为溪洞，其酋长入贡，必涪州刺史为之请，则此地之祀神，自唐始无疑也。明按察使王宪始奏列祀典，忠烈庙则正统时赐额也。①

由“终唐之世如此”可知，黔地民间奉祀南将军南霁云当始于唐代，因南霁云之子南承嗣主政黔省“涪州、施州、清江”期间“忠勇惠爱，克荷先业”而著名一方。明代贵州按察使王宪奏请君上，黔省祭祀南霁云的祠宇在明初正统年间（1436—1449）被赐“忠烈庙”匾额，由此享祀“国典”。

① （清）周作楫等辑；贵阳市地方志编纂委员会办公室校注：《贵阳府志·余编卷之九·文征九·记四》，清咸丰二年（1852）朱德璲绶堂刻本，贵州人民出版社 2005 年版，第 1812 页。

据明弘治《贵州图经新志》载：

忠烈庙，在治城中，洪武间都指挥使程暹建，祀唐忠臣南霁云。景泰间，载在祀典。教授王训《记》：唐忠臣南公以忠义保江淮之乱国步亦危，遂死。其乎英风烈气炳耀汗青，历世滋多，未有祀典。贵州远在西南万余里，国初肇置方镇，居民乃建神祠。处事惟谨，灵爽深彰，捍患御灾，赫有明验。景泰辛未，贵州按察使合肥王公奉命廉问是邦，肃政之余，祷谒神祠。慨慕神之风节，且有以阴佑于斯土也。其以事闻朝廷，嘉神忠义灵贶，特颁祀典，命有司以春秋行事，仪文宣著，万世有光。公虑其久而遗坠，敬镌于石，以永其传。噫！神宜庙食，古今之公论也，向非公以言请，千载之下，何以致此？是诚昭代旌忠报德之恩。而公之嘉言善政，亦足以与同其悠远矣。谨勒石下，以志不忘云。[①]

贵阳忠烈庙祀唐忠臣南霁云，始建于明洪武年间（1368—1398）。居民祠祀，南公神“捍患御灾，赫有明验”。景泰辛未年（1451），被“载在祀典”。应按察使王宪奏请，朝廷恩准，“嘉神忠义灵贶，特颁祀典，命有司以春秋行事，仪文宣著，万世有光”。永世享祀。嘉靖《贵州通志》对此记述甚详：

忠烈庙，在治城中，洪武间都指挥程暹建。《议略》（贵州按察司为求言御寇安边事，该按察使王宪题）：贵州城旧有忠烈庙，系唐忠臣南霁云神祠，洪武初年，本处所建。军民人等皆称其灵感特异，每岁春首，风狂，境内常有大火烧毁居民，及有水旱、盗贼、虎狼、疾疫，求祷于神，无不随应，灵绩昭然。请乞追赐忠烈美谥，定为祭祀，每岁春秋二祭；于贵州布政司官库支银，

① （明）沈庠修；赵瓒纂：《贵州图经新志·卷之二·贵州宣慰司中·祠庙·忠烈祠》，贵州省图书馆据弘治刻本影写晒印本，第31—32页。

买办祭品，令宣慰司正官择日致祭等因，题奉圣旨："准令翰林院撰文颁给云。"

参议胡拱《重建记略》：荣禄大夫，唐忠臣南公霁云，实大唐之名将也。时景泰初，贵之有苗恃险为乱。宪伯王公宪恳祷于神，以祈阴翊，果获无虞。凡贵之境内，罹水火兵燹之患者，神皆有以相之。公以其事闻，廷敕有司，牲牢而时祀之。于时，镇守太监杨公友、杨公贤，都宪张公廉，总戎颜公玉暨藩臬诸公，咸捐俸赀，属都阃叶公昙以董治之。神像、侍从彩塑俨若，足为景仰。经始于正德丙寅（1506）仲春，告成于是岁孟秋七月也。命予记石。呜呼！祭法曰："圣王之祭祀也，法施于民，则祀之；以死勤事，则祀之；以劳定国，则祀之；能御大灾，则祀之；能捍大患，则祀之。"若此者，皆南公之所毕备焉者也。故纪其岁月，示将来云。①

据上述文献记载，可以确定一个基本史实，即贵阳忠烈庙由都指挥程暹建于洪武年间，在景泰年间因按察使王宪上书朝廷恩准，成为祭祀南霁云的专祠。南公亦被追赐"忠烈"谥号。简言之，忠烈庙是唐忠臣南公霁云之专祠。南公之神祇功能有：防水旱、御盗贼、慑虎狼、祛疾疫、止兵燹等。

官祀"忠烈庙"缘何衍变称谓为"黑神庙"呢？

至明中后期（1573—1622），"黑神庙"与"忠烈庙"合二为一地并行使用，甚至"黑神庙"比"忠烈庙"更为通行。如郭子章撰《黔记》载："忠烈庙，在城中，洪武间都指挥程暹建。景泰初，按察使王宪题请，乞追谥忠烈。奉旨敕建。正德丙寅（元年，1506年）重修，即今黑神庙也。"②嘉庆《一统志》则进一步明确"黑神庙"乃"忠烈庙"之俗谓："忠烈庙，在

① （明）谢东山修；张道纂：《贵州通志·卷七·祠祀志》，《明代方志选刊续编》（68），上海书店出版社1990年版，第83—85页。

② （明）郭子章：《黔记·卷十二·群祀志》，贵州省图书馆据万历三十六年（1608）刻本复制油印本1966年版，第286页。

府治东。祀唐南霁云。凡水旱、灾祲、疠疫、兵革之事，有祷必应，俗谓之黑神庙。”[①]郭子章在1598年（万历二十六年）被明神宗任命为右副都御史巡抚贵州，前后治贵州十二年，熟知贵州风俗人情。此时，“黑神庙”较之“忠烈庙”更为民众所知。即便历史发展两百年后，“黑神庙”仅为民间俗称，而“忠烈庙”在官方看来更为正统。

（二）“黑神”称谓的来历

贵州“黑神庙”或“忠烈庙”中所祀南霁云的神祇相貌，据张澍《播州道中谒南将军庙一首》记载：“……中塑威神绛袍袭。黝面长牙倒竖眉，狰狞怖人鼻欲歙……”[②]

关于“黑神”称谓的来历，有两种说法。

其一，神灵封书降笔，称之为“黑神”，故世俗以此称南霁云。据陈怀仁《黑神南将军传》记载：

> 将军讳霁云……将军子刺史公讳承嗣，幼甚歧嶷，七岁即授婺州别驾，继为清江太守，常巡夜郎、牂牁间，溥沛恩德。后为思、涪二州刺史……且刺史公服官自肃宗至德中始，讫于宪宗元和初，垂五十年。历任皆多善政，而在黔尤洽民心，土人因为建祠立祀，复为追寻源本，推尊尽忠死难之父，展礼弥虔。而将军降笔亦自谓：“上帝命我为贵州黑神。”此将军称神之所由昉也……将军之庇荫黔黎，灵迹确有可征者……凡民间旱涝疾疫虫虎寇盗，竭诚祷之，靡不效应如响。阅数百年，至今犹昔比。此则黔邦士庶永远报赛之所由来也。至黑神之称，因前曾降笔（神灵封书降笔之

① （清）仁宗敕撰：《嘉庆重修一统志·卷五百·贵阳府·祠庙·忠烈庙》（第二十九册），《四部丛刊续编史部》（卷499至卷531），上海书店出版社1984年版，第26页左。

② 周恭寿修；赵恺、杨恩元纂：《续遵义府志一·卷四·坛庙二·寺观附》，《中国地方志集成·贵州府县志辑》（第34册），巴蜀书社2006年版，第79页左下。

义）有“南天黑神”一语，以此称之。[①]

其二，“黑神”之说源于南霁云之形貌谓之“黑神”。据吴中蕃《重修忠烈庙碑记》记载：“贵阳有忠烈祠以祀南公霁云，旧名黑神庙，盖人不知其所自来，从其貌而称之也。”[②]又见《黔书》之“黑神庙”条：

> 神姓南名霁云，庙在黔城之内，凡水旱灾祲、疠疫兵革之事，有祷必应，能有功德于民，而民受其赐，血食于斯，不知历几百年。土人以其长冠戟髯而貌之黧也，故曰“黑神”云。[③]

长冠戟髯而貌黧，故曰“黑神”的说法，又见张澍的《续黔书》：

> 黑神，神为唐将南霁云，范阳籍也。黔人以其长冠、戟须而貌黝，称之曰“黑神”。其香火无处无之，几与关壮缪等。而其威灵响捷也，亦几与壮缪埒。[④]

（三）黔省奉祀黑神南霁云的原因

唐忠臣南公霁云忠义保江淮而当地未有祀典，却为何能在西南万余里远的贵州建祠享祀呢？

首先，因子功而奉祀为黔省福主。据道光《贵阳府志》记载：

---

① 周恭寿修；赵恺、杨恩元纂：《续遵义府志二·卷三十三下·艺文》，《中国地方志集成·贵州府县志辑》（第35册），第515—517页。

② （清）周作楫等辑；贵阳市地方志编纂委员会办公室校注：《贵阳府志·余编卷之七·文征七·记二》，清咸丰二年（1852）朱德璲绶堂刻本，贵州人民出版社2005年版，第1769页。

③ （清）田雯：《黔书·卷三·黑神庙》（二），商务印书馆1936年版，第74页。

④ （清）张澍：《续黔书·卷二·黑神》，成文出版社1967年版，第55页。

忠烈庙，在贵阳府城内大街，祀唐马军兵马使新除睢郡太守特进左金吾卫将军赠开府仪同三司再赠特进扬州大都督顿邱南公霁云，明洪武中都指挥程暹建。正统时贵州按察使王宪请于朝，始列秩祀，赐庙额曰“忠烈”，事具王宪录中……庙门楼上有康太保神像，正殿又有唐清江郡太守南公承嗣少君，宋麦新团练使康公继英少君主。承嗣，霁云子，曾官施州刺史，施州即清江云。①

贵阳忠烈庙，门楼有康太保神像，正殿供奉南霁云、南承嗣父子和康保裔、康继英父子。从上文看出，南承嗣列忠烈祠与其父南霁云一同享祀，到底是父荫子功还是子仰父名呢？也就是说，南承嗣又做了哪些功绩值得一方人以神祀之呢？

《柳河东集》第五卷《南霁云睢阳庙碑（并序）》载：“有子曰承嗣，七岁为婺州别驾，赐绯鱼袋，历刺施、涪二州。”②又第二十三卷《送南涪州量移澧州》载：“始由施州为涪州。”③可知，南霁云在黔省被普遍供奉，成为贵州一方的土主神，与其子南承嗣长期在黔省地方主政有很大关系。南承嗣造福一方，有功于民，并得到皇帝所赐的“绯鱼袋”。同时亦应看到，说其功绩显著亦非妥帖。据《新唐书·南霁云传》载：“子承嗣，历涪州刺史。刘辟叛，以无备谪永州。”④可知，南承嗣因平叛不力而被贬官。但不影响南承嗣被奉祀，被列入忠烈庙，与其父南霁云一起成为主神而享并祀。据《黔书·南霁云康保裔》记载：

南霁云之得祀于贵阳，以其子承嗣之为清江太守也……若夫二公（南霁云、康保裔）者，一宜神于睢阳，一宜神于天雄，于

① （清）周作楫等辑；贵阳市地方志编纂委员会办公室校注：《贵阳府志·卷四十一·略二·祠祀略第三》，清咸丰二年（1852）朱德璲绶堂刻本，贵州人民出版社2005年版，第837页。

② （唐）柳宗元：《柳河东集》（上），上海古籍出版社2008年版，第85页。

③ 同上书，第390页。

④ 郁贤皓：《唐刺史考全编》（第4册），安徽大学出版社2000年版，第2539页。

黔无与也。使不有令子为之后，官于黔以显其父之贤，则诗书所载，世之曩英往哲，可祀者多矣。夜郎之人，亦奚取渺不相属之二公而为之立庙乎？则谓二公之祀，以其子也，又宜矣。爱其人，尚不伐其树，况爱其子矣，而有不俎豆其父者乎？承嗣历三州，多惠政。继英入贺，真宗叹其世笃忠贞，二子亦人杰云。丁炜曰："南、康二公之祀于黔，第当论其有功于民与否，不必计所从来也。然原夫肇祀之初，必因二子宦黔，为厥考立庙，祷而有应，遂崇享勿绝耳。"①

其次，官方奉祀黑神南霁云的政治考量。祭祀历史功臣，为边远蛮荒之地忠君为国的政治与伦理榜样，是官方主动祭祀南霁云之政治考量之一。据王宪《请忠烈庙南公祀典疏略》记载：

臣谨考南霁云，在唐天宝末，安禄山为乱，贼将尹子奇围睢阳。守将张巡、许远与之誓死拒贼，尝求救兵于贺兰进明。初啮指示信，已而城陷，霁云死之。兹者显灵八番，阴为御灾捍患。乞追赐美谥，颁祀典，每岁春秋有司致祭。非惟圣恩广布，不遗前代之忠臣，抑使神惠愈彰，永济边方之黎庶。②

可见，祭祀前代忠臣的原因是彰显其神惠、造福边远蛮荒之地的平民百姓，这是圣恩广布其神迹的真正原因。借助彰显忠臣义士的忠勇刚烈行为名教于世人，禁顽廉而懦者立。正如《卢山司黑神庙记》所载：

睢阳之溃也，同殉节者三十六人，巡、远外，霁云南将军为

① （清）田雯：《黔书·卷三·南霁云康保裔》（二），商务印书馆1936年版，第51—54页。

② 王佐、樊昌绪修；顾枞纂：《息烽县志·献征志·卷三十二·奏疏》，《中国地方志集成·贵州府县志辑》（第43册），巴蜀书社2006年版，第350页下。

最烈焉。呜呼！睢阳陷矣，唐祚绵矣！何以明其然也？国家值板荡之秋，乱臣贼子挟枭雄之姿，往往窥窃神器。所恃者，惟忠臣义士一段浩气丹心、百折不磨之性，披肝胆，激壮士，共相推挽，成则一身可以救人事之坏，不成则一心可以补大地之穷……独是计将军尽节日，距今千百余年矣。黔又远去雍丘，非若江淮、邺、鲁犄角为唇齿邦，而黔之祀将军弥谨，恒求其故不得。说者遂以沐平西暨安叛城上所见两异事实之。嗟乎！事之有无不足论矣，而将军之亮节光天，照耀今古，虽山陬野老、愚夫愚妇，痛谈往事，或歌或泣，津津乐道，若欲生睢阳诸公于齿颊间者，岂独黔人乎哉！况黔，山国也，民生不见外事，俗虽侈，犹存三代遗风，聆余韵而生感，感斯慕斯，奋有不禁顽廉而懦立者，是将军大有功于名教也。则黔之庙而祀之也固宜。[①]

三、贵州黑神祭祀与信仰民俗

（一）黑神信仰概况与祭祀场所

黑神信仰在黔地比较普遍，多地建有黑神庙、忠烈庙、忠烈宫祀“南公霁云”。遵义黑神信仰，“黑神有忠烈庙，汉唐以来，历代优崇，守土者春秋蒸享不绝，此御灾捍患有功于国者所为，食报于春秋也”[②]。贵阳黑神信仰，“黑神庙在城南狮子桥侧，祀唐南霁云，左祀南承嗣，郡人虔祀之，各乡区亦往往立庙”[③]。平坝忠烈宫奉祀唐南将军，“南将军与全黔不生关系而

① （清）周作楫等辑；贵阳市地方志编纂委员会办公室校注：《贵阳府志·余编卷之七·文征七·记二》，清咸丰二年（1852）朱德璲绶堂刻本，贵州人民出版社2005年版，第1776页。

② 刘显世、谷正伦修；任可澄、杨恩元纂：《贵州通志（四）·风土志·风俗》，《中国地方志集成·贵州府县志辑》（第9册），巴蜀书社2006年版，第111页。

③ 周恭寿修；赵恺、杨恩元纂：《续遵义府志·卷四·坛庙·寺观附》，《中国地方志集成·贵州府县志辑》（第34册），巴蜀书社2006年版，第79页。

崇祀之者，亦因其裔以追想其人格也”[①]。“相传忠烈宫祀唐南将军霁云，以十月十五日神诞祀之。”[②]

祭祀场所及设置。南明区忠烈宫，俗称“黑神庙”，明朝万历年间，老百姓开始称忠烈宫为“黑神庙”，奉祀唐南霁云。据民国《修文县志》载，修文县有黑神庙五处。其一“在县东北一百三十里兴场街前，仅正殿三间，神位五，中祀黑神。现属息烽”[③]。遵义城西八十里沙七甲的黑神庙，“左祀南承嗣，郡人虔祀之，各乡区亦往往立庙”[④]。独山城南里许黑神庙，“康熙二十七八年间，有江西吉安府姓宋者兄弟二人负雕刻手艺，在南昌府请有二位神像，一为杨泗将军，一为南将军，俗称黑神。二像连坐，台仅高二尺许，其头盔皆可脱卸露项，极其精致”[⑤]。兴义，“忠烈宫俗呼为黑神庙，祀唐之南霁云，庙额云：‘千秋一指。’庙为嘉庆二十一年修”[⑥]。

除黑神庙、忠烈宫、忠烈庙外，贵州境内亦有建立福主庙专门祭祀南霁云的情形。玉屏，“福主庙，在南门内……即南将军庙。黔俗相沿称为‘黔南福主’”[⑦]。

（二）黑神祭祀仪式与组织方式

乾隆《毕节县志》所载吴纪《忠烈南将军庙信士捐置祭田碑记》，详细地陈述了黔中奉祀黑神的原因，以及毕节地区官民信仰仪式之情形。

---

① 汪钟岷修；陈廷棻、陈楷纂：《平坝县志·祀祷志·法定以外之祀祷》（第四册），贵阳文通书局铅印本 1932 年版，第 35 页。

② 同上。

③ 修文县文献委员会编修:《修文县志·卷四·秩祀志》,修文县地方志办公室点校本 2009 年版，第 188 页。

④ 贵州省文史研究馆古籍整理委员会编：《贵州通志·金石志·古迹志·秩祀志》，贵州大学出版社 2010 年版，第 380 页。

⑤ （清）刘岱修；艾茂、谢庭薰纂：《独山州志·卷十·杂记》，贵州省图书馆据北京图书馆藏乾隆三十四年（1769）刻本复制油印本 1965 年版，第 271 页。

⑥ （清）张锳修；邹汉勋、朱逢甲纂：《兴义府志·卷三十一·祠祀志·坛庙》，贵阳文通书局据咸丰四年（1854）刻本铅排本 1914 年版，第 326 页。

⑦ 贵州省文史研究馆古籍整理委员会编：《贵州通志·金石志·古迹志·秩祀志》，贵州大学出版社 2010 年版，第 392 页。

恭惟大将军南公殉节于唐，忠肝义胆，具载史册，历代褒封，迄今庙食千余年。不惟睢阳遵奉甚谨，即江右、三楚、滇、蜀亦无不重其志节而修其禋祀。而我黔之爱戴为尤甚者，以元明以来寇盗充斥，干戈迭起，兵民进不能战，退不能守，公屡显神灵以拥护，乃得城郭无恙，汉夷相安。此黔人既重公生前奇节，而更感公殁后威灵，因在在立庙，即边邑如毕节设诚致祭。自绅士以及农工商贾，胥岁时奔走，惟恐后，而且虑牲牷肥遯、粢盛丰洁难乎为继，某纠同事募贮白金若干，置常稔之田若干，付本庙住持执掌，每祭，取租息以供，无虞缺乏。嘱予为文以记……兹南公见危致命于前，救灾捍患于后，不可谓非关夫子下之一人。毕邑之巍焕其殿堂，丰厚其享祀，而并预谋其经费，亦崇德报功之道所应尔。①

（三）贵州会馆之黑神崇拜与祭祀

各地的贵州会馆亦奉祀南霁云，称之为“黑神”，亦名其庙为忠烈庙、福禄宫、荣禄宫等，也有称“南将军庙”。明清以来，贵州布商“西走蜀之重庆、泸、叙，南走威宁、平远，极于金川”②；绸商“北以贾蜀，东以市楚”③。客寓他乡的贵州官商士夫，往往醵金于旅居修建贵州会馆，亦必奉祀黑神。④南一鹏撰文回忆其在抗战期间，曾寓居成都之贵州会馆，在该会馆前殿所见奉祀黑神之情形：

① （清）董朱英修；路元升等纂：《毕节县志·卷八·艺文·记》，《中国地方志集成·贵州府县志辑》（第49册），巴蜀书社2006年版，第296页。

② （清）平翰等修；郑珍、莫友芝纂：《（道光）遵义府志·卷十七·物产》，《中国地方志集成·贵州府县志辑》（第32册），巴蜀书社2006年版，第374页右下。

③ （清）黄宅中修；邹汉勋纂：《大定府志·卷四十二·农桑》，《中国地方志集成·贵州府县志辑》（第48册），巴蜀书社2006年版，第622页左上。

④ 何光渝、何昕：《贵州社会六百年》，贵州人民出版社2014年版，第212页。

（成都贵州会馆）有殿两楹，后为佛寺，供释迦、观音，有僧常住。而前殿巍然，为会馆之主殿，故出入皆未注意。一日，因寺僧之邀而过前殿，方见中供神像，高与屋齐，威武赫赫，望之凛然，而未知神之何名也。盘桓少许，趋前瞻仰，瞥见手掌塑形，断其一指，乃惊识为霁云公之造型。询之会长，云："但知是南霁云公之神，四时供养无懈，而不知其所以然。"历思张睢阳、许远及霁云公之史迹，似与贵州不相涉，何黔人会馆奉霁云公之神，疑且异焉。复遍询相识，均无知其所以。①

李怀荪所著《湘西秘史》中的《聚会黔王宫》，对当时湘西地区各省会馆之福主祭祀与交往活动作了具有一定参考价值的描述：

浦阳镇原有座贵州会馆黔王宫，崇祯年间由贵州客居浦阳的木商修建。道光、咸丰年间，镇上又陆续接纳了一伙新来的贵州客商，他们经营的商品是鸦片……因鸦片暴富的贵州商人，嫌原有的黔王宫不够气派，决定斥巨资在河街的东头再修一座黔王宫，也就是现在的下黔王宫。黔王宫的祀神，是唐代的南霁云。②

会泽县贵州会馆，又称楚黔会馆、忠烈宫、黑神庙，位于会泽县城东关街南侧。《新纂云南通志》根据《会泽县采访》载："忠烈宫，在城东门外，清乾隆壬辰年（1772）建。"贵州会馆又叫楚黔会馆，据传黔省籍同乡于会泽县城盖建贵州会馆时，后期遭遇资金短缺，湖南会馆给予大力支持，为此，他们将会馆改称为"楚黔会馆"。据乾隆四十七年（1782）《湖广会馆传书》记载："乾隆四十二年（1777），送忠烈宫上梁……礼资银二十三两。"会馆内供奉唐代名将南霁云，"凡遇水旱、病疫、兵革之事，有祷必应"。

① 南一鹏：《与天下人同亲·我的父亲南怀瑾》，上海大学出版社2014年版，第215页。
② 李怀荪：《湘西秘史》（上），作家出版社2014年版，第58页。

其后凡于全国所建的贵州会馆和云贵公所，均供奉黑神南霁云。[①]

四、贵州其他民族信仰

在黔省的民族信仰中，除祭祀三圣、桃源洞神祇、五显神、创世祖、化主、黑神等神祇外，供奉三元大帝、三清、司命灶神、北极驱邪判官、开路神君、炳灵王等神祇也比较普遍。

1. 三清

何为“三清”？《酉阳杂俎》曰：“三界外曰四人境，谓常融、玉隆、梵度、覆奕四天也。四人天外曰三清，大赤、禹余、清微也。”[②]《真灵位业图》玉清三元宫中，第一中位是上合虚皇道君（应号元始天尊）；第二中位是上清高圣太上玉晨元皇大道君（为万道之主）；第三中位是太极金阙帝君，姓李（壬辰下教太平主）；第四中位是太清太上老君（为太清道主，下临万民）。上皇太上无上太道君。[③]三清者，玉清圣境，元始居之；上清真境，道君居之；太清仙境，老君居之。[④]玉清境，元始天尊位，在三十五天之上也。上清境，太上大道君位，在三十四天之上也。太清境、太极宫，即太上老君位，在三十三天之上也。[⑤]

2. 北极驱邪判官

据《绘图三教源流搜神大全（外二种）》载：

---

① 王日根：《中国老会馆的故事》，山东画报出版社 2014 年版，第 125 页。

② （唐）段成式撰；方南生点校：《酉阳杂俎》，中华书局 1981 年版，第 12 页。

③ 吕宗力、栾保群：《中国民间诸神》（上），河北教育出版社 2001 年版，第 4 页。

④ （清）宫梦仁撰：《读书纪数略·朝庙类》，上海古籍出版社 1994 年版，第 140 页。

⑤ 李一氓：《道藏·太平部·三洞珠囊卷七》，上海书店出版社、文物出版社、天津古籍出版社 1994 年版，第 216 页。

左判官者，唐颜真卿。德宗命真卿问罪李希烈，亲族饯于长乐坡。公醉，跳踯前楹曰：吾早遇道士云陶八，八授以刀圭碧霞丹，至今不衰。又曰：七十有厄即吉，他日待我于罗浮山，得非今日之厄乎？公至大梁，希烈命缢杀之，葬于城南。希烈败，家人启柩，见貌状如生，遍身金色，爪甲出手背，须发长数尺，归葬偃师北山。后有商人至罗浮山，有二道士弈棋树下，一曰：何人至此？答曰：小客洛阳人。道士笑曰：愿寄一书达吾家。遣童子取纸笔作书。客还至北山，颜家子孙得书，惊曰：先太师亲笔。发冢开棺，已空矣。后白玉蟾云：颜真卿为北极驱邪左判官。①

另外值得注意的是，北极驱邪院是北极驱邪判官处理公务的机构，他们在此审判发落犯恶作祟之凶神恶煞，其中的左判官指颜真卿，右判官待稽考。

3. 开路神君

开路神君，乃是《周礼》之方相氏是也。相传轩辕皇帝周游九垓，元妃嫘祖死于道，召次妃好如监护。因买相以防夜，盖其始也。俗名险道神，一名阡陌将军，一名开路神君。其神身长丈余，头广三尺，须长三尺五寸，须赤面蓝，头戴束发金冠，身穿红战袍，脚穿皂皮靴，左手执玉印，右手执方天画戟。出柩以先行之，能押诸凶煞恶鬼，藏形行柩之吉神也，留传之于后世矣。②

4. 炳灵王

炳灵王又称“至圣炳灵王”，五月十二日生。

至圣炳灵王者，即东岳天齐仁圣帝第三子也。唐太宗加威雄

① 佚名：《绘图三教源流搜神大全（外二种）》，上海古籍出版社2012年版，第328页。
② 同上书，第346页。

将军，至宋太宗封上昊炳灵公，大中祥符元年二月二十五日封至圣炳灵王。①

此外，三伯公、三伯婆、梅花小娘、和事老人、青衣童子、和合二仙、棚上棚下耍笑郎君等多为“梨园神”②，具体神祇渊源有待日后进一步考稽。

结　语

文化类型的区域性往往大于它的民族性，但是在黔域，大多傩文化形态往往较稳定地体现在某个民族群体中。傩文化之神祇大多具有民间性质，这些神祇的民间性质主要体现在他们的身世经历方面，他们大多是历代民众“塑造”的神，其身世经历是在民间世代流传过程中形成的。除前文所述黑神、川主、土主、药王、化主、关圣帝君、王灵官等豪官缙绅外，其他多是根据世间人物形象塑造的乡土善神。如桃源洞的傩公傩母之阿公阿婆，以及碓磨夫人、梅花姐妹、算命先生、解差牢子等“神灵”的行为活动，就是世间艺人、贩夫走卒等市井人物日常生活的唱述、串演。碓磨夫人为美丽、淳朴、善良的村妇形象，打井水泡豆子，把豆子磨成浆，浆水留下做药方，做成粑粑豆腐敬神灵。梅花姐妹，幼时丧母，被亲兄赶出家，姊妹孤独无助，投奔姨娘，命运多舛。杨救贫，穷酸秀才形象，贫困潦倒，“门前雪子落飘飘，我在家中无柴烧”。算命先生是走街串巷、玩世不恭的游医，“生出一双怪眼，观看人间生死；生出一张铁嘴，说尽人间祸福”。

傩戏神祇的民间特点还体现在他们的名称上。如催愿仙官急事神，“催”标识仙官的急性子。点棚土地牢子神，表明点棚土地的狱卒身份。算命先生杨公大口，契合算命先生胡侃猛诓、信口开河的大嘴形象。“仵作”，在

① 佚名：《绘图三教源流搜神大全（外二种）》，上海古籍出版社2012年版，第49页。
② 吕宗力、栾保群：《中国民间诸神》（下），河北教育出版社2001年版，第574页。

官府中任执事，特点是心术不正、专做恶事。“鱼子上”，戏称不勤于打渔的渔夫。“鱼子下”，和樵夫一起混迹的渔夫。神祇名称即是角色本相的符号象征。

身居主神位的傩公、傩母、川主、土主、药王、化主、黑神等，唱述内容主要是他们勤政为民的事迹。傩公傩母，保护愿家平安吉祥、老幼无疾无灾。川主治水除孽，保护百姓生命财产安全，使一方风调雨顺，百姓安居乐业。土主作为土地神，保佑生活在本地区的百姓能够丰衣足食、无邪鬼无恶煞。药王，行走高山大川、街头巷里之间，为百姓收妖摄毒、行医治病。化主为一方百姓施医济善。此外，作为善神对立面的黄鬼、孽龙，同样不过是生长在民间土壤中的毒花恶草。孽龙生于民间，家住大足县滑石沟，长在民间，母子二人依靠摘草而勉强营生。不过，日后推沙涌水，兴风作浪，作恶多端，走着“行善于民”的反方向路子。

生活在傩文化圈的民众以他们的生活需求来构建神祇体系，神祇原型无疑来自他们赖以生存的社会空间以及由此生成的思维空间，神祇形象凝聚着浓厚的民间乡土气息。

第三章

傩文化的社会性

“生活化的信仰，信仰化的生活。”[①] 傩文化与民众的日常生活密切相关，民众祈福驱邪、崇拜祖先、崇拜生殖、崇拜土地神、崇拜人格神等，用最朴素的方式和最原始的创造力实现自身与灵魂的相会，成为依附于主流传统文化之下的“小传统”。“小传统”自有它形成的环境，也必然于家庭社会、村寨社会、国家社会等层面形成特定的社会影响。

① 陈勤建：《当代民间信仰与民众生活》，上海锦绣文章出版社·上海故事会文化传媒有限公司2013年版，第276页。

第一节　傩文化的生态环境

论及傩文化的生态环境，庹修明先生云："在历史上，楚国中心地带和中原地区，是华夏文化的中心和作坊，但是由于历史上屡遭军事和政治、文化制度的冲刷，许多古老的华夏文化和楚文化的因子，被卷到华夏文化巨潮的边缘地带而永久地遗存下来。其中，中国西南地区就是保留古老华夏文化因子最多的一个大'文化袋'。"[①] 作为"古老华夏文化因子"的傩文化之所以能够在西南地区尤其在黔地生根、繁育，并繁荣发展至今，根本原因是该地区具有适宜其生存、成长的自然环境和人文环境。

（一）自然环境

黔地地处西南边区，历史上交通、经济、文化相对不发达，独有巫傩之风却盛极不衰。"礼失则求之于野"，穷乡僻壤是傩文化滋生、传播的乐土，其形态遍及全域的现实便是充分的证明。

其中傩堂戏、喜傩神、阳戏集中分布在黔北、黔东北、黔东的汉族、土家族、苗族、仡佬族聚居区，该地区境内山地绵延、溪水纵横、峡谷幽深，属于武陵山片区的主体。庆坛、地戏和"撮泰吉"分布在黔地中部、西部的汉族、布依族和彝族聚居区，境内有武陵山、苗岭、大娄山、乌蒙山等大的山体和乌江、清水江、南北盘江和红水河等重要水系，山体南北东西错落分布，水系亦呈散射状向八方延伸，山高水长，纵横交织，构成该地区多坡多岩、路径崎岖的独特自然环境。区域地理风貌在傩戏唱本中时有

① 庹修明：《贵州傩戏与傩面具》，《民族艺术研究》1995 年第 6 期。

体现，如息烽县黄晓亮阳戏坛《傩愿》唱书唱词：“谢主家，好净酒来好黄茶，净酒黄茶吾领去，还个这回不还他。这回去了再不来，免得爬坡又爬岩。来时爬坡又爬坎，来时少来去时多。”“爬坡又爬岩”“爬坡又爬坎”，地势崎岖，希望凶神恶煞多去少来。田野调查发现，黔地傩戏坛班大都“藏匿”在交通极不便利的村寨，如威宁板底乡裸嘎村“撮泰吉”班，道真三桥镇左朝元坛，德江堰塘乡安永柏傩堂戏坛，晴隆县长流乡杨家寨村刘安顺庆三霄坛，岑巩平庄镇凯空村肖光华喜傩神坛，开阳南龙乡田坎村谷顶甲谭光明阳戏坛，福泉陆坪镇沙子坎叶廷兴阳戏坛，息烽流长乡四坪村黄晓亮阳戏坛，罗甸栗木乡邓德佑阳戏坛等，坛班所在的村寨多是近三年内（截至 2020 年）才铺通水泥路，距离县城皆 30 公里以上，旧时应属人迹罕至之地。

环境影响人的主观意识，人的意识观念在很大程度上改变着傩文化兴衰的走势。山高谷深、道阻且长的自然环境限制着民众自觉认识自然的能力。环境恶劣，地形复杂，容易发生种种自然灾害，人们在灾难面前往往弱势无力。尤其在生产力水平低下、物质资料严重不足的社会，部族人们对困苦的解决往往寻求于巫术来占卜祀神。长期以来，他们形成了对神灵、对巫师、对巫师行坛做法的一种敬畏情感。

具体来说，傩文化的消费群体是广大乡村民众，他们试图通过请神消灾、酬神还愿的傩事活动来驱祟逐疫、祈神降福，换得家庭生活的时来运转。既体现出民众心理上对现阶段生活状态的满足，又表露出祈求天佑自己未来生活的美好愿望。随着社会的发展，人们认识自然的能力不断提高，逐步掌握了部分威胁自身生存的现象规律，对巫师巫术在一定程度上有了初步的较客观的理解，求神祀神的神秘心理开始淡化。而在黔域，社会生产力发展、生活条件提高相对缓慢，人们对巫术的理解及对神祇的畏惧心理亦需要一个与之相应的时期。这也许是黔地傩文化形态富集的主要原因吧！

同样地，在历史上很长一段时间内，地理环境因素削弱了外部破坏力，对傩文化的传统形态起到保护作用。傩文化在这样的环境下仍能流播四方并不断发扬光大，只能说是自然环境之利了。换句话说，由于高山幽谷的阻隔，在很大程度上也削弱了政府行政力的执行，使巫傩文化在远离“庙堂”的蛮荒之地得以薪火相传。

（二）人文环境

贵州地区传统“信巫摒医”的巫傩之风是傩文化得以留存的另一因素。贵州是多民族杂居地区，受地理环境的影响，民众在族群与文化的关系方面表现出无主体的民族和无主体文化特征。这种民族文化特性，恰恰为多种傩文化形态的生存提供了丰厚的土壤。[①] 文化环境是决定傩文化传承流播的根本因素。下面来看在黔地盛行“淫祀”之风的由来。

第一，生活在贵州地区的汉族、苗族、布依族、土家族、仡佬族、彝族等各民族自古皆有“信巫摒医”的传统。一旦身染疾病就呼魂求生，摒医而信巫。据《都匀县志稿》记载：“人有疾病，多不信医药，属巫诅焉，谓之‘跳端公’。”[②] 人们习惯在有病时延巫驱疫，无病时延巫祈福。不但人患染疾病延巫祀神，而且牲畜染上瘟疫也要唱戏驱疫。

除举行仪式来延巫驱疫外，旧时黔地还把祈福驱疫的意念赋予一整年岁时节令的活动中。如各地农历正月十五的迎城隍会、平坝五月的舞龙灯、曹家坪三月三的清明会等。

第二，在贵州甚至西南地区，巫傩文化的土壤丰沃，该地区流行的巫傩文化类型多不胜数。比如，贵州域内苗族地区流行“确奴”，侗族地区流行“嘎傩戏”（或称“面具戏”“冬冬推”）。汉族、土家族、仡佬族、苗族、侗族、布依族等聚居区的湘黔渝毗连区域流行傩坛、傩堂戏或喜傩神。重庆域内流行傩愿戏、师道戏、土地戏、儒坛戏、庆坛戏［包括五通（显）坛、

---

① 宋运超：《祭祀戏剧志述·自序》，贵州民族出版社 1995 年版，第 2 页。

② 窦全曾修；陈矩纂：《都匀县志稿》，《中国地方志集成·贵州府县志辑》（第 23 册），巴蜀书社 2006 年版，第 53 页右下。

延生坛、养牲坛、三霄坛]。四川南部地区有赵侯坛、秧苗戏，川西有佛坛戏、端公戏、羌族的释比戏和藏戏。云南东北部流行梓潼戏、端公戏等。

第三，在贵州域内，每个傩戏坛班往往拥有自己的“师坛图”，即传承谱系图表，有利于傩坛世代传演不绝。傩坛一般有本坛坛谱，或遵佛教、或遵道教，“坛谱”即指坛班掌坛师的字辈顺序。佛教傩坛坛谱的字辈顺序：智惠清净、道德圆明、真儒性海、寂照普通、心源广宿、本觉昌隆、能仁圣果、常远宽洪、惟传法应、致愿会容、兼池界定、永济祖宗。[①]道教傩坛坛谱的字辈顺序：道德通玄静、真常守泰清、一阳来复本、合教永远明、至理忠诚信、从高嗣发兴、世景荣惟懋、希微衍自灵。[②]遵依坛谱，有些傩坛传了十几代，甚至几十代。其中，息烽县流长乡黄晓亮坛班和黄云武坛班至今分别已有11代和12代，开阳县南龙乡刘正远坛班至刘正远已是第27代。查师坛图可以看出，福泉市阳戏坛班传承年代更久远，城厢镇马田村曾华祥傩戏坛是第54代，龙昌镇黄土哨徐法柱傩坛是第32代，陆坪镇沙子坎张法兴傩坛是第29代。严整而系统的传承坛谱，有利于傩坛班自觉维系谱系而世代传演下来。

第四，从业者的文化水平低是巫傩文化盛传的另一重要因素。狭窄幽僻的自然环境，使民众受教育的机会大大减少。从开阳、福泉、岑巩、德江等地傩坛师傅们接受教育的调查情况可见一斑。开阳县6个傩（阳）戏坛92位法师中，6人读过私塾，47人读过小学或未读书，33人读过初中，5人读过高中或中专，1人读过大学，高中及以上学历占6.5%，读过小学或未接受教育的多达51%；福泉市7个傩戏班136位法师中，多数读过小学或初中，读过高中的也不多。[③]这仅是数字统计，在关于受教育情况的

① 吴电雷：《武陵山区阳戏形态及其佛教文化辨源》，重庆文理学院学报（社会科学版）2015年第6期。

② 胡天成：《重庆阳戏与福泉阳戏之比较研究》，《黔北傩文化学术研讨会资料集》2010年版，第196页。

③ 余继平：《乌江流域阳戏的保护与传承——以开阳和福泉阳戏为例》，《艺术研究》2010年第2期。

调查过程中，勉强说读过小学的法师、坛师大有人在，实际上他们有的只读过几天书，有的甚至从没进过校门。笔者在调查息烽县黄晓亮阳戏坛班时即遇到这种情况，7位坛班法师，读过小学的4人，读过初中的3人，但读过小学的4人却有2人不会写自己的名字，极有理由相信，他们说“读过小学”只是碍于自己的“面子”。还要清醒地认识到，接受调查的傩坛法师可以说是村寨中文化人的代表，他们接受教育的情况尚且如此，其他百姓群众的受教育境况也就可以想象了，更何况在文化教育水平更为低下的旧时期。在这样的人文环境下，民众对社会的认识能力非常有限，他们只能承接族习“信巫摒医”，命依神祇佑护，希望寄予巫师通灵。

另外，黔地甚至西南地区广泛而频繁的人口流动也是傩文化广泛传播的重要原因。在实地考察傩坛的渊源时，傩坛掌坛师常说自己的祖籍是江西，或者说是从四川某地迁徙而来，更难能可贵的是，他们的家谱、族谱和傩坛唱书上关于祖上辗转迁徙的信息也非常丰富。这些皆能够说明移民因素对傩文化传播的作用。

第二节　傩文化与家庭社会

从傩文化活动的操办者和参与主体来看，傩文化的家庭社会性、村寨社会性和国家社会性值得讨论。家庭操办的傩文化活动有土家族、仡佬族、苗族、侗族的傩堂戏和汉族的阳戏。喇叭苗族、穿青人、布依族和汉族的庆坛也是以家庭为单位操办的傩事活动。

从举行仪式的目的宗旨来看，傩坛的行傩活动是为了满足个人家庭的需要。傩堂班受家庭邀请出演的主要有还愿、颁职、送葬等活动。①

傩堂戏过关还愿仪式，一般是私人家庭为幼儿过关煞，因幼儿生大病、哭闹不止等原因，医药治疗效果不明显，父母许愿病好后，请先生过关煞。以贵州省德江县游家坡村游正文家的傩堂还愿戏为例。邀请傩堂坛班还愿是在秋季，愿信是当年四五月份的事，游正文的小儿子大病一场，住院医治期间，游正文出口许愿，孩子病好后杀猪祀神，请傩坛班为儿子过关煞。孩子病愈后，游正文与傩坛掌坛师安永柏先生②联系，许期在当年10月1日还愿，恰逢国庆长假，前后两天一夜，半坛傩堂戏，十二出法事戏。按仪式轨程具体为:《传文进帐》《捕罗下网》《接兵赏将》《搭桥设案》《开洞》《上熟》《驱鬼》《出土地》《出先锋勾愿》《过关》《上刀山》《送神上马》。其中，前七出是第一天演出，后五出为第二天演出。

坛门法师经常为小儿做法事还童子愿，主人愿孩子不再受关煞干扰从此健康成长，常拜师傅“干爸”来祛瘟避疫。岑巩平庄镇的肖法开至今有

---

① 田野调查材料。时间：2013年10月1日至2日；地点：贵州省德江县游家坡村游正文家；调查事项：土家族傩堂戏过关还愿仪式；采访对象：安永柏傩堂戏坛班；采访人：笔者。

② 安永柏，1964年生，傩坛掌坛师，第二批国家级非物质文化遗产项目傩戏（德江傩堂戏）代表性传承人，擅长傩技“开红山”。

“干崽”60个，姚法明有“干崽”40个，就连未过职的一些法师亦有若干“干崽”。

傩堂戏的师坛传承在实质和形式上属族系的世代传承，所以说傩坛传承所产生的种种关系属于傩文化与家庭社会的关系。掌坛师年事已高或者弟子基本掌握了操作傩祭、傩技、傩仪等技能以后，掌坛师就要给新传弟子举行颁职仪式，取法号，传内密，让其出师，以后独立行坛。这类颁职仪式往往等到弟子成家以后，在弟子家中举办过职仪式。举办过职仪式要邀请堂上所有法师、亲邻朋友到场，或是帮忙施行法事，或是作为过职的见证人。过职仪式的法事程式有:《安师请神》《造水请师》《发文迎神》《行傩接界（参土地）》《立楼架桥》《会兵迎圣》《开光迎圣》《礼请通牒》《开坛扫荡》《开牌拜果盒》《合神发表》《跑营开牌》《出先锋》《柳毅传书》《卖香算命》《杨四郎战潘夫人》《杀猪播申》《请水净灶》《开戏洞》《引兵土地》《押兵仙师》《合标禳星》《献白》《秦童八郎》《送夫卖酒》《开山大将》《灵官斩鬼》《坐马仙人》《铁匠》《上熟回熟》《梁山土地》《判官勾愿》《发祖师表》《跑营》《传法》《上刀梯》《收兵送神》。傩技有“上刀梯”“踩红犁”“衔红齿”“拉红链”“过火海”“捞油锅”“喊竹”等。

庆坛的坛神即信主家的家庭保护神，坛罐置于正堂屋的名堂之上。[①]坛罐里面装盐、茶、五谷，外面用麻线捆扎，用五色线吊起，罐颈部往往插一些愿标、鸡毛。如果盖新房子或者兄弟父子分家，就要立新的五显坛。平日做的法事有两种：一种是镇宅、安神谢土、超度亡灵（即做道场、做“大事”）；一种是娃娃不乖、老人延寿、成人生病时许愿，遂愿后庆五显坛还愿。正常情况是上半年许愿、下半年还愿，也有当下许愿、当下还愿的情况，如生了急病时许愿，病愈后就要立即还愿。[②]庆坛法事的时间一般是两天两夜，即当天下午、第二天白天夜间一整天，再加上第三天上午，俗称

① 田野调查资料。时间：2016年4月3日；地点：长顺县威远镇张家院村张玉兴家；调查事项：长顺县庆五显坛；受访人：张玉兴；采访人：笔者。

② 调查期间，在张家院村村外路边有块小石碑，上书碑文“红伤勿伤 鬼亡关 改关煞”，可能是在立碑者的家人生病期间所立。

“三进三出”。演出的主要程式有:《启坛》《请圣》《发功曹》《请五显神》《下马赞》《华光赞》《杀猪》《改位》《回熟》《跳兵》《放兵》《出五郎》《造桥》《大郎科》《装身换体》《迎五圣》《监牲七郎》《画猪》《退身》《二郎科》《净灶》《甜酒开封》《传献》《解愿》《勾愿》《养生科》《迎千岁老人上坛》《辞圣扎坛》等。庆坛还可以做其他法事，如扫家、安神、谢土等，但作法庆坛展示的具象空间是私人家庭，意义空间即家庭、家族、村寨以及里亲外戚的社会关系系统。

仪式性阳戏如同傩堂戏，旨在为家庭成员祛病逐疫、还愿祈福。行傩的主要场所是堂屋院坝，在主人家的堂内设置神坛祭祀的仪式性阳戏活动。神龛祭坛上祀奉川主、土主、药王“三圣”木雕神像，保佑家庭清吉平安、家人无病无灾。在黔南平塘县、罗甸县毗连地区，家里供奉阳戏坛，希望阳戏坛神祇保佑家宅清吉、人畜平安康健。

傩堂戏、庆坛、仪式性阳戏以及毛南族还愿仪式“肥套”的组织性质皆是以个体家庭为单位操办傩事活动，为该家庭或自己的近亲属服务，举行仪式的场域仅限于主人及其近亲属的家宅庭院，行傩驱傩会到近亲属的住室和猪栏牛棚里面驱瘟逐疫。但是也有例外，比如“施孤”“扫荡”这两出仪式就不在堂屋院坝内。“施孤”意即施舍四处游荡的孤魂野鬼，“扫荡”意即扫除给家庭带来瘟疫凶煞的鬼祟。前者发生在村外田边荒野，后者发生在村外的河边路口，一是安慰孤魂野鬼不要入室作乱，一是遣送作祟的鬼煞远离愿主的家园。总之，发生在外部环境的法事仪式是围绕家园内部环境的清吉安宁这个核心而展开的。

犒赏傩坛法师的利市（红包）不仅是愿主的事情，也是家庭主要近亲属的事情，名字和利市具体数目要列在名单之上。当然，在还愿祀神契约名单上，除愿主外，还包括愿主的近亲属。

第三节　傩文化与村寨社会

在黔地，具有村寨集体性质的傩仪式活动有彝族的“撮泰吉”和汉族的地戏。“撮泰吉”在“扫火星”民俗活动中演出，演出时间为每年农历正月初三至正月十五。目的是扫除村寨祸祟，祈求全寨来年无瘟无疫、人寿年丰。

“撮泰吉”活动的宗旨是为全寨驱邪祟、迎吉祥、祈丰收，所以活动自始至终都体现出集体性质。整个活动的筹备由寨主负责，筹集费用、安排人事、组织分工皆由村寨中的主事人负责。表演内容是反映先祖迁徙、春种夏锄秋收冬藏的农业生产劳动和寓意种族繁衍的交媾哺乳等动作，这些祈福意象皆为了村寨百姓。表演结束后的“扫火星”活动更体现出“撮泰吉”的村寨集体性质。“扫火星”活动中，彝族智慧老人惹戛阿布带领撮泰神祇到寨中挨家挨户向村民送祝福，离开时向主人家要鸡蛋、麻等，四个撮泰老人到各家把木棍插在炕上摇来摇去，祈祷一番：

要鸡蛋要麻，斟酒呀敬拜。猪年过去了，鼠年就到来。
鼠年十二月，到了十三月。威荣该留着，威荣不要扫。
福禄更昌盛，福禄也不扫。口嘴口舌扫，伤风咳嗽扫。
牛瘟马疫扫，猪瘟狗病扫，鸡瘟羊病扫。
子孙像凤凰，留在你家了。苦难与纠纷，跟着撮泰去了。
千家万家，不靠这一家。千人万人，不靠这一人。
千寨万寨，不靠这一寨。灾害与瘟病，走罗，走罗！①

① 罗德显:《撮泰吉——古代彝语民间戏剧演出记录本重译》,《重庆高等师范专科学校学报》1999 年第 4 期。

离开时，还要从每户寨民家的草房上扯数根茅草，象征押走鬼祟。走到村外，把其中的三个鸡蛋埋在土里，其他鸡蛋放在用双手架起的木棍上烤，从草房上扯下的茅草做燃料。鸡蛋烧熟后，由撮泰老人及观众分食，并齐声高呼："火星走了！火星走了！"为整个寨子在驱走鬼祟之后能够得到彻底的清平安宁而欢呼。等到第二年，撮泰老人把埋在地下的鸡蛋挖出来进行占卜。如果鸡蛋未烂，预示着新的一年风调雨顺、全寨人畜平安；如果鸡蛋腐烂，则是年景不祥的预兆。

在表演生产过程之后，由山林老人惹戛阿布念诵驱邪、祝福的祝词："一切天灾人祸，邪恶灾难，随着老人去，一切吉利留下来，六畜兴旺，四季发财，五谷丰登，儿孙满堂。"①"撮泰吉"演出完毕，撮泰老人们摘下面具，统一放在寨边的人家或寨子后面的山洞里，看护、保管面具也是整个寨子的事务。

演出地戏是整个屯堡村民参与的集体活动。地戏演出准备阶段由组织者"神头"来召集演出人员，检点刀枪靶子、服饰翎子、唱书戏谱的准备情况，还要召集"跳神"者一起演练、一起编排。

"跳神"演地戏是全屯堡民众的节日。地戏演出前，将存放面具的"神柜"从神庙或"神头"家里抬到庭院中，举行开箱仪式，庄严地请出面具。开箱时，烧纸钱，点香烛，"神头"双手托抱着开市公鸡，鞠躬三次参拜"神柜"。然后，跪在"神柜"前，掐破鸡冠，把鸡冠血滴在"神柜"盖与"神柜"体的合缝处，称作"开光"。神头打开"神柜"，端出"脸子"，依照扮演的角色十分庄重地给演员戴上对应英雄神祇的面具，因为演员一旦戴上面具就成了神祇的化身。

戴上面具后，"跳神"队伍要去神庙"参庙"。"参庙"所参的神祇在不同屯堡不尽相同，有的屯堡参观音、如来神庙，有的屯堡参路边的土地神庙，还有的屯堡参汪华汪公庙，但是在安顺市刘官乡傅家寨参拜调北征南

---

① 庹修明：《贵州傩戏文化》，《教育文化论坛》2010年第3期。

大将军傅友德的衣冠冢和他的“军饷洞”。不论参哪一尊神，都是为了整个屯堡寨子“祈求保佑，平安顺利，幸福吉祥”。[①]

村寨的集体性质是由众多家庭的个体性质构成的，为村寨祈福禳灾的集体性傩文化活动是由为每个家庭祈福禳灾的具体个体性傩文化活动组成的。如地戏演出完成“开箱”“参庙”的集体性活动以后，演出队伍要回到屯堡村寨里为每家每户“开财门”。演出人员戴上面具到每家每户门前念诵“吉祥临门”的祝福语，然后主人家打开房门，表示招财进宝、迎祥纳福，同时送上瓜果钱物作为利市，地戏演出队再转到下一户“开财门”。

地戏“扫收场”表现了丰富的傩文化内涵。地戏演出最后一天，举行“扫场”仪式。“扫场”又称“扫收场”，旨在扫除各种邪魔鬼怪，保佑屯堡村寨平安。“扫场”演出的主角是和尚和土地，其他演出人员戴面具、穿战衣、执刀枪把子围成一圈，与道士、和尚一起唱“扫场”词。按东、西、南、北、中五方的顺序将各种精灵鬼怪、瘟疫恶煞扫出去，将金银财宝、福禄吉祥扫进来。“扫收场”开始唱词为：

一扫东方甲乙木，青旗青号领三军。
东方神圣请归位，保佑众寨人等得太平。
二扫南方丙丁火，红旗红号领三军。
南方神圣请归位，保佑众寨人等得安宁。
三扫西方庚辛金，黑旗黑号领三军。

① 田野调查材料。时间：2017年2月2日（农历正月初六）；地点：安顺市西秀区刘官乡傅家寨；调查事项：地戏“参神庙”仪式；受访者：傅家寨村民；采访人：笔者。

附：参征南大将军傅友德祭文：时维 公元二〇一七年农历正月初六日大吉良辰，傅家寨儿女虔备香烛纸帛修馔素席跪祭于征南大将军傅公友德之墓前祭而文曰：黔中腹地，大地浩瀚。气候温和，胜景泽涵。滇境叛乱，明王不安。奉天承运，调北征南。征滇匡扶，军令如山。法纪严明，屯田戍边。平蛮有道，治军有方。洪武十五，攻克云南。保境安民，丰功伟绩。奉旨还！

硝烟征战护国邦，文韬武略为民忙。征南平川镇四海，雄才一世美名传。黄天苍苍，大地茫茫。多疑明太祖内惧功臣，设法除障，颍国公功高盖世，被迫自刎身亡，天感不公，风雨雷电劈山带哭。表：白马报信，驰到洞口亡。每每提及，难忘历史沧桑。六百年已过，适逢太平盛世，屯堡后裔，丰衣足食，感怀将军之情，难报将军之恩。天地哀哀，我辈缅怀，今傅家寨儿女，同心同德，祭奠将军，祈求保佑，平安顺利，幸福吉祥。读祭已毕。叩首，二叩首，三叩首。礼毕。鸣炮。

西方神圣请归位，保佑众寨人等五谷得丰登。

四扫北方壬癸水，白旗白号领三军。

北方神圣请归位，保佑众寨人等进金银。

五扫中央戊己土，黄旗黄号领三军。

中央神圣请归位，保佑众寨人等像麻林。

牛瘟马瘟扫出去，金银财宝扫进来。

牛瘟扫走牛州去，豆瘟扫出豆州城。

若有伤风并咳嗽，秦爷领兵一脚踢进九霄云。

扫场已毕，百事大吉。①

扫场结束，偃锣息鼓，收起刀枪把子，用黄表纸包裹好面具装入“神柜”，即所谓的“封箱”。最后举行全村参“神柜”的活动。

参“神柜”不仅跳演地戏的人员参加，村寨上有五年内出生的小孩的家庭都要参加祭祀活动，他们自带香烛纸钱，每家或大人提着、或小孩抱着一只雄鸡来参“神柜”。参“神柜”开始，首先把“神柜”封好，放置在场地中央的祭祀桌上，“神头”先鞠躬施礼，感恩英雄神祇保佑吉祥。随后，前来参“神柜”的村民争先恐后地在“神柜”前点香燃烛烧纸钱，杀鸡祀神，

① 调查资料。时间：2015年3月15日；地点：贵州省平坝县马场镇新院村二湾河村民组；调查事项：地戏“扫收场”仪式；受访者和唱本持有者：喻世才。“扫场”的文本唱词也有调笑性质的段子，增添欢乐气氛。如本地戏班唱一段《十送礼》的花灯戏段子，有土地、和尚两个角色：“小小和尚下山来，撞遇黄花遍地开。心想伸手掏朵戴，头上无发配不来。小小和尚下山行，撞遇黄花遍地生。心想伸手掏朵戴，头上无发戴不成。小小和尚下山来，缎子小帽银头鞋。人人说我穿得好，前世不修哪里来？小小和尚下山行，缎子小帽银头巾。人人说我穿得美，前世不修哪里行？茶罐煨茶像个山，茶杯倒茶像个坛。不嫌家中路遥远，请进家中把茶参。茶罐煨茶像个坡，茶杯倒茶像条河。”也唱契合时代的应景性唱词，如《新十送》：“正月送礼正月正，送你一条花围巾。送你一块花帕子，赶场做客你得围。二月送礼二月间，送你一对金手圈。送你一个金壳表，平时赶场看时间。三月送礼样样发，送你牙膏与牙刷。又送胭脂配香水，洗头洗脸你得擦。四送笔墨和纸张，送与学生上学堂。学生学堂有进步，皇榜考上把名扬。五送家具把名扬，送你一张钢丝床。又送沙发配躺椅，幸福生活达小康。六送手机品牌多，平板手机最适合。苹果4G买一个，买台电脑来配合。电脑才是高科技，只有电脑用处多。七送身体好健康，打工找钱存银行。买个轿车来开起，赶场做客好风光。八送肥料用处多，氮磷钾肥最适合。尿素只着追肥用，有机化肥栽辣椒。农家肥着低费用，混合使用产量多。九送农业机械多，运输不再用马鞍。犁田耕地用机子，谷子是用机子割。实现农业机械化，农民不再受奔波。十送精神与文明，法律知识要记清。党的政策学习好，和谐社会一家亲。十样礼物送完了，大家各自奔前程。今天我们来恭贺，恭贺子孙做官坐北京。扫场已毕，百事大吉！”（胡国华 编写，2015年农历正月二十四）

拔下一撮鸡毛沾上鸡血粘贴到“神柜”上，祈求英雄神灵保佑孩子无病无疾、无关无煞，健康成长。祭祀“神柜”之后，全村人围坐在一圈吃一场“全鸡宴”，总结本年度跳演地戏费用的收支情况。至此，全年地戏的跳演活动全面结束。

除“撮泰吉”、地戏“跳神”外，黔地具有集体性质的傩文化形式还有域内普遍流行的“打清醮”。“打清醮”旨在或求雨、或祈晴、或驱瘟，往往由几个寨子联合举办，场所设在一个大的公共空间内。“打清醮”仪式的最后要举行扫寨送瘟活动，以期一方清吉平安。

另外，傩文化活动的操办者是集体性质还是个体性质是相对的。有些以家庭为单位操办的傩文化活动，在特定环境下又属于集体行为。同样，在集体操办的傩文化活动中也存在着为家庭祈福禳灾、清吉镇宅的个体行为。

傩文化活动因操办者性质的不同，其信仰内涵亦有较大区别。

第一，“撮泰吉”和地戏是以村寨为单位主办，傩文化活动基本上是周期性的，与本民族的岁时节令相一致。傩堂戏、庆坛是以家庭为单位主办，傩文化活动是即时性的，由掌坛师和主人家事先约定。集体性的傩事活动是一般性的庆丰收、祈瑞景、逐恶煞，主持仪式的法师或表演者不需掌握惊险的傩技。以家庭或其成员为服务对象的傩事活动，或为小儿过关、或为家人病愈、或为老人求寿，主旨更明确、更具体，主持傩事活动的法师需要历经师傅度职颁职仪式，具有行坛资格，往往掌握较丰富的咒符手诀和逐妖逐怪傩坛绝技。

第二，不同的傩文化其演剧形态与傩之驱鬼逐疫、祈福禳灾、求神还愿的内涵体现亲疏鲜明的层次关系。“撮泰吉”形态古朴，其傩内涵体现在上门串户祈福的活动开始部分和禳灾的“扫火星”部分；地戏的傩内涵体现在地戏开演前的“参神庙”“开箱”“扫开场”和地戏跳演结束后的“扫收场”“封箱”部分。演出的主体部分，即“撮泰吉”演彝族先民迁徙、生产、庆丰收的过程，地戏表演中国历史演义故事，则没有“傩”的体现。也就是说，演剧是主题内容，祭祀是形式框架。“撮泰吉”中惹戛阿布是活动组织者，指导其他撮泰老人表演，同时还是巫师，是整个仪式的主祭，他念诵的祝词包含了逐瘟祈福的内容。

第三，从服务对象来看，村寨集体主办的傩事活动要为全村寨服务，即使涉及单独指向某个家庭，也服务于为全寨民众行傩的主旨。如“撮泰吉”举行“扫火星”仪式，把鸡蛋埋在土里，用茅草烧熟鸡蛋为整个村寨祈祷来年收成五谷丰登、寨民福寿康宁，即便用的鸡蛋、茅草和麻是挨家挨户讨来的。跳演地戏时，到土地庙祭祀土地神，“扫收场”扫除瘟疫灾病、扫进金银财宝，也是为了全屯堡的福祉，不针对个体家庭。至于跳演地戏前的“开财门”，为每家每户送祝福的活动环节，则是突出村寨整体“欢乐祥和”的新春气象。

第四，从活动时空来看，傩文化作为当地民族的民间信仰，不同性质的主办者，希冀通过傩事活动实现内容多样的愿望，相应的举办傩事活动的时空亦颇丰富。主办者为集体性质时，祈愿整个村寨平安祥和、居民丰衣足食是傩事活动的主旨，演出时间是以岁时节令为节点，演出地点选在街头巷尾、旷野广场、寺庙舞台等空间宽阔的地方。以家庭为单位主办的傩事活动，经常是因家庭遭到某种不幸而求神驱疫逐祟、保佑主人家人畜平安，傩事活动时间的选择自由度大，由主人家与巫师商定，傩戏演剧活动的空间主要是在主人家的堂屋庭院。

第五，以家庭为单位操办的傩事活动其信仰内涵比以村寨为单位集体操办的浓厚得多。傩堂戏、仪式性阳戏、庆坛举行仪式要先设置神坛，神坛上尊放崇拜的主神偶像。主神偶像身份因傩坛性质的不同差异很大，傩堂戏供奉傩公傩母，阳戏坛供奉川主、土主、药王，而庆坛主神则是用大米、玉米、黄豆充实的竹筒或装满泥土的斗状纸框。每位坛师尤其是掌坛师皆有严格的师承关系，他们要经过多年的跟师学艺并举行“度职”仪式才有正式行坛的资格。在仪式过程中，执坛师在仪式执行不顺时，往往通过默念历代祖师的法名及其生辰的“观师”环节来保佑仪式顺利进行，此刻会有历代先师的师坛图供奉在神坛的一侧。因为他们深知“忘了师尊法不灵”，通过这种形式来表达进入巫门的弟子不能忘记师傅。“撮泰吉”和地戏表演的剧目内容于驱鬼逐疫的傩文化内涵而言不甚典型，只是在一些相关仪式中有祈福纳祥的内容。傩堂戏祈福禳灾的旨意明显，在傩堂戏的传承区域一直用“傩”这个字；傩坛上崇拜的最高神祇称为“傩公”“傩母”；举办傩事活动，缘于某一家庭遭受灾难或家人身患疾病，在当地民众看来是邪魔鬼怪作祟而导致家庭灾难、疾病、少不健康、老不长寿等种种不顺，所以就请巫师来行作法除祟仪式。如为小儿除关煞的“过关傩”、为老人求寿的“冲寿傩”、治疗疯癫的“收神疯傩”等。

第四节　傩文化与民众社会

在中国社会20世纪80年代初关于迷信与科学的辩论之后，傩文化也以不同的形式与国内外的民众社会产生了频繁而密切的联系。

20世纪八九十年代以来，贵州地戏、傩堂戏、傩技等文化样式常常受邀到国外表演，受到海外观众的普遍欢迎。安顺地戏自1986年始先后受邀到法国、西班牙、韩国、日本、新加坡等国家和香港、台湾、北京、上海等地区演出，[①]得到观众和各界人士的称赞。2006年，德江傩堂戏和花溪大寨布依族地戏分别在2月与10月赴日本演出，受到日本民众的好评。2013年春节，德江县安永柏傩堂戏坛在台湾台中市春节民俗庙会，演出傩戏、傩舞12场次。2013年7月，黄果树艺术团地戏队应邀赴保加利亚参加第十九届佩尔尼克国际化妆假面活动艺术节，取得圆满成功。

在国内舞台演出的机会更多，往往利用节假日的会演、巡回展演等形式向观众展现傩文化真善美的一面。2007年3月11日，贵阳市花溪区举办"花溪地戏会演"，共有来自11个村寨的13支地戏队参赛。2012年8月15日至9月9日，"傩魂神韵——中国傩戏·傩面具艺术展"在北京国家大剧院开展，其间，平坝县天龙屯堡地戏队演出《陆文龙双枪战五将》《三英战吕布》等地戏谱。2012年，岑巩思州傩戏艺术团在肖光华的带领下，先后到宁夏银川市、河南洛阳市、浙江杭州市、山东济南市、湖南凤凰县等地进行交流演出，共计一百余场次，表演《飞凤望月》《四郎大战潘夫人》

---

① 1986年10月，安顺蔡官地戏队应邀参加法国巴黎第十五届秋季表演艺术节；1986年11月，安顺蔡官地戏队应邀参加西班牙马德里第二届秋季表演艺术节；1999年11月17日至12月6日，安顺蔡官地戏队在日本早稻田大学演出《大破金光阵》《三擒三放》，在青山学院演出《锁阳大战》。

《腾龙翻山》等傩戏和赤脚踩红铧、口衔红齿、上刀山、下火海、喊竹等傩技。2012 年初，平坝天龙屯堡地戏班参加以地戏为主题的电影《脸谱》的拍摄。同时，天龙屯堡地戏作为屯堡旅游的重要景点常年在屯堡“演武堂”演出约五分钟的《张飞大战马超》，向国内外游客展现贵州面具文化的魅力。2012 年在贵阳市第六届旅游产业发展大会期间，息烽阳戏班在阳朗风情小镇演出。同年，德江傩缘傩戏演出队参加了商业庆典和德江县人民公园组织的三场义演活动。2014 年 10 月底，在中国·道真首届仡佬傩文化艺术节暨国际傩文化学术研讨会上，县政府组织傩戏班在舞台上演出多个戏目。2015 年、2016 年、2017 年，普定县马官镇屯院村连续三年于农历正月十六举办安顺市地戏大赛。2017 年 2 月 2 日，湄潭傩戏艺术团在遵义非物质文化遗产展演会上演出《骑龙下海》《差兵》。

近年来，黔地傩戏作为贵州的一张文化名片频频走上央视舞台面对全国观众。自 2012 年以来，湄潭县傩戏艺术团、傩文化研究会频繁组织傩戏演出活动，参加 CCTV-7《乡村大世界》栏目在湄潭县的录制，逢节假日常在茶乡广场、浙大广场以及各乡镇舞台义务演出。2015 年 4 月，“撮泰吉”被搬上 CCTV-11《九州大戏台》的舞台，演出共分五幕，时间近三十分钟。2017 年 2 月 9 日，贵州屯堡傩面具和湄潭傩戏艺术团演出的《捉山妖》搬上 CCTV-7《乡土》栏目。

文化部门利用博物馆、展览馆等平台，积极举办傩文化的展示活动，让民众认识、亲近、热爱自己的传统文化。1987 年“贵州民族民间傩戏面具展览”在北京中国美术馆举行，贵州傩文化从此走上“国家舞台”。2012 年 8 月 15 日至 9 月 9 日，由国家大剧院、北京民族文化宫、贵州民族文化宫联合主办的“傩魂神韵——中国傩戏·傩面具艺术展”在国家大剧院展出，贵州仡佬族、苗族、土家族的傩面具占了很大比重。同年 11 月 28 日，“傩魂神韵——中国傩戏·傩面具艺术展”赴厦门陈嘉庚纪念馆展览，展期至 2013 年 1 月 17 日。2013 年 5 月 18 日，“傩魂神韵——中国傩戏·傩面具艺术展”移至贵州民族文化宫展出，展期至 7 月 20 日。铜仁傩文化博物馆成立于1991年3月，是国内唯一的傩文化专题博物馆，展览内容有傩戏、傩舞、傩歌、傩技、傩仪、傩俗等。该馆于2012年4月24日正式更名为“贵州傩文化博物馆”，并于2013年5月28日举行开馆仪式。贵州傩文化博物馆属于省级博物馆，位于铜仁市“民族风情园”中，主要陈列一些珍贵的傩堂神案、傩面具、法器道具、科仪文书等，对观众免费开放。安顺市西秀区刘官乡周官村的“秦发忠傩雕博物馆”。安顺市正积极筹建“世界傩面具博物馆”。贵州道真县在大沙河仡佬文化国际度假区建成世界最大的傩文化古城“中国傩城”，傩城占地60平方公里，总投资300亿元，年接待能力1500万人次，并于2016年4月28日正式开门纳客。贵州第一个综合性傩文化公园——花溪傩文化公园，于2018年5月1日开园，免费向市民游客开放。公园内建有傩堂、傩文化学术研究资料室、傩文化体验乐园、傩面具展览长廊等软硬件设施，渐渐成为集中展示贵州傩文化的一个亮丽窗口。

贵州傩文化以各种形式走进学校，让学生认识并爱上长期哺育自己的传统文化。安顺地戏已成功走进中小学的课堂教学，部分优秀艺人工匠被聘为兼职教师教授手工制作和制作理论。西秀区的刘官乡、九溪村和平坝天龙镇等地从众多学生中选出地戏爱好者，举办了多期少儿地戏培训班。自2012年11月，湄潭县傩文化研究会在湄潭中学利用三个周末的时间举办傩戏面具雕刻培训班，由杨志刚先生亲自指导，培训了10名学生，共制作了15个傩面具。德江县则在全县中小学推广“傩韵操”，并从2013年秋季起将“傩韵操”列入全县中小学的体育课程内容，锣鼓、牛角号等乐器和踏罡步、祖师诀、开山步、撒网步等步法罡诀融汇其中。德江县的民族中学编排了《傩韵之舞》，参加各种形式的文艺比赛。德江县的八一爱民中学亦将傩面具雕刻引入课堂的手工制作内容，聘请贵州雕刻名匠王国华先生为兼职指导老师，为学生传授面具雕刻技艺。2014年春季起，道真县职业技术学校设置“傩韵律”课间操，并把傩堂戏因素融入校歌。2017年，贵州民族大学启动“高雅艺术进校园”活动，1月2日湄潭县傩戏艺术团应邀来校园演出傩戏经典剧目《骑龙下海》和《钟馗捉鬼》。

第五节　傩文化与国家社会

“国之大事，在祀与戎。”[①]中国社会的早期，最起码在元代以前，频繁的傩事活动属于“国事”。这点从历代行傩驱傩的地点和参与者可以看出。

《礼记·郊特牲》郑玄注云：“禓，强鬼也。谓时傩，索室驱疫逐强鬼也。”[②]皇侃《论语义疏》云：“傩者，逐疫鬼也。为阴阳之气不即时退，疫鬼随而为人作祸。故天子使方相氏，黄金四目，蒙熊皮，执戈扬楯，玄衣朱裳，口作傩傩之声，以驱疫鬼也。”[③]“傩”的规范形态即“索室驱疫”，仪式目的是为了“逐强鬼”“驱逐疫鬼”。在我国，可以说傩与人类社会的发展相始终，其形态与行傩宗旨亦一脉相承，只是“愿主”在随着时代的更替不断发生变化。先秦时期，操办驱傩活动是国家行为，由“天子使方相氏”。汉代的行傩事形态：“先腊一日，大傩，谓之逐疫……中黄门行之，冗从仆射将之，以逐恶鬼于禁中。”[④]由“以逐恶鬼于禁中”可知行傩地点，在皇家宫殿中。隋唐时期的行“大傩之礼……以逐恶鬼于禁中”[⑤]，行傩者和行傩逐鬼地点都没有变化，只是参加驱傩活动的人数更多，规模更大，气氛更热烈。行傩活动到宋代始有大的变化，据孟元老《东京梦华录》记载：

> 至除日，禁中呈大傩仪，并用皇城亲事官。诸班直戴假面，

---

① [日]服部千春：《孙子兵法校解》，军事科学出版社1987年版，第1页。

② （清）陈鳣撰：《礼记集说参订》，文海出版社1974年版，第280页。

③ 《（景印）文渊阁四库全书》（第195册），台湾商务印书馆1988年版，第431页左上。

④ （晋）司马彪撰；（梁）刘昭注补：《后汉书·礼仪志》，中华书局1965年版，第3127页。

⑤ 隋、唐资料分别见：（唐）魏徵等撰：《隋书·志第三·礼仪三》，中华书局1973年版，第168—169页；（宋）欧阳修、宋祁撰：《新唐书·礼乐志》（第六册），中华书局1975年版，第392页。

绣画色衣，执金枪龙旗。教坊使孟景初身品魁伟，贯全副金镀铜甲，装将军。用镇殿将军二人，亦介胄，装门神。教坊南河炭丑恶魁肥，装判官。又装钟馗、小妹、土地、灶神之类，共千余人。自禁中驱祟，出南薰门外转龙弯，谓之“埋祟”而罢。①

此时，呈大傩仪依然是“皇城亲事官”“诸班”以及“镇殿将军”参加的“国事”，由教坊使负责。不过，宋代行傩活动逐渐向娱乐性转向，演变成一种集说唱、歌舞、杂技于一体的社日活动。况且，活动中已有判官、钟馗、小妹、土地、灶神等角色，且仍活跃于当今的傩坛上。

元代以后，傩文化活动走出皇宫大殿，走进寻常百姓家，全国各地行傩十分普遍，形态亦丰富多彩。明朝时期，在江西瑞州：“巫祝咒禳，送河边焚化投水中，其小家执杖鸣锣，鼓欢噪击，逐鬼出门，疑即古傩遗意也。”②在广东十府：“十月，傩数人衣红服，持锣鼓，迎前驱，辄入人家，谓逐疫。或祷于里社，以禳大灾。”③由“祷于里社，以禳大灾”可知，逐疫的傩事活动是集体操办的。在贵州：“是夕，具牲礼，扎草舡，列纸马，陈火炬，家长督之，遍各房室驱呼怒吼，如斥遣状，谓之逐疫，即古傩意也。”④由“家长督之”可知，是以家庭为单位“逐疫”的。晚清，据光绪时期《广西省临桂县志》记载：“今乡人傩，率于十月，用巫者为之，谓之跳神。其神数十，辈以令公为最贵。戴假面，著衣甲，婆娑而舞，伧伫而歌，为迎送神词，具有楚词之遗，第鄙俚耳。”⑤“其神数十”，指参与傩事活动的人数甚众。

① （宋）孟元老撰；邓之诚注：《东京梦华录注》，中华书局1982年版，第253页。

② （明）陶履中等纂修：《瑞州府志》，明崇祯元年（1628）刊本，成文出版社1989年版，第416页。

③ （明）戴璟、张岳等纂修：《广东通志初稿·卷十八“风俗”条》，据明嘉靖刻本影印，《北京图书馆古籍珍本丛刊》（第38册），书目文献出版社1988年版，第338页右下。

④ （明）王耒贤、许一德纂修：《（万历）贵州通志·卷三“除夕”条》，日本藏中国罕见地方志丛刊，据日本尊经阁文库藏明万历二十五年（1597）刻本影印，书目文献出版社1991年版，第62页左下。

⑤ （清）蔡呈韶等修；胡虔等纂：《广西省临桂县志》，据清嘉庆七年（1802）修光绪六年（1880）补刊本影印，成文出版社1967年版，第191页右下。

可知，此时行“乡人傩”仍是以村寨为单位操办的集体性质。此时的傩事活动，以歌舞演故事的成分很大。而到民国时期，傩事活动就彻底沦为“草根”事物了，据《重修彭山县志》载：“（清街醮）毕，则为纸船，以人舁之，导以钟鼓行于市。术士持帚、扇、剑、牌，帚有令，扇有符，逐户以扇灭其火，取其所禳之神而仆之，持剑书符，以牌拍其门，咒而以帚扫出之，投于船，毕而焚之江，谓之‘扫荡’。”[①] 直至今天，驱鬼逐疫的“扫荡”仍是傩事活动最重要的一环，不过当时的“术士”即今天的巫师，傩事的操办者亦以村寨为单位，因为术士要“逐户以扇灭其火”。

至此可以看出：“自上古至元代，实施傩事活动一直是国家之大事，每年秋季十月都要举行傩事活动驱鬼逐疫。元代以后，朝廷不再以官方的名义举行全国性的傩仪活动。行傩的主阵地转移到乡村民间，行傩活动的目的也由单一的驱鬼逐疫扩展到酬神还愿、祈福禳灾。”[②]

元代以降，傩文化活动在国家层面受到冷落，傩事活动便以各种各样的形式出现在村寨民众的日常祭祀活动中。即便如此，当权者也会以种种借口加以频繁干涉禁止。在中国历史上历来被奉为“国之大事”的傩文化活动至元代而“失宠”，不但不能一如既往地被视为“国事”，更是由于受正统文化的挤压，其生存空间被“挤”到波及黔滇高原的偏远蛮荒之地。即便如此，傩文化之花也未因偏安一隅而自由绽放，因为不利于朝政的民间势力或所谓的“不正之习”常利用巫术的神力而召集民众“犯上”，当权者为确保政权长久稳固，对诸如巫傩文化一类的民间文化强加干涉。巫傩文化被假以“诱聚若狂，实败风俗”[③]“左道乱正之术，煽惑人民”[④]“聚赌为

① 刘锡纯纂：《重修彭山县志·祈禳》，《中国地方志集成·四川府县志辑》（第 40 册），据 1944 年铅印本影印，巴蜀书社 1992 年版，第 31 页左下。

② 吴电雷：《论西南地区阳戏与傩的种属关系》，《人民论坛》2013 年第 18 期。

③（清）曾受一：《江津县志》，影印清乾隆三十三年（1768）刊本，《故宫珍本丛刊：四川府州县志》（第 11 册），海南出版社 2001 年版，第 368 页。

④（明）姚思仁注：《大明律附例注释》，北京大学出版社 1993 年版，第 474 页。

害不细”[①]等名目而屡遭禁止。[②]政府的强制干预影响至今余音不绝，不利于傩戏正常传演的强制行为依然存在。[③]

20世纪80年代以来，国家重视传统文化和民间民族文化的发展与振兴，傩文化迎来了新的发展时期。尤其是在贵州这个傩文化资源丰富、傩文化品种多元的省份，国家社会生活促进傩文化信仰发展的推动力显得更加强劲。

首先，自2006年以来，国家启动对非物质文化遗产实施分级保护的措施，贵州多种傩文化形态陆续被列入国家级、省级、市级非物质文化遗产名录。如威宁彝族“撮泰吉”、安顺地戏、德江傩堂戏、在2006年被列入第一批国家级非物质文化遗产名录。道真仡佬族傩戏在2008年被列入第一批国家级非物质文化遗产扩展项目名录。而沿河土家族自治县阳戏、息烽县阳戏、黔西县阳戏、罗甸县阳戏、开阳县阳戏和印江土家族傩戏、荔波布依族傩戏、织金穿青人傩戏、江口傩戏分别以“阳戏”和“傩戏”之名先后被列入贵州省第一批、第二批省级非物质文化遗产扩展项目名录。

另外，福泉市的福泉阳戏（第一批）、天柱县的阳戏（第二批）、岑巩县的思州喜傩神（第二批）、镇远县的土家族傩戏（第二批）、道真县的仡佬族傩戏（第二批）、贵阳市白云区的蓬莱布依地戏（第二批）、长顺县的马路屯堡地戏（第二批）、金沙县的端公戏（第三批）、正安县的仡佬族滚

---

① （民国）王鉴清等修；施纪云等纂：《续修涪州志》，《中国地方志集成·四川府县志辑》（第47册），据1928年铅印本影印，巴蜀书社1992年版，第48页右上。

② 实际上，演出阳戏需要较多资费，进而影响正常的农业生产也是重要原因。参见同上书，第48页右上：“因而聚赌为害不细。光绪中，或提作年贩，或提作学费，会戏遂废。”（清）李莳修；旷敏本纂：《祁阳县志》，《中国地方志集成·湖南府县志辑》（第40册），据乾隆二十三年（1758）刊本影印，江苏古籍出版社2002年版，第168页右下载：“（神会）每岁诞辰，结彩张灯，建醮演剧，为费滋多。然亦城市为然，乡村在春秋二社，而外别无报赛。”（清）董鸿勋纂修：《永绥厅志》，《中国地方志集成·湖南府县志辑》（第73册），据宣统元年（1909）铅印本影印，江苏古籍出版社2002年版，第113—114页载：“名曰还傩愿，唱《孟姜女》戏文，亲友来观者以钱掷赏，名曰‘歌钱’，其曲最为鄙俚。每一会费至百余金，亲友所掷亦积至数十金，巫人以为利薮。近来查禁綦严，渐知悛改矣。”

③ 如1992年《中国民间戏曲集成·四川卷》编制组在梓潼县马鸣乡录制整理阳戏材料时，还要在相关人员的陪同下进行。笔者在息烽县作田野调查时，愿主黎××说，祖父许下愿信，历经三代没还，除了家庭财力方面的原因外，还担心政府干预，说搞迷信活动。

龙戏（第三批）还以独立项目进入了贵州省级“非遗”名录。

傩技是傩文化的重要组成部分，它们以惊险、神秘而为世人所津津乐道。其中许多类型亦被列入省级“非遗”名录，例如松桃苗族自治县的傩技——上刀山（第三批）。

其次，保护非物质文化遗产是目的，传承文化是根本。评定国家级非物质文化遗产代表性传承人和维护传承人的利益亦列入国家行为的日程。2007年起，中华人民共和国文化部开始评选国家级非物质文化遗产代表性传承人。在中华人民共和国文化部评定的第二批国家级“非遗”代表性传承人中，贵州省有6位傩戏艺人入选：罗晓云、文道华（彝族“撮泰吉”传承人），詹学彦、顾之炎（安顺地戏传承人），张月福、安永柏（傩戏传承人）。

同时，贵州省文化厅也评选了一批傩坛“非遗”传承人。经济资助：贵州省政府对108名（第一批、第二批）国家级和省级非物质文化遗产代表性传承人进行资助，让他们“带薪”传承。全省37名国家级非物质文化遗产代表性传承人，中央财政每年给每人拨发8000元工作津贴，文化厅每年给71名省级非物质文化遗产代表性传承人每人5000元补助金，省级传承人的补助金由所在县（市、区）文化部门负责发放。

与此同时，国家和各省、直辖市、自治区十分重视与“非遗保护”相关的法律、法规的制定与实施。2011年2月25日国家出台《中华人民共和国非物质文化遗产法》。从此，傩文化的传承保护能够做到有法可依。早在2002年7月，贵州省颁布了《贵州省民族民间文化保护条例》①，并于2003年1月1日起正式施行。该条例明确了民族民间文化保护的目的、范围、原则、方法、措施。

为促进傩文化艺人艺术的精进与交流，各级政府举办民间技艺竞赛或文艺会演。贵州省各级政府定期性地举办民间技艺大赛，2007年1月贵州安顺市刘官乡举行木雕（面具雕刻）工艺评比大赛，全乡的50余名能工巧

① 《贵州省非物质文化遗产保护条例》自2012年5月1日起正式施行，同时废止《贵州省民族民间文化保护条例》。

匠竞相展示傩雕技艺。2010年以来，一年一届的“多彩贵州”能工巧匠选拔大赛，傩面具雕刻艺人也多次参加比赛。2016年7月，在“中国（安顺）屯堡面具节”上，屯堡雕刻艺人聚集一堂，切磋技艺。

结 语

在黔地较有特色的地理地貌和历史人文环境孕育了多样化的傩文化形态。同时，传承久远、底蕴丰厚的傩文化又对域内民众的家庭社会、村寨社会和域外民众社会、国家社会产生了深远的影响。

傩文化的社会性涵括两个方面：一是傩文化与自然社会的关系，论傩文化人与自然和谐相处的生态内质；二是傩文化与人类社会的关系，论傩文化的社会规约性。它以道德感化提升民众精神品格，整合增强村寨社会凝聚力，精神维系民族群众之间的和谐，服务生态型新农村建设，这是傩文化当代价值的深化与延伸。

第四章

傩文化的互联性

黔地傩文化形态多样，但不孤立存在，“互联性”是傩文化的“内核”。“互联性”具体体现在傩文化的文化生境、渊源和傩文化展演的叙事结构、法器道具、操作方式等五个方面。前两者研究不同文化地域之间傩文化内涵的同一性，关于展演的三个方面则观照不同傩文化形态之间诸多要素之间的联系。

第一节　傩文化文化生境的互联性

贵州 18 个世居民族，经历了长时期的共同发展，有着相同的自然人文环境，所以不同傩文化形态之间相互联系是必然的。

首先，体现在名称的互联性。傩文化形态的名称互联性，傩堂戏又称“冲傩”“打保福”“杠神”“跳端公”“跳端神”等，有时亦将“冲傩”与“梓潼戏”“酬山”“阳戏”等统称为“还欢喜菩萨”或“打锣锣儿”；“阳戏”又谓“舞阳神戏”“唱阳戏”，有时也与“梓潼戏”一起简称“唱戏”。傩文化活动的从业者称谓的互联性，行傩的坛师基本上全是男性，只是名称上略有差异。苗族傩坛称“鬼师”“东朗”，土家族傩坛称“先生”“梯玛”，仡佬族傩坛称“鬼师”，彝族傩坛称“毕摩”。布依族驱鬼逐疫的巫师称谓有男女之别，男巫叫“魔公”，女巫叫“米纳”。

其次，功能目标的互联性。傩文化形态多样化，但它们演出的目的基本一致：驱瘟逐疫、祈福禳灾、酬神还愿。傩文化活动用于急救、接寿、续嗣、还愿、祈福最为常态化。从形态上看，傩堂戏、庆坛、阳戏以“神性”的由强到弱、以“戏剧性”的由弱到强依次排列，外形上宗教性和戏剧性兼有。三者具有一致性的仪式轨程：“开坛”“申文发牒”“跑功曹”“请师”“领牲”“上熟”“镇台”“推遣”“送神”“安香火”。傩事法事功能的目标趋同，“急救”“接寿”“续嗣”“还愿”“祈福”[①]等，显性地提示其功能目的。傩文化形态集神秘性与娱乐性、仪式性与戏剧性于一体，不过，戏剧性成分的多寡轻重有别，如傩堂戏“冲傩”不演戏，阳戏坛仪式、演戏并重。

---

① 冉文玉：《道真冲傩与阳戏之比较——以三桥镇接龙村坛班为例》，《贵州民族学院学报》（哲学社会科学版）2009 年第 3 期。

再次，择期与坛场的选择方面亦有互联性。冲傩择日须看《鳌头通书》，傩坛开坛迎神、闭坛送神的日子要避开“鬼隔”“神隔”“兽死”“红砂”等凶日，不能与之相触犯。布置坛场，皆在堂屋，神龛处布置神案，只是神案上所绘的神祇有所区别，傩堂戏最主要的神案是三清图，上绘真武祖师、王灵官、马元帅等主神，祀傩公傩母，其他祀奉有小山、翻坛小将、丫角将军等木偶和面具。傩公、傩母是傩戏坛、阳戏坛和庆坛上崇奉通用的主神，为愿主家驱瘟逐疫、保佑事主人畜平安。[①] 冲傩张挂“总尊神案”。阳戏坛所挂神案分三层，川主、土主、药王“三圣”是主要神灵，挂“三圣”神案；道真仡佬族阳戏坛加黑神、梓潼神，挂“五圣”神案；福泉阳戏坛加关羽，挂“四圣”神案。冲傩和庆五显坛都需在堂屋门口设功曹。

最后，技艺传承方面的互联性。多种傩文化形式的传承皆按照规范严整的传承谱系，如在傩堂戏、阳戏、庆坛上，法师只有经过跟掌坛师一段时间的学习、举行“颁职”仪式、由法师取法名，并把法名写进本坛的谱系后，才有资格独立行坛。这种坛班的传承方式在傩戏坛上很普遍，文化性质多是民间宗教，有的地方偏重佛教性质，有的地方偏重道教性质，最常见的傩戏坛班是民间宗教性质。

作为民间信仰的傩文化性质属于原始宗教的范畴，类型有自然崇拜、造物神崇拜和祖先崇拜等。自然崇拜对象有巨石、山洞、岩石和巨树等，民间俗称树神、石神、火神、竹神等，皆是自然神。火神，当作驱邪的自然物来崇拜；石神，当作阻止邪恶和影响人体健康的自然物崇拜；树神，视为影响孩子成长的自然神；竹神，看作影响人丁兴旺的自然神。成年人带领着小孩找祭祀物品，摆酒饭，敬香烧纸，求神保佑孩子和家人清吉平安。造物神崇拜主要指崇拜人造菩萨、木桥、石凳、水井等，认为有神灵附在上面，祭祀可以得财、得子、得福。崇拜土地可以保佑村寨清吉平安、人畜无疾病；崇拜桥梁、石凳可以得子。祖先崇拜主要指崇拜堂上先人、族群始祖。

---

① 胡天成：《重庆阳戏与福泉阳戏之比较研究》，卢云辉、杨昌儒主编《贵州世居民族文献与文化研究》（2013卷），中国社会科学出版社2014年版，第76—105页。

彝族崇拜祖先的神灵及其他自然神灵。自然万物皆有灵，自然界中神灵无时不在、无处不有，有天神、地神、日神、月神、雷神、山神，而山神是诸神中最有力量的神灵。最隆重的祭祖仪式是彝族祭祖大典，届时毕摩用木条摆十二个祭祀方阵，名曰“十二道场”。第一场、第二场为解污，解除一切亵渎死者的污秽；第三场、第四场为除疾，替死者解除一切痛苦；第五场为解灵，使死者一切得到更新；第六场，替家人除疾；第七场，替帮忙者解污；第八场，会灵，请所有祖灵会在一起享祀；第九场，替儿女求富贵；第十场，祭灵，酬谢所请诸位山神的降临和毕摩的辛苦劳动；第十一场，灵殖，请先祖之灵佑护主人家六畜兴旺、五谷丰登；第十二场，领路，请毕摩将死者的灵魂引向阴间，以图再度超生。

在彝族的鬼神观念里，分善鬼和恶鬼。善鬼即是神，能给人们祛祸纳福；恶鬼给人们带来祸害。恶鬼种类繁多，凡是饥荒、疾病、凶杀、恶斗等各种灾害，以及其他不可解者，皆认为是恶鬼作祟所致。故凡诸事不顺者，皆延请毕摩至驱鬼除邪。

苗族驱祟祈福的节日习俗颇多。砍牛用以祭祀在苗族很多族群中亦常见，其用意有二：一是送给死者的灵魂牵去饲养；二是传说死者的灵魂路过虎出没的地方时，有一只猛虎拦路，虎怕牛，死者牵牛就会使其让路。[①]苗族有庆“吃新节”的习俗，在六、七月间稻谷开始抽穗、成熟时举行，以苞米、米饭或新米饭为供品，祭祀祖先，以祈求风调雨顺、人畜平安。

布依族祭祀祛疫的活动主要体现在“三月三”和“六月六”两个传统节日。节日当天，布依族村寨杀猪杀牛进行公祭活动，祭祀灶神、祖先神、山神，扫寨驱鬼、祈求丰收。由几位有声望的老年人或巫师来主持扫寨祭祀。祭祀时，主祭人在灶神前杀猪杀鸡，祈神保佑全寨清吉平安、六畜兴旺、五谷丰登，然后由巫师带领到各家扫寨驱祟。

黔地瑶族有祭龙扫寨祈福驱邪的信仰形式，在每年“三月三”集合举

---

①《思想战线》编辑部编：《西南少数民族风俗志》，中国民间文艺出版社1981年版，第46页。

行。内容包括祭神，祈求整个寨子四季平安、五谷丰登、人畜平安。黔南水族的宗教信仰属于崇拜多神为主的原始宗教信仰，水井、巨石、大树等自然物都可以是他们崇拜的对象。凡生死、疾病、灾荒及意外事件发生，都延请女巫和鬼师来祭祀驱鬼、占卜念经。

仡佬族的宗教信仰属于自然崇拜和祖先崇拜。自然崇拜的对象有大树、巨石、秧苗、土地等，巫师称“鬼师”，专门负责祭祀禳灾事务。仡佬族的“吃新节”，一般在农历七月间举行。早稻成熟，家家户户在田间摘取新禾煮新米饭，用鸡鸭鱼等供奉祖先，祈求丰收。

贵州多民族祀神祈福、驱邪祛病的信仰方式很普遍，就是因为他们有着较为一致的自然人文环境。

第二节 傩文化文化源地的互联性

贵州各种傩文化形态皆独具明显的类型特点。彝族“撮泰吉”祭祀彝族先祖，仡佬族、土家族傩堂戏祀傩公傩母和神祇仙居桃源洞，穿青人、布依族和喇叭苗族庆坛祀五显神或“三霄”神祇，汉族屯堡地戏班祀历史演义中的英雄神，多民族阳戏坛祀川主、土主、药王“三圣”或加化主“四圣”，等等。傩文化品种的类型标志虽然明显，但是从祭祀疏文和抄本唱书透露出的信息看，其文化源地又有着极强的互联性。

“桃源洞”是傩戏坛上的神坛，但在庆坛时“桃源洞”亦是神祇仙居。如长顺县威远镇张家院村庆五显坛科书《五圣秘书》一出，唱：“五营兵马赴桃源，会起何神兵？会起东方青帝九夷兵，九九八十一万九千兵。人到坛前脱了甲，马到坛前下了鞍。长枪插在桃源洞，短枪插在洞桃源。”可知，桃源洞是五显坛上五方五营神仙兵马驻扎的地方。又唱：“法坛装似桃源洞，法坛装似宝山门。净酒坛场无厌秽，只见千贤万圣赴君门。”又知，在五显坛上，法坛是至圣之处，而把桃源洞与宝山门当作同类神圣之地。

《桃山救母》《破桃山》《二郎锁孽龙》是阳戏坛、滚龙戏班的标志性剧目，但在长顺县威远镇张家院村庆五显坛上，《破桃山》亦是核心剧目之一。庆坛《破桃山》分六出：首出唱李千牛身世；二出仙姑来勾李千牛，其中有段风流事；三出玉皇大帝押仙姑在桃山下，派兵守着；四出李林宝寻师学艺救母亲；五出老道传艺给李林宝；六出铁匠打铁，李林宝去取铁取煤，直到把斧头制成，破桃山救得母亲。戏中李林宝即是阳戏中“二郎神”，其剧情皆与阳戏的该剧目大致相同，只不过剧情更完整曲折，戏剧性更强。同样，阳戏的经典剧目《灵官镇台》，也出现在长顺县张家院村庆坛演出的剧目中，只不过以剧目《灵官坐台》出现。

阳戏坛之“三圣”主神亦是庆坛上的神祇。长顺县威远镇张家院村布依族庆坛《领馆坐台》唱：“敕封龙君三尊神，川主土主药王名。”织金县化起镇庆坛《正一酬还五显科仪》唱：“黑虎玄坛赵公明，龙虎山前你为尊。手执铁索降鬼祟，铁鞭落地鬼神惊。”唱二郎锁孽龙事情。该地庆坛同一出的唱词还唱：“要知二郎家住处，住在西川灌口存。”与阳戏、滚龙戏中的川主“二郎神”别无二致。

端公戏坛之掌坛师“端公”亦频繁出现在织金县庆坛的唱词中：“九州是个钟鼓楼，十个端公九个愁。九州是个铁门坎，十个端公九个难。”

种种信息表明：贵州多形态傩文化信仰其文化源地有一个统一指向，即三个文化源区。一是，以山陕（山西、河南、陕西）为代表的古代中原地区；二是，以江浙为代表的江南地区；三是，以梅山为代表的湖广地区。三者之间不是平行并列的关系，而是有着时间和空间维度的赓续和传播关系。

首先，考察文本，黔地傩堂戏、阳戏、庆坛的疏文唱书从形式到内容皆与湖南梅山傩戏有很大的相通之处。

函、文疏、表的形式内容相似或一致。梅山傩戏与傩堂戏之喜傩神皆有《元皇拾供科》《冲傩科全本》《会兵科》《冲傩科》《招兵买马科》《五岳表》《玉皇表》《天皇表》《星主表》《和梅山》的“科”“表”等出目。况且，诸如“再运真香，虔诚奉请”的坛上启语亦相同。梅山傩戏与庆坛的共有科仪《都猖忏》《起马差猖》《发功曹》《差都头》等。《差都头》中的“东岭潘都头，南岭孟都头，西岭肖都头，北岭沈都头，中岭郭都头”的“五都头”之信息丝毫不差。

值得玩味的是，上述黔地傩文化与梅山文化有“源”和“流”的痕迹，但“源”不是文化的原始源点，可以追溯到傩文化更深远的文化源点，那就是中原文化源。所谓“踏九州”代表整个中国，不是以“梅山”为核心，而是以中原为文化之源。主流传播的时间应该在唐朝中国版图扩大时期。

黔省息烽县阳戏坛《开路一宗》和《催愿一宗》的尾页分别写道：“万

应坛教派太原王临真书，洪彬亲挥。”“释门万应坛弟子太原王临真书，洪彬亲挥”。“太原王临真”最有可能透露出王氏祖上的山陕籍地。惠水县大龙乡甘昌村庆五显坛愿主李志忠家正堂神位正中下方标注：“陇西郡”或“青莲堂”[①]“豫章堂”[②]。陇西郡、青莲堂是汉族李氏的祖源地，亦可推知五显坛的华夏文化源地。江苏北部的童子戏的起坛唱词：“师祖起教立元皇，师在坛前烧宝香。”《三元表》载：“一气含三混沌初，太清立教自虚无。先将周礼传东鲁，次过函关西化胡。八十一章明道德，百千万亿镇玄都。欲知久视长生诀，尽在先天太极图。”说明傩文化的形成源地与中华民族始祖源地相一致，文化形成后呈辐射状向东向西传播。

傩文化之“先将周礼传东鲁”有文字记载，向南传播至江浙地区也能得到印证。“都天出巡收灾庙会”是古傩在南通的传承，明显带有唐及以前的遗存，是古傩的演变形态，带有明显的南通地方特色，是驱鬼方式——“率吏索室”的古仪再现。一般在农历九、十月间举行。庙会上参与沿街沿村出巡收灾的“鬼班”（亦谓“太平班”）人数多以百计，俗称“摸壁鬼”。他们头戴黑色扁长帽，佩黑色似人似兽面具，穿黑色画有鳞片状短装，脚系铜铃，行走跳跃发出阵阵铃声，口含麦管小哨，发出“比里、比里”的声音。“鬼班”佩戴面具或画面，沿途做驱赶状，寓为“索室逐疫”、收灾保平安之意。《周礼·夏官·方相氏》云：“方相氏掌蒙熊皮，黄金四目，玄衣朱裳，执戈扬盾，帅百吏而时傩，以索室驱疫。”在衣服上画鳞，在唐代王建的《宫词》中有旁证：“金吾除夜进傩名，画袴朱衣四队行。院院烧灯如白日，沈香火底坐吹笙。”“画袴朱衣”是唐傩遗风。都天庙会的目的——驱鬼逐疫，酬神纳吉。都天庙会时间——或秋或春。都天神亲自出巡，为民驱鬼收灾。

何为“都天神”？都天神又称都天菩萨，为唐代大将张巡，安禄山起兵，

---

① ××郡、××堂，即某个姓氏的祖源地，陇西郡、青莲堂为李氏，清河郡为张氏，太原郡为王氏等。

② “豫章堂”即豫章罗氏的堂号，豫章罗氏是发源于江西南昌的一个江右民系家族，始祖是西汉时期的大将罗珠。

他坚守睢阳城，后来城破而壮烈殉国，唐肃宋封他为“都天王爷”，令天下立庙纪念。至清代乾隆又追谥为“五福都天金容大帝”。

再如梅山傩戏与黔地庆坛中的《差都头》之“都头”，作为军职名称始于唐中期。“唐之中世，以诸军总帅为都头。至其后也，一部之军谓之一都，其部帅呼为都头。”①

傩文化南渐江南、流经湖广、西迁至黔滇的路径亦从傩坛的抄本文字中得到印证。傩堂戏之喜傩神唱词：“淮南门下遗教弟子行兵来相请，火速领兵赴坛门。”“淮南门下遗教”表明文化传递的承接点。喜傩神之《玄门大搭桥全科》唱词：“证盟上司三十三天，公主爷王仙娘娘，你是湖南湖北山中主，今晚今宵来为云贵二省显威灵。”唱词中的“湖南湖北山中主”和“来为云贵二省”清晰而明确地勾勒出傩文化从江南到黔滇西南地区的流播路径。

其次，考察傩文化的文化传播路线。黔地傩文化跟随移民从江浙一带经水路从长江、沅江、清水江进入到湘黔门户镇远县，再到云贵高原腹地。如在思南傩堂戏《秦童挑担》一出中唱：“不提烂船犹自可，提起烂船上贵州。三炮一声镇远府，客人落地思州城。”②“烂船”明显指水路交通工具，思州傩戏坛来到贵州，是经镇远府最后落脚思州府驻地，即今天岑巩县。

岑巩喜傩神《巡海科》的一段唱词提供的信息更为丰富：

巡海问：师傅娘现在都得完了，我们收拾担子起走了吧。

［二人合唱上路］（唱）：一出华山三洞口，前面有只烂船口。烂船走来烂船走，提起烂船上贵州。打开扇子开封府，收了扇子浙江城。三炮一响镇远府，客席落店贵州城。扯破罗裙思州府，小孩睡觉在小铺。狗带山脚龙家坳，一出场门杨四庙。小孩端灵倒背也，崽打老子坐白岩。细滩闹鱼到五闹，菜篮提水漏溪河。

① 严耕望编著：《唐史研究丛稿》，新亚研究所 1969 年版，第 177 页。

② 卢朝栋：《思南傩堂戏》，贵州民族出版社 1993 年版，第 191 页。

满天涨水到安家，油菜开花黄平庄。不觉行程来得快，快快来到将军门。①

可知，傩坛师傅娘乘“烂船”从浙江城经镇远府来到贵州，落地思州府。还知，来浙江城之前，是在开封府，似乎找到了文化的最初源地。还提到小孩、家狗、崽崽、龙家坳、杨四庙、白岩、溪滩等，可知文化传播过程的曲折与艰辛。

考察黔地傩文化传播路径的另一个佐证是，黔、渝、湘毗连地区的傩堂戏与湘西沅江流域的傩文化形态基本一致。如黔北傩坛奉祀傩公傩母主神的同时，还在神案前面的神坛下坛供奉张五郎木雕像。张五郎始为梅山神，傩坛上的张五郎雕像为倒立形状，又称“翻坛小将”。再者，湘西沅江流域的梅山坛与黔域腹地的五显坛、湘黔毗连地区的傩堂坛班皆有形态上的相同之处。梅山傩坛的香火坛分上坛和下坛，上坛供奉财神、观音和师祖，下坛供奉五猖坛，倒立的张五郎雕像是其中一尊神祇。

梅山傩坛科仪戏目有《元皇踩红灯》《元皇拾供科》②，贵州长顺、织金月亮坡庆坛仪式有《正一元皇》，这点与黔北湄潭高台庆坛、黔西南晴隆长流庆坛的主神一致，即皆涉及“三肖（霄）娘娘”，琼霄、云霄、碧霄三位娘娘，平日仙居桃源洞。梅山傩戏《搬土地》《搬和尚》与黔北地区的《搬开山》等一致。梅山傩戏有桃源三硐，傩堂戏亦有桃源三洞，不过一个是“硐”，另一个是“洞”，傩堂戏中管理桃源洞钥匙的是唐氏太婆，梅山傩戏中管理桃源硐的是颜八郎。《开山》唐氏太婆拿桃源洞的钥匙请出戏神来傩堂演戏；而掌管桃源硐大门钥匙的颜八郎打开桃源硐上、中、下硐的金须锁、银须锁、铜须锁，请出仙娘到事主家享受祭祀。

在文化的传播过程中，受到异境文化的影响甚至浸染亦是常态。如傩

---

① 朱恒夫主编、陈玉平、吴电雷编校：《中国傩戏剧本集成·贵州傩堂戏》，上海大学出版社2017年版，第519—520页。

② 秦国荣：《上梅广阐宫傩事》，国际炎黄文化出版社2007年版，第266页。

堂戏之喜傩神坛也有丧葬仪式上的文坛佛教法事，[①] 这只是在一定程度上有影响，不可能动摇文化的本质精髓，在研究傩文化源地时，不能受此干扰。

同时，也应看到作为文化源的傩文化在发展过程中不断地融汇新的文艺形式。织金庆坛出现“莲花闹”唱调：“又得生意搞，莲呀莲花闹，闹呀闹莲花。黄毛猪儿你不像，一把拉你在案桌上。前头给你一刀子，后头给你一棍杖。几刀刮得白又白，胖又胖，莲呀莲花闹。柳叶树，二姐是个眼眨巴，只有三姐生得俏，能用屁股来立尾巴，莲呀莲花闹。”并融进了花灯唱十字的民间小调，给仪式感强烈的傩文化形式添加了性质活泼的内容。如唱《洛阳桥》(洛阳调)：

正月里来闹元宵，状元要修洛阳桥，桥儿要修万丈高。
二月里来菜花开，南京有个夏德海，海中现出龙王来。
三月里来是清明，状元书信转回程，三月十五下桥墩。
四月里来四月八，桥儿要修四丈八，家无银钱不修它。
五月五来是端阳，状元忙把本钱偿，多花银钱三百两。
六月里来三伏天，凡间有个女神仙，观音老母坐船来。
七月里来是月半，桥儿修起一座半，两边修起扶栏杆。
八月里来是中秋，何田老祖桥洞空，大吼三声水倒流。
九月九来是重阳，菊花造酒满缸香，此酒将来点桥梁。
十月里来快一年，桥儿修起团又圆，上面修起九条街。
冬月里来冬月冬，十洞桥儿九洞空，秦琼打马过山东。
腊月里来腊月（溜溜）腊，梳子梳来篦子（溜溜）刮，（伊儿

① 喜傩神的文坛法事唱本有《佛门破狱科》《观音表》《佛门天门科范》《佛门启白科》《佛门辞灵科》《佛门卖山科》《佛门开路科》《佛门科诵》《佛门选棺科》《佛门安灵科》《佛门破血湖》等，用于荐亡灵。其中《佛门选棺科》一册是嘉庆六年辛酉岁（1801）元宵节日肖福派显胜在家抄写的一本选棺科仪书。

呀伊哟）盘龙脑壳插石榴榴花。①

甚至，诸如长顺县威远镇庆坛、织金县月亮坡庆坛的唱书出现了“生白”“旦白”等正规剧本中的常见舞台说明。

① 民间手抄唱书《正一酬还五显科仪·妆仙娘》，贵州省织金县月亮坡村龙玺福保存，陈平玉于2016年2月13日收集。

第三节　傩文化叙事结构的互联性

贵州傩文化形态在仪式展演时，在叙事结构上呈现很大程度上的一致性。无论是整个仪式体系，还是具体到每个仪式单元，其叙事方式皆为统一的圆形闭合式结构。

彝族傩戏“撮泰吉”演出时，圆形闭合式叙事结构体现在时间的闭合和空间的闭合两个方面。时间的圆形闭合指“撮泰吉”演出的剧目本身，剧情主题展示彝族先民的迁徙、生产、繁衍的历史演进过程。整个剧目故事性强，剧情情节曲折，按照春、夏、秋、冬四季时间的转换分四个环节完成：春季“耕作”，唱先民定居以后，烧火开荒、买牛驯牛、养马犁地、播种撒灰、种荞创业等耕作的生活场景，主要的戏剧动作是春天耕作播种。夏季，演唱与先民除草捉虫、薅刨助长相关的劳动场面。秋季，演唱有关收荞晒场、收割脱粒、翻晒等劳动场面。冬季，演唱丰收后的贮藏场景，在节日里祭神祀祖保佑喜获丰收，希冀来年风调雨顺、人寿年丰。从时间的维度完成春、夏、秋、冬周而复始的叙事话语。

“撮泰吉”演出圆形闭合式叙事模式在其空间上的逻辑呈现，主要在于起于“山洞”，收于“山洞”。空间转换方式：山洞（戴面具）→旷野（演出）→寨子（扫寨驱疫）→山洞（储放面具），完成圆形周圈闭合。首先，“撮泰吉”表演者集中在山洞里戴上面具，即成了具有神性的撮泰老人。伴着锣鼓点子，智慧老人惹戛阿布带领着其他撮泰老人，手拄拐杖，下肢半蹲，踉踉跄跄挪动着步子，走下山来，来到场地，准备表演。在旷野，撮泰老人们演出先祖拓荒置业和春种、夏锄、秋收、冬藏的生产劳动过程。到寨子里扫寨驱疫，行驱邪纳吉的傩事仪式。乘着旷野庆丰收的欢乐气氛，惹戛阿布和其他撮泰老人进村扫寨，从家家户户的草房取下几根茅草，象征驱赶走每家的瘟疫灾病。到了有求子育女愿望的人家时，就进家入户，把拐杖插在炕上摇来晃去，唱一些吉利的祝词："一切天灾人祸、邪恶灾难随着老人去；一切吉利留下来，六畜兴旺，四季发财，五谷丰登，儿孙满堂。"①把瘟疫凶煞送出寨外，用鸡蛋占卜来年年景之后，撮泰老人们摘下面具，送到寨子后面的山洞内保存好，以待来年再迎撮泰老人，演出"撮泰吉"。从整个叙事链条的节点看，"撮泰吉"的叙事特点又符合"起、承、转、合"的四段式传统叙事结构。

傩堂戏表演从"开坛请神"到"送神安坛"结束，形成一个完整的圆形叙事链条。一般来说，完成这一仪式轨程要先后进行《开坛》→《申文发牒》→《跑功曹》→《安师》→《搭桥》→《立楼》→《开洞》→《秦童买猪》→《领牲》→《上领牲钱》→《上回熟钱》→《上解》→《打解结》→《差兵祭将》→《跳坛》→《和坛》→《送坛》→《庆坛》→《安坛》→《大傩翻解》→《破腹断愿》→《祭五郎官将》→《赎魂》→《度关》→《关茅》→《劝茅》→《请敕召将》→《造船》→《割麻断解》→《启师》→《收兵》→《镇台》→《镇宅》→《煞铧》→《打粉火》→《背茅》→《发茅船》→《送神》→《扫火堂》等三十余个叙事单元。在叙事链条上，处于关节点的叙事单元有以下方面。

《开坛》，傩事仪式启幕，奉请诸多神祇、诸庙神圣莅临神坛，唱诵牛角号、法冠、竹席等器物的神圣法力。这是傩戏演出的第一幕。《跑功曹》，让年、月、日、时四值功曹传牒土地去天地阴阳各界传牒投文。《迎兵接圣》，迎请神兵神将，接圣傩坛上的主要神圣。《礼请》，礼请五方兵马、三皇五帝、四值功曹诸神，降临神坛，享受祭牲，法事仪式演出准备开启。《出神》，意为把面具送到门口的八庙神图前，领兵土地将上一坛从洞中发出来的兵马领到傩堂。面具在仪式开始时放在神龛左下角，开坛时要把面具逐

① 吴电雷：《论"撮泰吉"的戏剧艺术性》，《教育文化论坛》2014年第1期。

个戴在脸上，从香案神坛后面出来，把面具置于门口八庙神图处。到某神出场时，又将该神面具从门口戴进屋内。神祇出场的顺序是固定的，不能打乱。《迎桥》，唱坛师到神祇经过的桥头上迎请众神，在傩堂驱瘟辟邪；唱诵法衣、牛角号、法锣的根生等内容。《立楼》，唱五方童子采伐五方神木，造起五方神楼供五岳王带五方兵马驻扎。然后，搜索房室并驱除扰家作祟的恶鬼邪神。《传文敬灶》，唱造棚、搭戏棚，写唱疏文，盖法印，造纸钱、纸马，差遣功曹投文去请三界神灵；主要内容是敬香茶、焚纸、化钱，祭祀灶神。《躺白》，唱述把杀的猪、羊、牛三牲煺毛洗净，开膛取出肠、肝、肚、肺等，伏趴在两条长凳上，放置在三清殿桌子前的乾、巽、兑三宫祭祀，谓之躺白。《开洞》，唱请唐氏太婆打开桃源上、中、下三洞，请出百万神兵，救济万民，引出耍戏郎君唱戏庆贺君主。桃源洞要经唐氏太婆许可才能打开。《打洞》，唱引兵仙娘和打洞童子打开金、木、水、火、土五方神洞，调动神兵仙将到傩堂。《出引兵土地》，唱土地到桃园三洞领兵至傩堂享受祭祀，听候调遣。《铺罗撒网》，又称《下罗网》，唱傩堂掌坛师在坛上布下天罗地网，收尽五方邪魔，押解驱逐至四方。《造茅》，唱造茅船，把疫鬼邪煞驱赶到茅船上，逐送到远方他乡。《劝茅》，唱颂神词，劝那些到主人家作祟的邪神恶煞登上茅船，顺水漂逝远方。《造船和送》，唱造茅船，唱颂神歌，和和气气送走瘟神邪鬼。本出包括《造船》《启船》两折。《勾簿判官》，傩堂戏中的主戏。勾簿判官身穿龙袍，戴上面具，左手拿勾簿牒，右手提羊毫笔，红胡子，火焰眉，牯眼睛，黑麻脸，獠牙颠倒，形象凶恶，做事公平无私，对民情事非判断公道。在汇戏过程中，只要有官民相争、邻里纠纷，都在判官府堂告状。这些是是非非的内容，大部分表现当地民间的风土人情。最后是判官勾簿，勾簿的事项和目的就是把主人家许的傩堂戏愿的酬缴内容写在勾簿牒上，由判官执笔勾销。意味着这一堂傩堂戏愿圆满完成，从此主人家就心情舒畅、精神愉快、百事顺遂、家庭清吉平安了。《合神科》，唱祖师、神祇会合于傩堂上享祀，为主人家降五福吉祥。《送神》，唱述以钱财宝马送逐疫驱祟的善神回仙乡栖地。《安神》，唱安顿平日佑护家院的保家神祇内容。

《开坛》到《送神》再到《安神》，家宅清吉，福降灾禳，整个宅院生活回到正常、健康的日常秩序，一个闭合式的叙事结构最终完成。

从晴隆喇叭苗庆坛、织金穿青人庆坛和长顺布依族庆坛可知，庆坛也是遵循着从《开坛》到《收兵扎坛》的圆形闭合式叙事模式。完整的演出程式有《开坛》《出五显》《放兵》《出土地》《请神》《出童子》《出二郎》《灵官扫坛》《收兵扎坛》。从启幕的《开坛》到落幕的《收兵扎坛》，亦是完成了一个闭合式的叙事结构。

《开坛》唱演法师吹牛角号，请东、南、西、北、中五方开坛师、各路神祇，打开五方金路，为愿主了愿酬神。《出五显》演述出显聪、显明、显正、显直、显德五尊神灵降临坛场，行法除恶降福。《放兵》演法师打开坛盖，放出把守坛场的神兵，保佑坛场平安和愿主全家男女免受灾殃。《出土地》演天门土地出场或镇宅土地保护坛场、驱邪镇宅。此出最多可演七出折子戏。《请神》唱请五方神以及三官大帝、观音菩萨等主神降临坛场，领受香火。《出童子》，又称《童子请仙娘》，演请仙娘到坛场镇坛享祀。《出二郎》，又称《二郎记》或《二郎降孽龙》，演请二郎神赴坛场除恶降福。《灵官扫坛》唱请王灵官到坛场勾销愿主曾向神许下的愿信，清除在愿主家作祟的污秽邪神。《收兵扎坛》唱放出驻扎在五方之神兵、收兵归坛事。法事结束，法师撤卷神案，庆坛的叙事结构完成。

阳戏坛的叙事情形。因为举行阳戏坛仪式活动的主要宗旨也是祈福还愿，所以阳戏唱述的文本内容和叙事结构皆与傩堂戏相仿，阳戏坛的唱演从《开坛》开始到《安神》结束，叙事完成一个完整的仪式轨程。不过，整个大的圆形叙事体由两个相对独立的小圆形叙事体构成。也就是说，阳戏的叙事程序结构包括内坛、外坛二十四戏，由内坛十二仪式戏和外坛十二神祇戏构成。内坛十二仪式戏有《开坛》《撒帐》《申文发牒》《正请》《点棚》《领牲》《镇宅》《开路》《走马二郎》《催愿》《接神》《回熟》。

《开坛》演牛角号、锣鼓响起，法事活动正式开始。《撒帐》演撒开戏帐，为唱开场戏做准备，包括请戏神来主人家准备唱开戏棚的戏，张郎协助鲁班搭建戏棚、雕刻戏神的造棚戏和请五方小神打扫戏棚的扫棚戏。《申文发牒》，先将用于仪式轨程迎请送往的文书牒文写成函信文书，接唱差请功曹牢子等小神到各神殿圣府送投。《正请》唱恭请川主、土主、药王、三伯公婆等主神临神坛镇坛、受祀奉的事。《点棚》唱述川主、土主、药王“三圣”差遣土地神来戏棚坛场检点祀物供品是否齐全。《领牲》唱迎请神祇来神坛戏场领取享用祀品，站坛师吩咐杀猪匠或厨师，说唱猪头、猪耳、猪尾、猪脚、猪项圈等部位的根生，将祭祀洪猪切割，下锅煮熟，为《回熟》一出做准备。同时，掌坛师诵经来超度猪牲，令其尽快转投人身。《镇宅》唱请王灵官清吉镇宅、驱邪除鬼之事。《开路》演由方弼开路神、方相铺路神为事主家砍开五方财门，请神临坛享受回熟祀品的故事。《走马二郎》唱二郎神化身的走马二郎迎请川主后，也来神坛证盟了愿酬神的功德。《催愿》，又称《催愿仙官》，唱催愿仙官催愿神到神坛催还愿信之事。《接神》在《回熟》前，演迎接阳戏坛“三圣”等神祇临坛，领受祀神的熟食供品。《回熟》演在祀牲褪毛、清脏、煮熟后，作为供品奉上神坛，供临坛的神祇祀用。

外坛戏指世俗性较强的神祇戏。外坛戏不一定在堂屋外面的戏台上演。外坛戏中的人物角色皆是神祇，基本上是十二出，所以称“外坛十二神祇戏”。外坛十二神祇戏有《碓磨》《工兵牢子》《敲枷》《六位国主》《田郭二位》《杨大口》《勾愿》《饯驾》《盖馗》《扫台》《造船》《安神》。

《碓磨》唱川主、土主、药王“三圣”差遣碓磨大姐和碓头哥哥到愿主家推豆腐、舂粑粑，作为祀神祭品。《工兵牢子》唱工兵牢子受“三圣”差遣，到神坛查点祭祀物品的准备情况。《敲枷》又称《敲枷脱锁》，唱敲枷脱锁神敲碎困扰愿主家的枷锁，让愿主家从此家人平安、庭院清吉。《六位国主》说唱掌坛师请三伯公、三伯婆来阳戏坛执事、享受祭祀。《田郭二位》唱请田大哥、郭二郎降临阳戏坛享受祭祀。《杨大口》一出，杨大口是算命神，唱请算命神到神坛，赏其享受牲祭熟食。《勾愿》唱请勾销判子神（杨七郎、包拯或孟姜女）到阳戏坛勾销愿主家许的愿信。《饯驾》在勾销了愿完毕后，唱送神归仙乡，临行前为他们饯别、送驾。《盖馗》又称《钟馗盖鬼》，请钟馗驱赶作祟的凶神恶煞，并把它们押送出愿主家。《扫台》即《灵官扫台》，请王灵官扫除在愿主家作恶的五方邪神瘟疫。《造船》即建造茅船，坛师用稻草编制成一条草船来盛装驱赶集拢在一起的鬼煞，用于送神。《安神》唱法事圆满结束，安慰愿主家中的保护神，让他们各归其位，保家佑主。

可见，作为傩戏品种之一的阳戏，其演出也从《开坛》的挂神案、请神到最后仪式、唱戏圆满结束后《安神》的安慰家神、撤神案，以此来完成圆形闭合式的叙事结构。

地戏演出的圆形闭合式叙事模式是从“开箱”为起点到“封箱”为终点来完成的。地戏演出的整个叙事系统由“开箱”“参庙”“扫开场”“设朝”“跳神”“扫收场”“封箱”七个叙事单元构成。

（1）开箱，又称“开脸”。在地戏演出前，即春节后和“七月半”鬼节期间，选择可跳演地戏的良辰吉日，执事的“神头”抱着公鸡掐破鸡冠滴血在装着面具的“神柜”上，打开“神柜”，即是“开箱”。开箱时，“神头”每请出一张面具，就要祭祀唱诵一番，给扮演该角色的艺人佩戴好。艺人戴上面具之后，就象征英雄神了，格外注重自身的举止言行。所以开箱戴面具，又称“开脸”。

（2）参庙，开箱戴上面具，艺人们在“神头”和锣鼓的引导下，到神庙参拜神灵，求其保佑。如安顺市西秀区刘官乡傅家寨跳地戏开场前参庙，就到征南大将军傅友德的衣冠冢前、存放军粮的“军饷洞”前、点将台前祭祀参拜，祈求神保佑屯堡人寿年丰、平安吉祥，年景风调雨顺、五谷丰登，还要祈求保佑本次地戏演出成功。

（3）扫开场，一般是由和尚和道士扫开场。和尚、道士戴着面具，一个摇蒲扇，一个拄拐棍唱吉利段子。有时，两个小童分别戴着红、蓝面具出场，边唱边舞，起到纯粹热戏场子的功能。

（4）设朝，又称“点将”。一般由地戏谱中的皇帝殿下、元帅将军在大敌当前的情境下，升帐点兵，请愿出兵迎战的将帅出列领令，抬枪备马领兵出战。

（5）跳神，即地戏演出的“正段”。跳演内容为历史演义类经典折子戏，[①]跳演时间三五天、七八天不等，跳演的地点往往是村外空旷地或者街头巷尾宽敞的空间。

（6）扫收场，也是由“和尚”与“土地”对唱，内容一般和“扫”有关系，即将一切灾难、不祥扫出去，将金银财宝、吉祥平安扫进来。

（7）封箱，在“扫收场”之后，艺人将面具用洁净的纸张包装后，放入“神柜”中，贴上封条，以待来年再用。最后，众人燃香秉烛，“神头”用公鸡祭祀，把鸡冠血滴在“神柜”上面，整个地戏跳演活动结束。

这是地戏演出的叙事结构，亦呈现一种圆形闭合式的叙事方式。

① 早期地戏演出《楚汉相争》《三国演义》《隋唐演义》等整部历史演义，演出时间会持续半个月，甚至更长时间。

第四节　傩文化法器道具的互联性

贵州傩文化虽然类型区分度清晰，但是展演形态也呈现出很大程度的相似性。呈现相似性的本质落脚于其祭祀性质，而具象表现于傩文化法器道具的互联性质。当然，这点不包括彝族“撮泰吉”和偏重于说唱文学的地戏。

（一）法器道具

（1）法器。神案类：傩坛冲傩时用的有阳总尊、三师轴子、山王轴子、桥案；阳戏坛上用三师案、五圣案；庆坛用的有五显神案、三霄神案等。法器类：牛角号、牌带、师刀、令牌、卦子、法印、祖师棍、神马鞭、镇坛宝剑、朝简、神杖、锁鬼链等。傩坛法器看似琳琅满目、类型繁杂，实质上皆体现捉妖摄魂、驱邪逐魔的功能。

（2）道具。乐器类：傩坛、阳戏坛和庆坛常用锣、铙、钹、镲子、铰子、鼓等。服饰类：傩堂戏、阳戏坛、庆坛同用法衣、法帽、道巾帽、花冠、盔头、面具、假发、法裙、朝衣、小生褶子、女生褶子、蟒靠、披袍、战靠、云肩、马褂、皂靴等。髯口类：傩堂戏、阳戏坛、庆坛上的髯口有三须髯、白满髯、黑满髯、红髯、门关獠牙和涂面髯。兵器类：傩坛、阳戏坛、庆坛和地戏演出常用的兵器有钺斧、长枪、大刀、三尖刀、戟、锏、鞭、棍等。旗帜类：帅字旗、将字旗、战旗、令旗、靠旗等。傩坛道具有着明显的扮演性质，体现祭祀戏剧的特点。

其他道具：①傩堂戏、阳戏坛、庆坛皆需用茅船、竹席、神坛。不过亦有区别，傩坛上还用到茅人、三清殿、六类花巾宝盖、三花楼等。

②纸扎类。傩堂戏、阳戏坛、庆坛需用纸钱、宝马、星神钱、长钱、散钱、拐钱、六类赙等。③供品类。傩堂戏、阳戏坛和庆坛皆用到香、烛、米粑、豆腐、米酒、净茶、水饭、雄鸡、洪猪、净水、果饼、刀头肉、五心肉、肉印、食盐、茶叶、大米、豆子、五色花线、稻谷和用作马料的玉米。但是，傩堂戏冲傩还要用到象征五瘟的辣椒、寓意镇船粮料的火炭和木棍，在阳戏坛法事上就比较少见。④纸扎类。傩戏坛上常见的纸扎物品有旗幡、文书盒、衣鞋、过关钱、过关马、茅人、茅船、牛头马面、铜蛇铁狗等。[①]纸扎并不仅指用纸做原材料，还可用布、木、竹、谷草、元丝和颜料等制作材料。

（二）疏文咒符

（1）疏文是法师实现法事目标，沟通人神二域、阴阳两界的书面函件形式。疏文类型有幡、疏、牒、票、牌等。在疏文的运用方面，傩堂戏、阳戏坛和庆坛的疏文，其性质的互联性大于形式和名称的异样化。在傩堂戏演出时常用“幡”有《六类幡》，“票”有《押票》《追魂票》，“牌”有《星神牌》《雷霆火牌》《度关牌》，“疏”有《华山疏》《星主疏》《楞严疏》《家林疏》《礼请疏》《回首疏》等，“牒”有《主将牒》《宗师牒》《请将牒》《六类牒》《阳州牒》《灶牒》《百解牒》《造茅牒》《造船牒》《发船牒》《度关牒》《替代牒》等。阳戏坛上常用《五圣疏》《四值牒》《土地牒》《灶牒》《勾愿牒》等。其中傩仪式上共同使用的有《礼请疏》《灶牒》《水井牒》等疏文。

（2）咒符，是“咒语”和“符令”的通称，是法师增强施法降魔退煞功力和保护自己的一种重要方式，充分体现傩文化的“民间宗教性”和“神秘性”特点。

傩堂戏、阳戏坛和庆坛仪式表演皆用咒语，而且，有许多咒语在三种傩文化形式中共同运用。如三师咒、土地咒、十二总咒、马元帅咒、化身咒、五雷咒、天地咒、天王咒、出门咒、扎门咒、心精咒、玉皇咒、安胎

---

① 胡天成：《重庆阳戏与福泉阳戏之比较研究》，卢云辉、杨昌儒主编《贵州世居民族文献与文化研究》（2013 年卷），中国社会科学出版社 2014 年版，第 98 页。

咒、灵官咒、观音咒、龙神咒、净身咒、净心咒、净口咒、治邪咒、金刚咒、金光咒、画符咒、枷拷咒、总雷咒、迷魂咒、捆鬼咒、恶犬咒、海水咒、殷元帅咒、真武咒、消灾咒、铁牛咒、紧箍咒、敕纸咒、敕水咒、敕笔咒、敕砚咒、敕墨咒、雪山咒、梅山咒、梅魂咒、释迦咒、解结咒、催生咒、魁星咒、雷神咒、玉皇诰、真武诰、藏身咒等。傩堂戏的专用咒语有山王咒、黑神咒、玄坛咒、大悲咒、普庵咒、弥勒咒、往生咒、放生咒、止血咒、收邪咒、降魔咒、栾巴咒、准提咒、铜铃咒等。阳戏坛上的专用咒语有阳戏咒、川主咒、杨泗咒等。庆坛的专用咒语有五显咒、三霄咒等。各种傩坛上的通用咒语体现傩文化的总体共同性，专用咒语反映不同傩文化类型的特色。

符令，“符”指用纸书加盖法印者，又称“符讳”；“令”指用香、烛、指、发剑等比画者，又称“令讳”。傩堂冲傩、阳戏坛和庆坛通用的符令有祖师令、三师讳、三魂讳、五方桃符、五雷护身符、中宫镇宅符、七魄讳、上清讳、山王讳、井字讳、天车讳、玉清讳、闭门令、净口讳、净心讳、澄下讳、迷魂令、真武令、雪山令、梅魂令、紫微令、火星符、藏魂令、化身符、天师镇宅符、魁星镇宅符、太岁符、护身符、治邪符、斩妖符、驱瘟摄毒符、前后断鬼符、降妖捕怪符、催胎符、解秽符、铁栏杆符等。专用于傩堂冲傩的符令有四大天王符、日月讳、雷公闪电符、太阳讳、太阴讳、海水讳、金光讳、统鬼讳等。

（三）手诀罡步

手诀，佛教称为“手印”，道教称为“掐诀”或“捏诀”。傩堂冲傩、阳戏坛和庆坛通用的手诀有二郎诀、五雷五黑诀、七朵莲花诀、北斗七星诀、铁毛盖诀、铜毛盖诀、统瘟诀、玉印诀、拦泉断路诀、挠鞭指路诀、金条蜡烛诀、金狮猫儿诀、黄斑卧虎诀等。仅在傩堂冲傩专用的手诀有双龙透海诀、三山诀、三台星诀、三元将军诀、四大部洲诀、四元枷拷诀、五岳平山诀、五岳尖山诀、五岳华山诀、八大金刚诀、九朵莲花诀、十大雷神诀、千重山诀、大度关诀、大金钩诀、太白飞仙诀、玉皇大枷诀、捆鬼诀、老君坐殿诀、观音坐殿诀、云梯诀、通天桥诀、地车诀、地桥诀、海水诀、日月二宫诀、金刀利剪诀、铁船透海诀、铜闯王诀、铜城万丈诀、铜扫帚诀、铜箍诀、铜拳诀、铜罐诀、银精光诀、银钩诀、白鹤飞仙诀、黑路诀、蓝蛇吞瘟诀、榨木诀、翻天印诀、移州旋转诀等。

罡步，亦称“禹步”，始发于道教，现为傩堂法师用来召役神灵的一种法术。举脚不同，咒诵各异，步法多种。

（四）角色面具

傩堂冲傩、阳戏、庆坛等黔地傩文化形态因其存在的人文环境及自然环境，角色有许多共通之处，所以推动仪式轨程和戏剧情节的神祇身份，在不同的信仰形态中亦体现着某种程度上的互联性。傩坛、阳戏坛和庆坛皆有秦童、甘生八郎、炳灵、灵官、赵侯、检斋和尚、引兵土地、押兵仙师、二郎、唐二[①]、杨救贫、先锋、四值功曹、勾愿判官、钟馗、长生土地、把界土地、当方土地、洪门土地、引兵土地、灶王府君、龙王女、孟姜女、庞氏女等。常出现在傩坛的神祇有山王、铁甲将军、先锋小姐、唐氏太婆、度关王母、包公、天仙、地仙、水仙、请水仙娘等。仅用于阳戏坛的有玉帝真人、老君菩萨、梅山大王、道童、李天佑、书童、七星将军、孽龙、天兵天将、里域都官、开坛仙姐、邓玉、铁匠婆婆等。

戴面具演出是傩戏的标志性特点。“撮泰吉”表演除智慧老人惹戛阿布外，其他五个角色都戴面具。在傩堂戏、阳戏、庆坛上常用的面具有关圣帝、包丞相、元帅、小生、老生、员外、王灵官、先锋、大王、书童、金童、玉女、小鬼、喽啰、道士、和尚。常见的木雕神像有太子娃娃和一些镇坛神，如傩公、傩母、倒立张五郎、川主、土主、药王、梓潼帝君、老郎太子、圣姥灵娘等雕刻神像。

---

① 唐二，为书生挑书箱，在戏坛上是个喜剧角色。常见于各种傩戏坛，黔地俗谚“离了张飞不打鸟，离了唐二不挑担”。

（五）唱腔曲牌

“唱腔”和“曲牌”构成曲调。傩坛、阳戏坛、庆坛上仪式所用唱腔基本相同，共用的有【傩腔】【端公调】【参神咏】【弹腔】。傩堂戏冲傩专用的有【上香调】【红衲袄】【连二腔】；阳戏坛专用唱腔有【开坛咏】【上香调】【仙家咏】【哭皇天】【帝王转】【点兵调】【倒挂子】【二回回】【马二郎】【红罗记】【缕缕金】等。

具体用了多少曲牌和什么曲牌？艺人自己也不明确唱的曲调归哪种“曲调”，田野调查时，他们皆称为坛上用的“九板十三腔”。福泉、瓮安、罗甸、湄潭、德江、道真等地傩戏坛上有“九板十三腔”的说法。①

具体来说，黔北傩坛、阳戏坛的“九板十三腔”之“九板”有【快板】【慢板】【梭板】【一字板】【快二流板】【慢二流板】【数板】【垛板】【抢板】，“十三腔”有【总圣腔】【阳腔】【阴腔】【快腔】【慢腔】【高腔】【低腔】【师腔】【吊腔】【咏腔】【静腔】【赞腔】【秽腔】。庆坛上常用的“九板十三腔”之“九板”有【大小天下同板】【三钹两镲板】【三副铙钹板】【六钹板】【龙摆尾板】【虎唑牙板】【鬼挑担板】【铁门槛板】【倒插子板】，“十三腔”有【大慈悲腔】【大小天下同腔】【三钹两镲腔】【三副铙钹腔】【三点弯腔】【六钹板腔】【九点弯腔】【倒插子腔】【鬼哭夜腔】【鬼挑担腔】【龙摆尾腔】【虎唑牙腔】【铁门槛腔】。

黔地傩坛通用的锣鼓牌子有【一二三】【一封书】【一枝花】【冲头】【长路引】【董巴郎】【狗扯腿】【滚龙抱柱】【放云头】【放市】【黄洞雀】【金刚扫殿】【牛跳尾】【下腮帮】【心欠欠】【啄木倌】【野猫过桥】等。阳戏坛所用的锣鼓牌子有【扑灯蛾】【长锤】【地钻子】【顿四柱】【钉子】【地牌】【二回头】【九连环】【牛擦痒】【抓五锤】【山坡羊】【推三锤】【文和牌】【文獠子】【武和牌】【武獠子】等。

---

① 杨光华：《且兰傩魂》，人民文学出版社2008年版，“序”第2页；皇甫重庆：《贵州阳戏——以罗甸县栗木乡达上村邓氏戏班为例》，施合郑民俗文化基金会1995年版，第79页。

“同名不同曲，同曲不同调”的现象非常普遍，主要原因是傩戏坛的唱腔没有形成统一的区划标准，多数以各自的门派师承为体系。唱腔曲调在不同师承坛班的小范围内相对固定而自成传统，不同师承的坛班类型相同的曲调不多，即使名称相同，实际演唱时腔调的区别也很大。

第五节　傩文化操作方式的互联性

论述傩文化操作方式的互联性，主要从从事傩坛法事的人员、仪式轨程操作、驱邪逐疫的工具和方式、对作祟恶煞的处理方式以及傩事活动中卜卦方式五个方面分析。

（一）从事傩坛法事的人员的互联性

操作人员方面的互联性。主持整坛仪式演出的法师称“掌坛师”或“主坛师”，主持某一仪式单元演出的法师称“站坛师”，负责法事疏文表奏诰章抄录书写的人称“绘文师”。此外，还有香灯师、装颜匠等。香灯师负责添香换烛、斟酒上茶、捡卦送牒、焚纸化钱等，香灯师多由热心法事仪式、勤快耐劳又和事主家关系较近的人充当。装颜匠又称“装颜师”，在傩仪式活动中负责裱糊制作纸扎和实物的图形。

坛班传承方面的互联性。傩坛班的传承内容有演唱技艺和坛上内秘两个方面，内秘指法师用于行法作科、役神驱鬼的咒语、符讳、手诀、罡步等。演唱技艺的传承形式有家传和艺传两种，以家传为主。家传指父与子、叔与侄、兄与弟之间的传承。艺传指纯粹的演唱表演艺能的传授。传承方式主要有以下几种：一、从小跟班学艺，耳濡目染，靠口传身授；二、抄录科仪唱书，制作疏文表诰；三、在特定场所定时定期训练；四、跟班演出教习。内秘传承必须经过投拜法师。这种拜师学艺找保举师，要在保举师的见证下写拜师文约，办拜师酒。经过一段时间的学习，有能力独立主持仪式的时候，弟子就要请恩师颁职、授职，起法名定法号，给弟子分兵拨将、坐桥传法。还要传给新恩弟子法印、法衣、师刀、灵牌等法器道具和手诀罡步、符讳咒语等内密，从此新恩弟子作为掌坛师可以独立行坛。每个坛班皆有自己的传承谱系。

（二）仪式轨程操作的互联性

法事开始前的布坛环节，互联性体现在挂神案的准备工作。汉族、土家族、仡佬族、苗族傩堂戏正堂之上设神坛，挂“三清”神案。侗族法师举行“打邪家”仪式，亦在祭坛上挂“三清图”，设坛请神。庆坛还愿仪式中神案挂十八幅：大郎、二郎、五郎、三郎、四郎、南狱、云霄、岳王、山霄、左先锋、火标、四府、灵浮、小山、水霄、右先锋、火鸦张挂在堂屋正面、左右两侧；三官神案放在院坝正对堂屋门的功曹营处。阳戏坛上挂三层神案，最上一层是三教始祖孔子、老子、释迦牟尼，中间一层为川主、土主、药王“三圣”，最下一层是三伯公婆和男女二童神。神轴画像主要有《五尊神》《十殿二帅》《总真神像》《三官图》《三星壁神图》《行神图》等多种。布依族庆坛挂“五显”神案。当然，跳演地戏所挂的“神案”就成了英雄出战时绣着将帅姓氏的阵前旗帜。

仪式过程中，傩坛冲傩、阳戏坛与庆坛的行坛作法仪式程序基本相同。基本线索有开坛、请神、镇台、敬灶请水、祀牲领牲、勾愿销愿、造船送神、安香火扫堂等八至十出，只是在个别具体法事仪式上根据情况适时添加使其丰富。每出法事仪式皆需要前续后缀的动作点：一保管，保佑福泰；二推遣，推遣邪煞；三掩押，掩灾押送；四消罪，消除罪过；五判卦，打卦卜判；六交钱，烧纸酬神；七回奉，送神回乡。

（三）驱邪逐疫的互联性

驱邪逐疫的互联性主要从驱邪的工具和方式的角度分析，主要体现在九个方面。

一是用传统武器作为驱邪的工具。在病人家驱邪的巫师，常用宝剑、神鼓、神锣，甚至火药枪驱傩，这是傩堂戏、庆坛、阳戏等傩坛上通用的驱邪工具，即使在戏剧化程度较高的地戏演出中，也不能少锣、鼓两种乐器以振神威。至于用火药枪驱傩，则出现在仡佬族、布依族等少数民族的地戏班中。

二是用传说中鬼煞畏惧的材质做器物作为驱邪的工具。桃木、桑木、芦苇、公鸡、神像、石器、火光等皆可作为辟邪材料，如桃木材质的令牌、木剑、祖师棍等。用令牌、师刀的响声来震慑妖煞邪气。“桑弧蓬矢”即用桑木弓和蓬草箭来驱逐天地四方的邪恶。“撮泰吉”是彝族村寨用“扫火星”的形式驱邪逐祟。

三是用具有某种特性的事物作为驱邪的工具，如火、水、公鸡等。坛师在病人家做仪式时，点香烛纸钱四处熏燎。坛师用嘴衔着炭火烧的红齿，赤脚踩烧红的犁铧头。坛师嘴衔铁钳夹住烧红的犁铧绕场一周，给观众点燃香烟。水作为驱邪的工具，主要取其清洗去污的意象。病人受到邪气的侵袭，把水洒在身上就像除掉身上的污垢一样，病体就会康复。有时亦寄予神水某种法力，如《雪山咒》“吾奉老君真妙诀，遍身潮热是清凉。人魂速上，鬼魂速退。神水一洒，病人安康”之“神水”。公鸡驱邪，公鸡为逐阴导阳之物。用公鸡驱邪有两种形式：一是直接用公鸡驱邪；二是用公鸡毛和公鸡血驱邪。德江安永柏傩堂做驱疫法事，到各个室内扫邪后，拔一撮公鸡毛沾鸡冠血贴在门楣上，以示把邪神恶煞撵尽赶绝。

四是设险关煞驱邪。傩坛做法事有过关煞、上刀梯、过刀桥等。上刀梯是象征度过十二道阎王关，解除困扰儿童成长的鬼煞邪气，从此健康成长。法师上刀梯或过刀桥时，背着需过关煞的孩童。孩童体重大或成年人过关煞时，法师带着度关者的一件衣服，以衣代人上刀梯、过刀桥。过刀桥，让刀刃向上，每把刀由两人分左右端平，法师背着孩童赤脚从上面经过，象征过关煞。还有让孩童从木甑里钻过，象征过关煞。

五是用神像驱邪。神是鬼魂畏惧的对象，神像可用作驱邪的工具。巫师戴面具驱邪即为用神像驱邪。傩堂戏傩公、傩母，阳戏川主、土主、药王、关羽、王灵官、梓潼帝君，“撮泰吉”的阿达姆、阿布摩、麻洪摩、嘿布，庆坛仪式的“五显神”等主要傩神，皆着面具始为神驱傩。

六是用感物驱邪。以人的物感感觉鬼煞惧怕物来驱邪，例如用巨大的响声驱邪，用污秽物、刺激气味的熏蒸物驱邪，用颗粒状的沙土驱邪等。用巫术驱鬼：巫师边念咒语边撒沙子、黄豆、苞谷、大米粒等，象征撒豆成兵，兵多将广，将作祟的恶鬼驱逐出门口寨外。岑巩喜傩神的熏香、敲打锣鼓送鬼祟、撒黄豆或谷物米粒驱邪等。巫师装扮成钟馗、王灵官、黑煞包公来驱邪。稻草扎成的“茅船”送到寨子外面的路口或河边，以示把凶神恶煞送到远方。

七是用咒符辟邪。傩坛师用符来辟邪，一般把符贴在门或窗子的上方。用符辟邪在汉代已有记载，《后汉书·刘焉传》：“（张）鲁字公旗。初，祖父陵，顺帝时客于蜀，学道鹤鸣山中，造作符书，以惑百姓。受其道者，辄出米五斗，故谓之‘米贼’。”①《三国志·孙策传》注引《江表传》：“时有道士琅邪于吉，先寓居东方，往来吴会，立精舍，烧香读道书，制作符水以治病，吴会人多事之。”②张陵、于吉是汉末、三国时期的道教创始人，可知“符”产生的时间应在道教出现之后。“符”最初为竹简体，造纸术发明以后，才出现纸画符。纸画符把具有驱邪作用之物、咒语以及驱邪方式综合成一种符号画在纸上面，使之具有辟邪作用。③

八是用神祇的名字来驱邪，如老君、元皇都总兵、天正教法师、赵将军、守狱将卒、元帅将军、五猖七猖郎等。详如《老君咒》“老君差动鬼神灵，斩妖捉鬼”之“老君”，《总兵咒》“元皇都总兵，腾腾白虎，南蛇累累，拿瘟收鬼”之“元皇都总兵”，《祖师诰》“天正教法师口吹犀牛角，手执金鞭打邪煞”之“天正教法师”，《玄坛咒》“正一赵将军，急急风火，雷霆律令，何鬼不灭，何鬼敢当”之“赵将军”，《关元咒》“酆都守狱将卒，号令雄兵

① （南朝宋）范晔著；（唐）李贤注：《后汉书·刘焉传》，中华书局2011年版，第2435页。

② （晋）陈寿撰；（宋）裴松之注：《三国志·孙策传》（卷四十六），中华书局1959年版，第1110页。

③ 王继英：《民间信仰文化探踪》，民族出版社2007年版，第299页。

邪鬼灭，生擒活捉到坛庭”之“守狱将卒”，《雷霆咒》“元帅将军功曹土地，雷火纷纷烧邪鬼，雷火纷纷烧鬼精”之“元帅将军”，《五猖咒》“五猖七猖郎，大鬼捉来坛下斩，小鬼提起尽投降”之“五猖七猖郎”等。

九是用傩技、傩艺形式镇邪。傩技演出是驱邪手段之一，借演傩技给凶神恶煞以震撼力；而傩艺呈现的是一种魔幻法力。傩戏坛、阳戏坛、庆坛皆上演傩技，如上刀山、下火海、开红山、煞铧、捞油锅等。傩艺类的有合竹、魁星吊斗、碓磨、定鸡等。在地戏演出活动中就没有傩技或者傩艺表演。

驱疫的工具和方式具有多样性，驱赶领牲的神祇亦有所不同。傩戏坛上的领牲神祇为炳灵王或山王，阳戏坛上的领牲神祇为二郎神，庆坛领牲的神灵为五显或赵侯。不论领牲的神祇身份如何，领牲的性质目的是相同的，即领受愿主所献的祭牲，完成愿主的愿信。

（四）对作祟恶煞的处理方式的互联性

将凶神鬼疫赶出宅院、村寨或宫廷，赶到郊外荒野，甚至焚烧在路口、弃之河塘顺水漂走是传统驱傩风俗的重要方式或手段。傩事活动的核心是“驱”，它是人类试图与自然万物和谐相处、消除灾异的最初方式，体现了人类早期对外部世界的态度不是完全膜拜屈服，而是尝试认识、掌握自然。驱除的手段包括“水漂祟”“火烧祟”“土埋祟”等形式。

索室逐疫事毕，对瘟疫邪神的处理方式遗留古时行傩的痕迹。如《后汉书·礼仪志》记载了汉时东京汉都洛阳岁末宫廷中举行的驱傩仪式：“因作方相与十二兽舞，欢呼，周遍前后省三过。持炬火，送疫出端门；门外驺骑传炬出宫，司马阙门门外五营骑士传火弃雒水中。”[①] 可知，汉代宫廷行傩是在进行完驱傩仪式以后。方相氏和十二神兽“以驱恶鬼于禁中”，再由执火把的“五营骑士”传递火把将“疫”送出，将瘟疫邪魔投弃于雒水中，

① （晋）司马彪撰；（梁）刘昭注补：《后汉书·礼仪志》，中华书局1959年版，第3128页。

使之随着滚滚的雒水东流而去，永不复返。

隋唐时一改汉时对瘟疫邪神弃于水中的处置方式，代之以逐疫抛至荒野的办法。宋时，改为“埋祟”，“自禁中驱祟，出南熏门外转龙弯，谓之‘埋祟’而罢”[①]。阳戏驱疫方式仍遵循旧习，并稍有变化。阳戏在演《盖empt》时，在化主文昌帝君、杨泗将军或二郎，手擎金鞭，在锣声的伴随下，率领愿主及其亲属家众人，堂屋客室，猪舍牛圈，逐一赶鬼驱疫。逐疫离开前要在室内、圈舍燃放鞭炮、焚化纸钱，以示此处清吉后无邪无瘟。然后把捉慑的五方作祟鬼疫赶进象征专门用来装运妖魔鬼怪的茅船里，在众人的簇拥下，把茅船押送到水边。最后举行送神仪式，先焚烧茅船，法师念咒语，意在将船送入水中，使瘟船随水荡到扬州。据说，扬州物阜民丰、山水秀丽，邪鬼瘟神被送到此地，乐不思归，不再想着返乡作祟。[②]黔渝阳戏，驱疫逐鬼的方式同样是“索室”。最后处理是把疫鬼邪神装进稻草编的茅船，在低沉的锣声中押送他们到村寨北方的“丁”字路口烧掉。北方在“五行”中为水德，寓意让瘟疫邪鬼顺水顺风远走他乡，[③]表示妖魔鬼怪全部被扫荡赶走，大约是吸收了佛教“盂兰会”水上放生的习俗。“烧祟”，傩坛上把上奏请神的疏文诰章、纸钱宝马放在室外的焚化墀中烧毁，把水碗中燃尽的纸灰倒进池塘河流中，随水漂走，象征瘟疫远走他乡，象征着一方百姓从此可以免受灾难，生活能够顺意安康。

息烽县黄晓亮阳戏坛待《二郎扫荡》一出演出结束，二郎神手持降魔金鞭，出场入坛，四方扫荡。在乐器的伴奏下，率领主人家逐室逐屋，兼及猪舍、牛圈、粮仓，做各种扫荡瘟疫鬼怪的动作。扫荡完毕，法师念咒语、踏罡步将各类妖魔鬼怪装入编制的茅船中，提至村外路口烧掉，或放于河中顺水荡下。由事主用高粱秸扎一水筏，将祭品置于水筏上，再由二郎神

① （宋）孟元老撰；邓之诚注：《东京梦华录注》，中华书局1982年版，第253页。

② 于一、王康、陈文汉：《四川省梓潼县马鸣乡红寨村一带的梓潼阳戏》，施合郑民俗文化基金会1994年版，第43页。

③ 田野调查资料。访谈时间：2011年5月3日；访谈地点：息烽县文化局；访谈人：笔者；信息提供者：黄登贵。

押茅船至附近河边，放于水中顺水而下，名曰“荡下扬州”。

除投之以水、焚之于路之外，还有以“埋祟”的形式来达到驱邪的目的。如孟元老《东京梦华录》卷十“除夕”条云：“至除日，禁中呈大傩仪，并用皇城亲事官，诸班直戴假面……共千余人。自禁中驱祟，出南薰门外转龙弯，谓之‘埋祟’而罢。”[①]只是宋时“埋祟”的方式在当今黔地傩坛仪式上不常见，而威宁县板底乡裸戛村“撮泰吉”驱祟把鸡蛋埋入土中以占卜来年年景的丰歉，倒可以看作该类型的一个典型案例。

总之，黔地傩坛上对“祟”的处理方式亦呈多样化。“撮泰吉”是在寨外田野里“烧祟”。傩堂戏、庆坛、阳戏坛上多数是在村外路口、田野烧祟，如岑巩县平庄镇喜傩神还愿仪式、息烽县的阳戏坛还愿仪式、湄潭县高台镇庆坛过职仪式、晴隆县喇叭苗庆坛仪式、长顺县威远镇庆坛还愿仪式，皆是在结束时把装“祟”的茅船放在村外的“丁”字路口烧掉；同样是还儿童愿的德江县傩堂戏把“烧祟”的地点选在人迹罕至的荒野间。在调查过的傩事活动中，仅有湄潭县复兴镇唐诗钊阳戏坛为儿童过关还愿时除祟是把茅船投之于水，顺河漂走。值得补充说明的是，即使在不同地点以“烧祟”形式除祟，法事的唱词亦显示“顺水东流到扬州，一去从此再不回”[②]的“水漂祟”的文化传统。

在黔省域外，“烧祟”依旧是除祟的流行方式。在江西有些地区，至今仍有“烧瘟疫”，即烧掉装载瘟疫的纸船、茅船的习俗。如钱茀先生在《傩俗史》中云：

> 江西萍乡傩坛有还傩愿，又称“接福神”。每年农历七月开始，为许愿人家送瘟神。整个过程分四步进行。首先是起师。用竹篾扎一船形骨架，供奉在主家神案，燃香，鸣竹；由掌案人念“起

① （宋）孟元老撰；邓之诚注：《东京梦华录注》，中华书局1982年版，第253页。

② 田野调查材料。时间：2010年11月20日；地点：息烽县流长乡长杆子村黄晓亮阳戏坛；采访人：笔者；文本抄录者：黄晓亮。

据道光《松桃厅志》记载：

> 将死者所遗衣服装像，击锣鼓，群相歌舞，名‘调鼓’。卜地延苗巫，掷鸡子以定吉凶，谓之‘鸡卦’。亦有用木节劈为二片而占者，名曰‘卜木卦’。葬毕以土培坟，其形长。[1]

此为苗家占卜坟地的情形，卜卦的方式有两种：鸡卦和木卦。用鸡子（鸡蛋）卜卦，亦称“鸡卦”。“木卦”即把木节劈为二片而占卜，形同今日黔地傩坛通用的木卦占卜。

另据嘉庆《黄平州志》记载：

> 苗病不服药，惟听巫卜。或以草，或以鸡子，或以木梳、草鞋、鸡骨等物卜之。所卜之鬼与祭鬼之物甚伙。病愈归功于巫卜之甚灵，病死则归咎于祭鬼之未遍。巫亦计其贫富，恣其醉饱，愚而弄之。至今汉人效尤，殆有甚焉。此耗财之蠹也。[2]

该方志记载黔地苗俗“病不服药，惟听巫卜”，卜卦的方式不仅有蛋卜、鸡骨卜，还有草卜、梳子卜、草鞋卜等。占卜内容丰富，有鬼、与鬼相关以及祀鬼祭品等。病人病愈，归功于卜卦的灵验；病死则归咎于祭鬼不周。这些卜卦方式传至汉人，令汉人效尤。

在民国时期《施秉县志》上记载苗巫看病，仅凭病人一缕褴衣，再通过香卜或茅草卜来医治病人的史料：“人有患病者不求医，先取病者褴衣一

---

① （清）徐鋐修；萧琯纂：《（道光）松桃厅志·卷之六“苗蛮”》，《中国地方志集成·贵州府县志辑》（第46册），巴蜀书社2006年版，第513页上。

② （清）李台修；王孚镛纂：《（嘉庆）黄平州志·卷一“风俗”》，《中国地方志集成·贵州府县志辑》（第20册），巴蜀书社2006年版，第73页上。

缕，延苗巫看香或打茅草卦。”①

同一时期的《三合县志略》记载了“鸡骨卜”“鸡子（蛋）卜”“茅草卜”和“鸡脑卜”等方法：

> 占卜以鸡骨推之，视其璺以断吉凶……其卜地，鸡子掷之，不破者为吉。病不服药，惟祷于鬼，谓其巫曰鬼师。鬼师乘是而愚之，或宰牲磔鸡，或杀牛，虽极贫，亦必称贷而为之，往往以此破产，终不悔悟。动作不卜，或折茅，或熟鸡，取其胫骨与脑验之。②

巫师，即鬼师，用占卜之术愚人，使病人家宰牲磔鸡或杀牛，家中再贫困甚至借贷也要还巫之术。最终，即使因此破产也终不悔悟。

在全国范围来说，记载鸡卜方式占卜的文献较丰富。在唐代，岭南越人采用煮熟之鸡的两股骨上面的裂孔判断，显示为似人似物图形的为吉，否则寓为凶意。宋代民间就有用鸡蛋占卜的记录。鸡蛋卜，又称“鸡卵卜”，据蔡绦《铁围山丛谈》记载：

> 实用鸡卵尔。其法先祭鬼，乃取鸡卵，墨画其表，以为外象。画皆有重轻，类分我别彼，犹易卦所谓世与应者。于是北面诏鬼神而道厥事，然后誓之，投卵铛中，烹之熟，则以刀横断鸡卵。既中破焉，其黄白厚薄处为内象，配用外象之彼我，以求其侵克与否。凡卜病卜行人，雅殊有验。③

---

① 朱嗣元修；钱光国等纂：《施秉县志·卷一“风俗”·“泼水饭”条》，《中国地方志集成·贵州府县志辑》（第 19 册），巴蜀书社 2006 年版，第 541 页。

② 许用权修；胡嵩纂：《三合县志略·卷四十一·民族略》，《中国地方志集成·贵州府县志辑》（第 20 册），巴蜀书社 2006 年版，第 560 页。

③（宋）蔡绦撰；冯惠民、沈锡麟点校：《铁围山丛谈》，中华书局 1983 年版，第 75 页。

根据鸡蛋表面画墨的轻重判断吉凶，或者根据鸡蛋“黄白厚薄”而“求其侵克与否”进行吉凶判断。

关于鸡骨卜法，在《史记正义》载：“鸡卜法，用鸡一狗一，生，祝愿讫，即杀鸡狗煮熟，又祭，独取鸡两骨股，上自有孔裂，似人物形则吉，不足则凶。今岭南犹行此法也。”①

生活在四川西南部的纳木依人用鸡身占卜。占卜时，巫师帕比抱着公鸡，让病人往公鸡嘴里吹一口气，然后把公鸡按在水盆中闷死。再用开水煮熟公鸡，脱毛之后看鸡身上何处有痕迹，从而确认求卜者患了什么病，又该如何治病。

鸡卜是古老的民俗事项，其产生可能与雄鸡信仰、雷神崇拜、阴阳原理有关。

与鸡卜法有着异曲同工之用的还有猪血卜、捞汤明断、茅草卦、拈阄镜、焚青竹等占卜形式。

猪血卜，或称作“图卜”，发生在岑巩县平庄镇肖光华喜傩神坛上。坛师把给神许下的愿信写在黄表纸上，对折数折成小方块状，在杀祀牲时沾上猪血。经过晾晒稍干后，在傩坛勾愿时小心打开，根据黄表纸上的血渍形状判断还愿成功与否。同样似人物形则吉，不然则凶。

肖光华傩坛的“捞油锅”傩技使人印象深刻，即通过赤手在翻滚的油锅里面捞出物什，来占卜吉凶或事情的真假。在该坛班的传法过职仪式上，“捞汤明断”作为一项技能被掌坛师传授给新恩弟子。②追本溯源，这种卜卦形式由来已久，相关文献记载亦非常丰富、翔实。明《嘉靖志・黄平州城》就有对“捞汤明断”占卜情况的记载：

捞汤原是用来断难明之事。如涉事未明，则捞汤。捞汤者，

① （汉）司马迁撰；（唐）张守节正义：《史记・卷十二“孝武本纪”》，中华书局 2011 年版，第 478 页。

② 田野调查材料。时间：2016 年 1 月 24 日；地点：岑巩县平庄镇凯空村肖光华傩坛；施法人：肖法洪。

立大锅于野，高丈许，用柴数百担，以水和油及粟米、黄蜡等物入锅，置铁斧其中，炽火令沸，呼天叫地，梯而上之，伸手入油锅取斧出，以水沃手，验手之焦否为曲直，盖谓凭天断也。①

“捞汤明断”至今仍在黔地的傩坛、庆坛、阳戏坛法事上运用。在黔东南地区，平日发生民事纷争时也常用该方法明断事理。

除鸡卦、木卦、捞汤明断等形式外，还有“茅草卦”“拈阄镜”“焚青竹”等占卜形式。如光绪《平越直隶州志》记载了“茅草卦”：

俗以茅叶卜吉凶，谓之茅草卦。伤鬼，路鬼也，中之头痛身热，或沉迷不省人事。始以茅叶一挽标扫周身，随以纸包茅置香龛，谓之愿标招善。禳者造花盆，置标其中，香烛酒脯，夜送至三岔路头。祭毕，倾祭物于地，其盛器掷破之。②

不但以茅草卜卦，用作驱赶病疫的工具，还用作愿标置于香龛上祭祀。最后，被夜送至三岔路头。

民国《绥阳县志》记载了元旦祀神，通过“拈阄镜”和“焚青竹，视其爆裂之纹”以占卜一岁之吉凶、休咎。

年节礼俗　新年礼节多以吉祥为主，除夕清偿债项。是夜，招请亲族乡宾，开筵畅饮，名曰年夜饭。其先，须当治宴饷神。所敬者以路头财神灶君家宅等神，高烧红烛，深夜不眠。元旦之上半夜，各处爆竹声催，满途纸灰，以为可以驱鬼。家人拈阄镜，听卜一岁之吉凶，或焚青竹，视其爆裂之纹，以占休咎……③

---

① 贵州省且兰文化研究院编：《且兰研究资料》，（内部资料）2007年版，第165页。

② （清）瞿鸿锡修；贺绪蕃纂：《（光绪）平越直隶州志·卷五“地理”·风俗》，《中国地方志集成·贵州府县志辑》（第26册），巴蜀书社2006年版，第78页。

③ 胡仁修；李培枝纂：《绥阳县志·卷一“地理下”·风俗》，《中国地方志集成·贵州府县志辑》（第36册），巴蜀书社2006年版，第266页左上。

在卜卦的历史上还有“鸟卜”法。据《旧唐书·列传第一百四十七·南蛮　西南蛮》记载：

> 东女国，西羌之别种……以十一月为正。其俗每至十月，令巫者赍楮诣山中，散糟麦于空，大咒呼鸟。俄而，有鸟如鸡，飞入巫者之怀，因剖腹而视之，每有一谷，来岁必登，若有霜雪，必多灾异。其俗信之，名为鸟卜。[1]

除此之外，域内还有很多用“异类”占卜吉凶的方法。如头巾卜、谷卜、石卜、萝卜卜、图卜等形式。这些占卜方法，有些是本民族的，有些是受其他民族的影响。但是骨卜如牛角卦、鸡骨卦等，是西南多民族傩坛上通用的占卜方法。[2]

结　语

黔地多民族傩文化在文化生境、文化源地、叙事结构、法器道具和操作方式五个方面体现了它们相互之间的互联性。贵州傩文化形态的叙事结构呈现为圆形闭合式的基本叙事类型，展演形态的互联性具象地体现在法器道具、疏文咒符、手诀罡步、角色面具、唱腔曲牌诸要素之间，而傩文化操作方式的互联性主要从从业人员、仪式轨程、驱邪手段、除祟方式和卜卦方式五个方面分析。

作为民间信仰的傩文化信仰属于原始宗教的范畴，有自然崇拜、造物

① （后晋）刘昫撰：《旧唐书》，中华书局2011年版，第5277—5278页。

② 宋兆麟：《寻根之路——一种神秘巫图的发现》，学苑出版社2004年版，第27页。

神崇拜和祖先崇拜等，它与高层面的“人为宗教”[1]阶段相区别。贵州多民族祀神祈福、驱邪祛病的信仰方式很普遍，就是因为它们有着共同的自然人文环境。贵州多形态傩文化信仰其文化源地皆有一个统一的指向，即三个文化源区：一是以山陕为代表的古代中原地区，二是以江浙为代表的江南地区，三是以梅山为代表的湖广地区。三者之间不是平行并列的关系，而是有着时间和空间维度的传播、传承关系。黔地傩文化与梅山文化有“源”和“流”的痕迹，但“源”不是文化的原始源点，可以追溯到傩文化更深远的文化源点，那就是中原文化源。傩文化的主流传播时间应该在唐、宋时期，随着中国地域版图扩大和政治文化中心的东迁、南移而散布传播。

① 人为宗教，即从多神崇拜到转向一神崇拜，先后经过了自发的神灵加工阶段到自觉的神灵加工阶段，最后实现至高的一神崇拜。这种神灵加工阶段，称之为“人为宗教”阶段。参见王继英《民间信仰文化探踪》，民族出版社 2007 年版，第 177 页。

第五章

傩文化的异质性

贵州傩戏的“异质性”是从每种傩戏的表演形态视域看，有悖于综合表演形态的成分。本章内容以“撮泰吉”、傩堂戏、阳戏和地戏为例，论述仪式戏的戏剧艺术性和民间演戏的仪式性，凸显黔地傩文化类型的异质特性。如以仪式功能为主的“撮泰吉”、傩堂戏、阳戏蕴含着戏剧艺术的丰富元素；以戏剧演出为主体的地戏，又具有典型的“仪”“戏”融合性质。

第一节　“撮泰吉”的戏剧艺术性

贵州彝族“撮泰吉”[①]，又称“变人戏”“彝族古戏”“彝族戏剧”“彝族原始戏剧”“彝族古傩戏”“彝族创世纪戏剧”。种种称谓总离不开“戏”，可见“撮泰吉”是“戏”似乎是确定无疑了。但是，与事实相反，过去学者们对其讨论过多的是它的文化意蕴、民俗、舞蹈等内容，只有安天荣、庹修明、顾朴光、皇甫重庆等为数不多的学者宏观论证了它的“戏剧形态”身份[②]，但没有进一步解读它的“戏剧”内涵。笔者认为，从“撮泰吉”的表演内容上看是一种民俗事象，从其形式上看是一项演剧活动。下面从“撮泰吉”的戏剧本质、表演因素和审美特征等方面对其“戏剧艺术”性质进行微观解读。

一、“撮泰吉”的戏剧本质

戏剧是什么？戏剧的本质就是角色扮演[③]，是当众表演一个含有矛盾冲突的故事。

“撮泰吉”具备了戏剧角色扮演的性质，其中有五个主要角色：惹戛

---

① 彝语音译，又称“撮衬姐”“撮泰几”“曹腾紧”“撮屯基”“撮寸已”“撮特几”“撮特坚”“撮特基”“撮登几”“搓特基”等。

② 安天荣《〈撮衬姐〉戏剧形态及译名浅析》：“撮衬姐具备了戏剧的各种基因，戏剧形态占着主导地位”，参见陆刚主编《撮泰吉调查研究文集》，贵州大学出版社 2012 年版，第 236 页；庹修明“威宁彝族傩戏‘撮泰吉’完成了傩祭向傩戏艺术的初步过渡，是傩戏的低级层次”，参见庹修明《原始粗犷的彝族傩戏〈撮泰吉〉（变人戏）》，贵州民族学院学报 1987 年第 4 期；顾朴光“（撮泰吉）不仅有对话和动作，而且有简单的故事情节和矛盾冲突，已经具备了戏剧的基本要素”，参见顾朴光《彝族古戏“撮泰吉”浅探》，中央民族学院学报 1989 年第 4 期；皇甫重庆“从内容到形式都闪烁着戏剧美的健全的戏剧形态”，参见皇甫重庆《贵州彝族戏剧〈撮特几〉初探》，《贵州民族研究》1988 年第 1 期。

③ 康保成：《后戏剧时代的中国古代戏剧形态研究》，《文艺研究》2008 年第 1 期。

阿布、阿布摩、阿达姆、麻洪摩、嘿布，与宋“爨弄”之“五花”——引戏、副净、副末、末泥、装孤，京剧之生、旦、净、末、丑相对应。角色职能上也基本一致，表演过程中惹戛阿布担当两种职能：一是“引戏”，串联剧情，交代每个排场演出的主要内容，引导其他角色表演；二是唱念祭词，祭词内容是驱邪、讲史、祝福，由惹戛阿布领诵，与撮泰老人们的跟唱形成“一唱众和”的地方戏演剧形态。阿布摩、阿达姆一生一旦，为夫妻神，阿达姆这个角色由男性反串饰演。麻洪摩为净角，是一名将军。嘿布，彝语意为“愚蠢者”，兔唇嘴，戴铁嘴面具，为丑角。其他表演角色还有阿安、牛和狮子。阿安是阿达姆和阿布摩的孩子，没有“戏份”，实际上起到道具的作用。两人扮演耕牛，三人扮演狮子。加上乐队两人，举灯笼者四人。这样，全场演出需扮演八种角色，十一位演员，十七个人左右出场。

再者，这些表演者装扮成角色，当众表演一个含有矛盾冲突的故事。这里特别强调了“撮泰吉”演出的故事性。

“撮泰吉”故事性强，具有曲折的故事情节。第一幕“祭祀”开场时，在场地四角点燃灯笼，由惹戛阿布扮山神宣读文疏，部分“龙套”演员走台步状绕场一周，然后分站于场地四角。伴着锣鼓，阿布摩领着几个撮泰老人，手拄木棍，下肢呈半蹲状，步子踉踉跄跄，同时，从喉咙深处发出阵阵后嗓音。来到场地，他们在惹戛阿布的带领下，以酒向祖先、山神、谷神、火塘等各方神灵祭拜。之后，他们把马脖子上的铃铛套在手上，不停地摇晃着，同时踏着深浅急缓错落有致的舞步。第二幕“耕作”部分，演述先民在此地定居以后，如何烧火开荒、刀耕火种、驯牛养马、撒灰种荞、收荞晒场、喜获丰收的过程。其间，以粗犷夸张的肢体动作模拟先民买牛、驯牛、犁地、撒灰、播种、薅刨、收割、脱粒、翻晒、贮藏等一系列情景，演述劳作间隙的歇息、喂牛、吸烟、交媾、喂奶等嬉闹情节。第三幕“喜庆”，主要戏份是舞狮子。惹戛阿布带领撮泰老人围着荞堆唱祝词，起舞欢庆丰收，随后，狮子舞蹈入场，把热闹场面推向高潮。第四幕“扫寨”（即“扫火星”），紧随“喜庆”一幕，在庆丰收的欢乐气氛中，惹戛阿布带领众位撮泰老人进村扫寨，为每家每户驱疫禳灾、祈福纳祥。他们进家入户后，要把木棍插在炕上摇来晃去，同时说一些吉利的话："一切天灾人祸、邪恶灾难随着老人去；一切吉利留下来，六畜兴旺，四季发财，五谷丰登，儿孙满堂。"此刻，主人要出门迎接，并备酒肉当以酬谢。

"撮泰吉"完整的故事、曲折的情节，经过长期传演，已经有了成熟的演出台本。"撮泰吉"演出活动由来已久，最初仅有彝语演出记录底本。自20世纪80年代初期至今，较为完整的记录文本有四个：1. 杨光勋、段洪翔的《彝族古戏——"撮衬姐"》①；2. 由文道华、文富聪口述，罗德显、杨全忠整理的《撮泰吉——（彝族傩戏·演出记录本）》②；3. 由李永才、罗德显、马昌达口译，皇甫重庆记录整理的《撮太吉》③；4. 由罗德显以威宁县板底乡裸戛村民组"撮泰吉"记录的彝语底本重新考订翻译出的《撮泰吉——古代彝语民间戏剧演出记录本重译》④。其中，第四本对于演出时间、地点、角色、唱词、对白等表演事项分列清晰，已呈现出较为成熟的戏剧文本体制，起到演出文本的作用。

戏剧表演特别强调"当众"表演故事，既强调演剧场所因素，又突出观众因素。"撮泰吉"依据趣味性的故事和关乎生命的祭祀性有着稳定的观众群，这些观众不时与演员对话交流，使表演场上场下交融为一体。而且，"撮泰吉"的演出场所是几个空间的转换，或在平地广场、田间地头，或在寨中的街头巷陌。"祭祀""耕作""喜庆"三幕一般在寨子外面的空地上表演，"扫寨"一幕则转到村寨中演出。从戏剧发生学的观点考察，村外旷野、街头巷陌正是戏剧最初的表演场所。⑤

---

① 杨光勋、段洪翔：《彝族古戏——"撮衬姐"》，《贵州文史丛刊》1987年第1期。

② 文道华、文富聪口述；罗德显、杨全忠整理：《撮泰吉——（彝族傩戏·演出记录本）》，《贵州民族学院学报》1987年第4期。

③ 李永才、罗德显、马昌达口译；皇甫重庆记录整理：《撮太吉》，《贵州艺术研究文丛》1988年第4期。

④ 罗德显：《撮泰吉——古代彝语民间戏剧演出记录本重译》，《重庆师专学报》1999年第4期。

⑤ 例如：在日本，"戏剧"一词被写作"芝居"，"芝"是草地，"居"是存在，说明最初的日本戏剧是在草地上演出。中国戏剧也是从"沿门逐疫"的傩戏形态发展演化而来。

二、“撮泰吉”的表演因素

“撮泰吉”在服饰道具、动作舞蹈、演剧语言等方面具备较为全面的戏剧特质。

服饰是构成戏剧的要素之一，它包括头饰、服装、面妆等方面。撮泰老人们及阿安的头饰装扮独特，六个角色均有帽子装饰。帽子色彩、造型简单朴素，惹戛阿布用黑色或青色棉布缠头，阿达姆戴黑筒尖帽，其他角色用黑布或白布把头顶缠成尖锥状。服装则统一着青色或黑色长袍，穿蓝色或黑色短衣长裤，并用白布交叉缠于腰间。面妆，早期演出“撮泰吉”时，惹戛阿布不戴面具，随着经济和文化交流的深入，他和其他撮泰老人一样也被戴上面具，形色与阿布摩相仿，戴白须面具。阿达姆为女性，戴无须面具；麻洪摩戴黑胡须面具；嘿布戴竖状纹路的兔唇形面具；阿安为幼儿角色，戴无须面具。所有面具皆要全面戴。舞狮人头戴戎子帽子，身着披风长靠。

演出“撮泰吉”，道具主要有拐杖、牛头牛尾、狮子、火镰、瓦片、鸡蛋壳、竹编锥形帽、白布条、草鞋、牛角、五倍子木棍等。瓦片在买牛情节中当作银子，作为交易商品的货币；鸡蛋壳作为族长惹戛阿布的眼睛；牛角则在祭祀时用作盛酒的器皿。五倍子木棍，一物多用，在撮泰老人行走时用作拐杖，劳作间歇抽烟时用作烟杆，当作耙土、收割、打场等农用工具，还可作为逐疫驱邪的神圣法器，等等。其他道具的演出用场通俗易晓，毋庸赘述。

动作舞蹈方面。“撮泰吉”演出以肢体模拟动作的“演”为主，唱为辅，因此，解析其动作舞蹈甚为重要。“撮泰吉”的舞蹈由表演示意性动作和原始舞蹈两部分组成。前者以“祭祀”一幕的步形为例，采用“罗圈脚”蹒跚前行，上身僵硬，双膝微微弯曲，两脚外撇呈“八”字，行动迟缓，略显艰难，行走时脚与肩同边，跨步幅度大，着力体现拓荒者的步履艰辛或者年高体弱。再者，“耕作”一幕中的劳动、耕作、喂奶、交媾、买牛、给牛喂盐水等，都是对人们生产生活动作的模仿。不过，对比实际生活，表演时动作有所放大。

表演过程中还穿插表演“铃铛舞”“狮子舞”等原始舞蹈。在“祭祀”一出，表演“铃铛舞”[①]，由几个青年人手持小马铃摇响拍节，撮泰老人们随节拍扭动腰肢挪动脚步，表演翻山越岭、披荆斩棘、互相背驮等一系列动作。表演者一边跳舞，一边唱“恳合”，歌词有赞颂逝者功德、悼念亡灵和述古训世的内容。在“喜庆”“扫火星”两出，为祝愿节日吉庆、喜获丰收，要耍狮子，表演“狮子舞”。“狮子舞”表演有三个基本动作：狮子笑天，狮子扑地，狮子滚绣球，舞狮人在惹戛阿布的指挥下舞动、念咒语。

“撮泰吉”的演剧语言腔调特点鲜明。演唱全用彝语，对白和诵词亦用彝语讲述，时而夹杂少量汉语。担当“引戏”的惹戛阿布一人用端公调主唱，其他角色如阿布摩、阿达姆、麻洪摩、嘿布等“撮泰”老人用吸气冲击声带发音重唱或接唱，音调低沉沙哑。演唱时乐器不伴奏，表演时边舞边响锣、鼓、钹等乐器。“撮泰吉”表演在时而激昂时而低沉的声乐伴奏下，尽显历史的厚重和岁月的沧桑。

三、“撮泰吉”的审美特征

虚拟性、程式性和综合性是戏剧最重要的三个特征。

关于“撮泰吉”的虚拟性，表演中间形形色色的示意性动作即为戏剧“虚拟性”的原生形态。由于它在特定的时间、有限的空间内向观众展演彝族原始族群生存繁衍的发展历程，具有丰富的虚拟场景和象征意义，充分体现了戏剧的这一特性。

首先，虚拟性体现在人物形象的象征性。撮泰老人们用白布条缠身象

① 铃铛舞，彝语又称“恳合呗”，也叫“跳脚”。

征裸体，表示人类还处在蛮荒时期无衣可穿。走路时腿脚呈“罗圈脚”，蹒跚前行，似从遥远的原始森林或穴居的岩洞中走来，象征原始时代彝族先人跋山涉水、迁徙繁衍的艰辛历程。说唱是从喉咙深处挤压出嘶哑的声音，象征拓荒创业时期先人的苍老形态。惹戛阿布包头的青巾、拖地的青衫衣襟，象征智慧与老练，因为他被看作是自然神和智慧神的化身，是当地人幻想世界、精神领域的统治者。他的用麻丝和麦草制成的白胡须，象征长寿。眼罩用两个生鸡蛋壳制成，生鸡蛋代表天地未分时的混沌状态，眼罩象征透过混沌与朦胧，看清事物的发展变化。阿布摩面具上的横式波浪状纹饰，黑帕缠圆锥状的头饰；阿达姆圆盘脸面具顶端螺旋形的白色纹饰，脸庞部位的下斜波浪状白色纹饰，黑帕圆锥状头饰；等等，寓意他们苍老、年事高。在表演过程中，阿达姆不时轻拍背上的小孩，揉揉胸部，撮撮裆部，示意自己的雌性性别，要担负着彝族社会生息繁衍的重任。麻洪摩是保家卫国、领军作战的军人，肩负彝族社会和平、安全的重任，所以戴的面具画黑胡子，象征年轻、刚强和威武。嘿布，戴兔唇面具，表示口无遮拦、滑稽可笑，面具上的竖状纹路以示年轻。

其次，虚拟性体现在整个故事情节的象征性。“撮泰吉”用粗犷的象征性动作演出人类繁衍，在与自然灾害斗争中生息、发展，从刀耕火种走向驯服牲畜和使用工具而迎来丰收喜庆的欢乐。“撮泰吉”用“祭祀”“耕作”“喜庆”“扫火星”四幕剧象征人类生产劳作以春播、夏育、秋收、冬藏一年四季为周期的轮回过程。演出开始前，在场地的四隅有四个悬挂在木杆上的“朵鲁”（灯笼），意指把撮泰老人从祖先灵魂寄居的岩洞引送到表演场地。最后的“扫火星”（亦称“扫寨”），借助“扫”之动作的象征意义，为整个族群禳灾祈福，扫进威荣丰年、福禄吉祥，扫出瘟疫病灾、口舌伤风、苦难纠纷等不吉祥之物。

“撮泰吉”表演具有固定的程式性。年复一年，“撮泰吉”演出就重复祭祀、耕作、喜庆、扫寨四个叙事单位。其中，“祭祀”算是正戏之前的例戏、“艳段”。主要内容是布置戏场，举行祭祀祖先仪式，由惹戛阿布带领主要角色出场表演。“耕作”一幕是正戏，演示先民春种秋收、夏育冬藏的生产过程。“喜庆”是正戏的第二幕，展现丰收带来的喜悦之情，利用且歌且舞，舞蹈为主的演出形式。“扫寨”一幕即为“撮泰吉”的尾戏承接“喜庆”纳吉之后“驱邪”过程，撮泰老人们到寨中挨家挨户为乡民扫尽种种秽物，并为来年送上吉言良愿。整出戏开合有度，“开”部分蕴含着对先人的感恩与对现实的满足，“合”部分寄寓着对未来一年的美好设想。

程式性在“撮泰吉”表演中很大程度上体现为民间宗教的仪式性。从表演程式上看，四部分起、承、转、合各环节紧密衔接，呈现先祖开荒辟壤、刀耕火种、欢庆丰收的演剧过程，其实也是祭祀—感恩天降福祉—驱秽禳疫—祈求神佑的仪式过程，程式性是“撮泰吉”演出的基线。仪式性的内涵与其戏剧艺术形式并不相悖，因为“戏剧的根源则是宗教仪式，仪式可以看作是戏剧性的、舞台上演出的事件，而且也可以把戏剧看作是一种仪式”①。

“撮泰吉”活动集聚了音乐、舞蹈、美术、文学等因素，体现了戏剧的综合性。从其表演目的看是娱神的仪式，实际演出变成一个娱人的节目，演员在表演过程中载歌载舞，剧中有舞，舞中有戏，戏中的文学成分占较大分量。

总之，“撮泰吉”从四个方面充分体现出它的戏剧艺术性：一是演员扮演角色，当众表演一个含有矛盾冲突的故事，演述彝族先民迁徙、创业、生产、繁衍的发展历史；二是具备演员、角色、观众“三位一体”的戏剧特质；三是在语言腔调、服饰道具、舞蹈乐器等方面具有较高的艺术性；四是具备戏剧的表演虚拟性（象征性）、程式性和综合性。所以说，“撮泰吉”是一出彝族古戏，是一出仪式程式和戏剧因素兼而有之的傩戏，只是产生的年代遥远，流播区域环境封闭，至今没有形成成熟的戏剧形式。不能凭其民俗事象的内容，来否定其戏剧性形式。

① ［英］马丁·艾思林著；罗婉华译：《戏剧剖析》，中国戏剧出版社1981年版，第19—20页。

同时，说其是一种“健全的戏剧形态”[1]，则又过之。因为它没有严格意义上的冲突、悬念，缺乏引人入胜的故事情节，人物性格的刻画还不完整细腻。只能说，“撮泰吉”具备较强的戏剧艺术性，是不完整的原始戏剧，[2]或称“亚傩戏”和“前傩戏”[3]。但绝不能因其反映农业民族的习俗，反映彝族先民从狩猎、游牧生活转变到耕牧结合的定居生活情况等内容，来否定其形式上的戏剧艺术性。

① 皇甫重庆：《贵州彝族戏剧〈撮特几〉初探》，《贵州民族研究》1988 年第 1 期。

② 杨光勋、段洪翔：《彝族古戏——“撮衬姐”》，《贵州文史丛刊》1987 年第 1 期。

③ 顾朴光：《中国面具史》，贵州民族出版社 1996 年版，第 325 页。

第二节　傩堂戏的戏剧艺术性

傩堂戏，又称“傩戏”“傩愿戏”“傩坛戏”“姜女儿戏”“土地戏”，主要流布在湘、黔、渝毗连的苗族、土家族、仡佬族等民族聚居地区。历来学界认为“傩堂戏是一种从原始傩祭活动中蜕变出来的戏剧形式”[①]，甚至说是“一门独立的戏剧艺术”[②]。但是，前期学者多从民族学、民俗学、宗教学、神话学角度研究它的社会价值、文化价值，或从美术、音乐、舞蹈等方面观照其艺术价值，却少有人论及傩堂戏的戏剧艺术[③]，原因在于傩堂戏总是与“冲傩还愿”的宗教习俗结合在一起。下面从傩堂戏的戏剧本质、表演因素和审美特征等方面对其“戏剧艺术”性质进行分析解读。

一、傩堂戏的戏剧本质

戏剧是什么？戏剧的本质就是角色扮演[④]，是当众表演一个含有矛盾冲突的故事。

首先，傩堂戏具备了戏剧角色扮演的性质。傩堂戏角色以神祇为主，主要有男、女、老、少、文、武、鬼、神、僧、道等角色。有些角色是道教神灵，如东山圣公、南山圣母、三清老祖、药王“三圣”等。有些角色源于传统说唱文学，如关云长、包公、杨四郎、刘文龙、薛仁贵等。有些

---

① 周贵：《藏戏面具与傩堂戏面具之比较》，《咸宁学院学报》2008 年第 4 期；罗受伯：《初谈土家族的傩堂戏》，《贵州民族学院学报》1986 年第 3 期；等等。

② 罗受伯：《初谈土家族的傩堂戏》，《贵州民族学院学报》1986 年第 3 期。

③ 熊晓辉：《土家族傩堂戏的戏剧品格》，《内江师范学院学报》2007 年第 3 期。

④ 康保成：《后戏剧时代的中国古代戏剧形态研究》，《文艺研究》2008 年第 1 期。

是艺术化的角色，如银花小姐、梅花小姐、金角将军、唐氏太婆等。

傩堂戏坛上还有一些诸如傩公、傩母、地傩小山、翻坛小将、昭明太子一类的木偶神，他们是镇戏坛神祇。傩公、傩母是一对夫妻神，也是傩堂戏坛上的主神。地傩小山、丫角娘子被置于神案下面的地上，是专门捉妖拿怪、追魂取命的神灵。翻坛小将是戏坛供奉的一尊倒立木偶神，他是五猖之徒，神通广大，善于变化，司职与地傩小山相似。傩堂戏行当划分比较简单，主要有生、旦、净、末、丑、外、小生、贴旦等。

傩坛师傅装扮角色，当众表演含有矛盾冲突的故事，特别强调了傩堂戏出目的故事性。在傩堂酬神小戏中，每位神祇相当于一个角色，他们具有鲜明的神性性格和简约的神迹经历。如《开路将军》唱开路将军奉傩公、傩母之命，前往傩坛砍开五方五路财神，扫除邪魔路障，以确保各路神兵到傩坛履职享祀；《勾簿判官》唱判官崔云判骑马从华山到傩坛，为临傩坛的众神祇点名勾簿。这类小戏是酬神歌舞向傩堂世俗戏过渡、交融的一种艺术形式。说是酬神歌舞，又有简单的故事情节和说白形式；说是戏剧艺术，既无激烈的矛盾冲突，又无丰满的人物形象和曲折的剧情，被视为戏剧艺术的雏形。

傩堂世俗小戏的剧情取材于民众现实生活，具有较强的写实性。如《梁山土地》唱肖进雄被封为土地神前是梁山的一个长工，勤劳善良，精于耕作，演示他从破土、播种到中耕、收割的生产全过程，其间还穿插一段薅草锣鼓歌，富有生活气息；《李龙神王》唱李龙自幼父母双亡，身处困境，春节时他迎风冒雪，赤膊披蓑，拄着拐杖，带着两个病弱的儿子沿街乞讨。相对于酬神小戏，穿插在祭祀仪式间的世俗小戏剧情与土家族人的生活习俗密切相关，已完全摆脱了原始宗教的依附，把叙事视角由鬼神转向广阔的社会生活。

世俗戏中的部分移植剧目值得一提。这类剧目移植到傩堂表演，并非生搬硬套，而是经过加工创造，以适应傩堂戏的演出氛围。如《出关羽》的过关戏，原意是请关爷来扫清东、南、西、北、中五方的邪魔，开五方道路，以过五关斩六将的英雄气概来横扫妖魔鬼怪，反映了当地民众生活的价值取向，以及他们的审美情趣。

戏剧表演特别强调“当众”表演故事，指的是戏剧的观众因素。同样，傩堂戏也有着稳定的观众群体。因为演出傩堂戏关乎民众向往生命的祭祀性和故事情节的趣味性，观众构成分三部分：一是神坛上的诸路神祇、先人、坛班祖师，在民众的意识中傩堂戏是呈献给神祇的祀品，他们是最重要的观众；二是愿主、家人、香灯师、杀猪匠、乐队成员，他们既是傩堂戏的表演者，也是傩堂戏忠实的观众；三是在场的亲邻宾朋，这类观众的参与和傩堂戏剧情的趣味性密切相关。

演出场所是实现戏剧艺术的必要因素。愿主家的堂屋是傩堂戏演出的特定场所，左、右、后三面面向观众，前面是神坛，时空虚拟，象征人世、仙界两个空间。堂屋正中靠前置一方桌为神案，两侧的“出将”处坐乐队，“入相”处站坛师、香灯师。堂屋正中间铺一竹席，用作演戏之“氍毹”。演出傩堂戏还要在堂屋门前和灶房进行。正对堂屋门前放置一谷斗，中间张挂一神图，称作“功曹营”，意指神祇兵马来神坛之后安营扎寨的地方。《祀灶》一出是在愿主家灶房里唱演的，既祭且祀，且唱且跳。当然，傩堂戏的部分出目如《送茅船》《上刀山》要在街头野外、路口河边进行。可见，傩堂戏演出主要在堂屋内，同时在堂屋门前、灶间、街头野外几个空间转换。从戏剧发生学的观点考察，堂前屋外、村头河边的空闲宽阔之地正是戏剧最初的表演场所。[①]

二、傩堂戏的表演因素

傩堂戏在演出的服饰道具、音乐唱腔、舞蹈动作等方面具备较为成熟的演剧形式。

① 廖奔：《中国古代剧场史》，中州古籍出版社1997年版，第1页。

傩堂戏服饰主要包括头饰、服装、面妆三个方面。头饰有法帽、平顶冠、道巾帽、皮罗帽、纯阳巾、头帕、小生帽、花冠、假发等。服装有法衣、朝衣、号褂、小生褶子、靠子、女生褶子、法裙、披袍等。旦角穿女绣花便衣，仙官、武将穿甲级龙袍，法衣为白色底子、红色图案、青布镶边。傩堂戏服饰古朴、简易，更大程度上体现着傩坛巫师的装扮形象，是一种以最经济的花费来娱乐群众的剧种。傩堂戏面妆的口戴部分有黑满、白满、三须、红扎、獠牙等。

戴面具表演是傩堂戏的重要特点。面具和角色呈现类型化分类，正神，如消灾和尚、引兵土地、先锋小姐等，面具造型慈眉善目；凶神，像开山莽将、王灵官、押兵先师等，面具形象尽显森森“神煞”气质。至于世俗人物类面具更加接近生活真实，没有丝毫“神鬼”气息，如甘生、秦童、梅香等。演傩堂仪式戏，戴面具来区分神灵角色；世俗小戏演出则采取直接在演员脸上涂面化妆的方法，如和会郎君化装成旦角，交标童子化装成小花脸，看守桃源洞的尖角将军化装成粉面虎王的形象。

傩坛戏的道具分法器、仪式道具和普通道具三类。法器是法师用来增强法力、帮助法师完成演出的器具，如法冠、神轴、法印、神案、三清图、牛角号、师刀、三尖刀、令牌、牌带、竹卦、祖师棍等。仪式道具是演出仪式戏的祀物用品，如八仙桌、香、香炉、蜡烛、黄豆、烛台、竹席、茅人、茅船、铁链、三花楼、水碗、小碗、刀梯、木甑等。普通道具指演出傩堂戏常用的一般性物件，主要有各种钺斧、大刀、宝剑、折扇、毛巾、令旗、拐杖、马鞭、耳帐、吊帘、云扫、烟杆、枷、朝笏、押笏等。此外，还有疏奏、咒符、纸钱宝马、星辰牌等祈神牒文。但是，不论哪一种道具，只要用于傩堂戏演出就具有神秘性和神圣性。如铁链用于钟馗捉恶鬼凶神，押笏是判官押解“盖鬼”的通关令牌，马鞭是王灵官或二郎神镇坛用的神鞭，大刀是开山莽将用来砍五方财路的神刀，三尖刀为掌坛师开红山摄鬼镇邪之物。当然，最能体现傩堂戏“戏剧性”的还是普通道具。

音乐唱腔方面。傩堂仪式戏演唱普遍采用“参神咏”“傩腔”和“端公调”，较多运用润腔唱法，特点是音调比较平稳，旋律起伏不大。傩堂戏演唱还实行男女分腔和行当分腔。因为神祇角色有男、女、老、幼之分，唱调亦相应地有高低、宽窄、粗细、厚薄的体现，鲜明的角色声腔有先锋腔、师娘腔、童儿腔、算匠腔、开山腔、土地腔、八郎腔等。同时，傩堂世俗戏演出还夹杂土家族的花灯小调、山歌民谣、薅草锣鼓等一些唱法，说明傩堂戏向高台戏演进已准备好内容基础。

受传统戏曲的影响，傩堂戏的音乐声腔逐渐系统化，傩堂坛师把它归纳为“九板十三腔”。“九板”指唱腔的板式，即【凤点头】【双凤朝阳】【三击鼓】等锣鼓的九种打法。“十三腔”指【慢三眼】【二黄原】【三黄快】【四平调】等十三种曲牌唱法。[①] 随着剧情和唱腔的不同，乐师操作乐器的板式节奏、速度亦随之变化，使板式和唱腔和谐统一，增强演戏的艺术效果。

傩堂戏伴奏乐器以打击乐为主，常用马锣、中锣、小锣、钹、铙、铰子、鼓、木鱼、竹卦、令牌等，现在有些傩坛也使用二胡、胡琴等丝弦乐器。乐器伴奏选在唱腔前、中间、结尾。坛师开唱前吹牛角号、摇师刀，中间有节奏地轻打竹卦，结尾则领唱、帮腔交融，锣、鼓、镲、令牌齐鸣，此时音乐异常强烈、火爆、喧嚣，成为傩堂戏演出的一大特色。

舞蹈动作方面。傩堂戏的表演动作主要传袭了古老傩仪巫舞里的基本步法，傩堂坛师称之为“踏罡步”“踩八卦”或“踩九州”。它借用八卦与中宫的九个方位，结合汉代九个州府地名编成。步法有“大小八字步”“品字步”“丁字步”“团旋步”“梭梭步”“雀雀步”“碎步”“平步”“蹉步”“踩步”“左右踏步”“前后点步”“小羔羊步”“跪步”等，舞步动作迅速而多变，步调严紧而规整。当然，在表演达到高潮时，也有腾跃、蹦窜、翻滚、旋转、扑跌等一些技巧性的动作。演员在表演步法时遵循对称、方整的程式，向两个或四个方向重复一套动作，让周围的观众都能看得见。一般情况下，唱时不舞，舞时不唱，表演者多数在唱腔间奏中随锣鼓声起舞。

① 庹修明：《巫傩文化与仪式戏剧》，国家出版社2010年版，第276页。

傩堂世俗戏演出大量融进民间舞蹈和传统戏曲中的一些舞姿动作。典型的武打动作有“雪花盖顶”“黄龙缠腰”“怀中抱月”“鲤鱼戏水”“古树盘根”“太公钓鱼”“灵官拜台”“擦地爬河”“二换腿”“三换腿”“三跳身”“犀牛望月”等。戏坛上的表演动作刚健质朴、夸张粗犷、随意性强，演员的技艺和创造力得到充分发挥。

此外，傩堂戏还包括一些所谓“傩坛特技”表演，如“开红山”“上刀山（梯）”“下油锅”“刹红铧”“抱坛礅”“劈推”“定鸡”等。值得一提的是，在傩技表演中，巫术性质不是它的全部，传统戏曲的源头正是涵括多种类似技艺的“百戏”。

三、傩堂戏的审美特征

虚拟性、程式性和综合性是戏剧最重要的三个特征。

傩堂戏具备了戏剧的“虚拟性”，由于它在特定的时间、空间内向观众展演祈神、驱傩、还愿事件，所以具有丰富的虚拟场景及其象征意义。

首先，虚拟性体现在傩堂戏剧情的象征意义。如“搭桥”，把路桥神案铺展在长凳上，意为架设天仙、地仙、水仙桥，以使天上众神和阳兵阳将、阴兵阴将从桥上通过来到傩堂。还病愿的信众需“刹铧”，傩堂坛师通过“踩铧”“啮铧”，再端着红铧到各个房间驱鬼，意为鬼魅见火就会丧胆远遁，以此招吉纳祥。同时，在正堂和各个房间“噼噼啪啪”抛撒黄豆，意指撒豆成兵，降下天兵神将驱赶鬼煞。为孩童过关，师傅要背着他“上刀梯”“钻木甑”，刀梯安装十二把刀，象征十二关煞，从外向内钻过放在门前的木甑，踩踏十二个粗瓷碗，意为已通过“十二道阎君关卡”，摆脱凶神恶煞或疾病的缠身，从此易长成人。最后，“送茅船”借助“送”之动作的象征意义，把困扰愿主的瘟疫病灾、口舌伤风、苦难纠纷等作祟之物搜罗殆尽，押解上茅船、烧掉，送其远离家宅。

其次，虚拟性体现在傩堂戏角色的面具意象特征。如果面具眉毛刻得上扬加粗、眼窝加深、眼球突出、头上长角，象征神祇凶猛无比；弯眉大眼、耳大脸阔、色彩浓淡适度的面具，象征角色性格正直、稳健、忠厚；面具五官端正、眉清目秀、笑容可掬，象征角色慈悲、善良、纯朴。

傩堂戏表演具有固定的程式性。傩堂戏很大程度上体现为民间宗教的仪式程式演示。整出戏演出开合有度，“开”的部分差发诸路神灵，铺路搭桥，安营扎寨，直至临坛；“合”的部分过关扫荡，安神送神。这样首尾呼应，形成一个完整的闭合型叙事结构，唱演愿家发文请神、判牲祀神、驱秽禳疫、送神扫荡的内容。仪式性的内涵与其戏剧艺术的形式并不相悖，因为“戏剧的根源则是宗教仪式，仪式可以看作是戏剧性的、舞台上演出的事件，而且也可以把戏剧看作是一种仪式”①。再者，仪式在傩堂戏中只是一个架构，中间还要插演诸如《陈幺八娶小》《傻二赶场》一类调笑性质的民间小戏。

傩堂戏表演动作的程式化明显。傩堂戏每出表演程序基本一致，即吹牛角号、摇师刀开场→穿戴法冠、法裙、法衣→颂神、执行神职、祀神、烧纸钱→唱跳，再按倒序依次脱掉法衣、法裙、法冠→锣、鼓、钹、令牌齐响→结束。期间，唱、跳的动作贯穿于全过程。演出世俗戏时动作更显程式性，如人物出场，唐氏太婆右手捏扇半遮面，左手拿毛巾轻舞，典型的“青衣”形象；武将出场有“架子路”“跑马路”“拉风毛”“照鼓房”“掸凤尾”等动作；兵卒出场有“蛤蟆晒肚”“倒挂杨柳”“童子拜观音”等套子。

傩堂戏的“综合性”，首先是表演形式、内容的综合性。傩堂戏有仪式正戏、世俗插戏、堂外傩技等多种表演形式。不同形式涵括的内容亦较为丰富，仪式戏有 24 出，傩技表演有“上刀山”等多种，再加上难以数计的世俗小戏。单是这些世俗小戏，表演方式更加灵活多样，有花灯小调、山歌民谣、薅草锣鼓、打快板、说相声、讲绕口令、打金钱杆、杂技、魔术等。表演者载歌载舞、有唱有白、有打有闹、有唱有帮、相互配合，演

① [英] 马丁·艾思林著；罗婉华译：《戏剧剖析》，中国戏剧出版社 1981 年版，第 19—20 页。

唱者和观众的思想情感逐渐融为一体，产生艺术上的共鸣，获得精神上的愉悦美感。

傩堂戏的娱神、娱人性质亦体现其戏剧艺术的综合性。傩堂戏演出常用调侃、逗趣的情节和语言达到娱神、娱人的目的。如《开山猛将》中的开山神，威风十足，却在洗澡时丢了神斧，遭到童儿戏弄；《搬师娘》中，师娘母女的丑旦对子戏，借助夸张的比喻和谐音语的巧用，互相逗趣，诙谐而充满生活情趣；《搬土地》一折中，土地公、土地婆、癞子宝仔和幺儿媳妇四个角色之间插科打诨，风趣生动；《搬算匠》唱演算匠夫妻相互间的揶揄，并把遭街霸地痞打、被小偷骗等丢丑事拿来自嘲；《搬铁匠》为丑、旦对戏，铁匠夫妻开炉打铁，表演滑稽，并用飞白的语言形式相互戏谑。

傩堂戏中的丑角表演更能体现其娱乐性质。他们五官不正，表情夸张，在演戏过程中装聋作哑，故弄玄虚，滑稽可笑，其中以丑生秦童和丑旦秦童娘子、秋姑最有特色。《秦童挑担》中的秦童，歪嘴龇牙，幽默诙谐，时哭时笑，好耍无赖，极富喜剧色彩；秦童娘子嘴㖞眉斜，泪流涕下，头梳歪髻，髻插一朵素花，令观者忍俊不禁。《安安送米》中的秋姑，表情夸张，细眉、细眼、大鼻，长嘴一边歪斜，头上一缕发髻，映衬出她的心术不正、奸邪狡诈。由于剧中人物形象刻画和剧情发展都是粗线条的，演员只要把握剧情，至于唱词、台词则可临场发挥，与场内观众嬉笑佯骂，通过开放空间来最大限度地发挥其表演才能。这样，表演基调始终是轻松的，冲淡了威严肃穆的傩堂气氛，使观众似乎忘了神灵的存在。

由是观之，从傩堂戏表演目的看是娱神的仪式，实际上是娱人的戏剧演出。傩堂演剧，剧中有舞，舞中有戏，戏中的文学成分占较大分量，它融汇了音乐、舞蹈、美术、文学等多种因素，属于一门综合性的表演艺术。

总之，傩堂戏是一种娱神仪式性和戏剧艺术性兼而有之的戏剧形态，由于流播区域自然环境、历史文化等因素的影响，至今没能形成完全成熟形态的戏剧。但是，至少从三个方面充分体现出它的戏剧艺术性：一是傩坛师傅装扮角色，当众表演一系列含有矛盾冲突的故事，并且傩堂戏表演有稳定的观众群体和特定的演出场所，具备演员、角色、观众三位一体的戏剧特质；二是傩堂戏在演出服饰道具、音乐唱腔、舞蹈动作等方面具有较高的艺术性；三是傩堂戏演出具有丰富的虚拟性（象征性）、程式性和综合性。至此，可以说傩堂戏既有仪式的仪轨架构，又有丰富的戏剧艺术，它是古老仪式向传统戏曲演化的过渡形态。

第三节 阳戏的戏剧艺术性

阳戏在我国西南的川、黔、渝、湘西地区广泛流播，其演出价值不仅在于祀神祈福的祭祀性质，还具有一定程度的艺术审美功能。其建立在祭祀仪式内容上的戏剧表演艺术性质独具特色，值得分析。下面主要从它的脚色行当、表演动作、唱腔音乐和服饰道具方面给予观照。

一、脚色行当

从各地阳戏抄本看，多数情况下是直接以演出者的身份标识，如“先师”“鼓师”“土地”等，偶有“生”“旦”脚色出现。从实际演出情况看，颂神戏演出几乎没有脚色行当的划分，大多时间内只有掌坛师或站坛师一人吟唱、表演。外坛神话故事戏的脚色划分也很简单，只有生、旦、丑，没有净、末。世俗性阳戏的脚色不但有生、旦、净、丑之分，甚至门类划分更为细致，如生行有红生、小生、老生、巾生、穷生、武生、武小生，旦行有正旦、花旦、闺门旦、武旦、老旦、青衣、刀马旦、丑旦，净行有正净、武净、毛净，丑行含文丑和武丑。丰富的脚色分工，成熟的表演技巧，令阳戏表演显示出较高深的艺术内涵。

二、表演动作

仪式性阳戏表演动作主要指手诀、罡步，以及后期融入的少量传统戏剧动作。手诀，又称“挽诀”，坛师以手指的运动造型来表达特定的巫术含义，具有镇鬼、驱邪、退病、解厄、请神的法力，基本手法有伸、屈、勾、按、拧、扭、旋、翻、拼。要求双手要有一定的基本功，既要有力度、软度、速度，还要有灵敏度。[①]巫师的手势正是运用了动静、屈伸、高低、收放、徐疾、内外、方圆、上下等一系列矛盾统一的辩证结构，展现其韵律美、曲线美、节奏美和旋律美。罡步，巫师踏罡步是仪式戏演出时巫术感染力很强的一种法术。罡步步法较多，有五步罡、七星罡、八卦罡、九州罡、二十八宿罡、三十六天罡、七十二地煞罡等。其中九州罡，即踩九州、踩八卦、走罡，俗称“禹步”，借用八卦乾、巽、坎、艮、坤、震、离、兑与中宫九个方位北、东北、东、东南、南、西南、西、西北、寄于坤，象征汉代九州地名兖州、青州、徐州、扬州、荆州、梁州、雍州、冀州、豫州。坛师边踏罡步，步法呈“☆”状，边低吟口诀，以增强通灵神祇、驱除疫鬼的法力。手诀和罡步是作为人、神、鬼相互沟通的媒介，传达信息的外在符号或图像标记，寓意丰富，具有民间宗教的玄奥性、神秘性和严肃性。演出仪式性阳戏，脚色的步法、身段动作讲究稳健、庄重，举手投足间一招一式都要表现对神的敬重和虔诚，站跪有相。叩拜、上香、打卦、舞师刀，以动作表达通神摄鬼的语汇，给观者和演者一种若有其事的虚幻境地。

世俗性阳戏的表演动作与传统戏剧动作相近，常用一些传统戏曲表演的动作。手势有关门、开门、云手、摇扇、左手值日、右手值月、猪蹄叉等，步法有小碎步、圆台步、三团花、两步半、妖娆步、丁字步、马弓步等。小碎步，亦称“鸡啄米步”，小步行走，身体随着步法的行进轻微摆动，旦角步法。圆台步，旦角为跑圆场，生角为跑圆场或龙行虎步。三团花，三人互穿花队“∞”字，成“❀”形，花灯戏步法。两步半，又称“前思后想步”，向前两步退后半步，也可向左、向右。妖娆步，比小碎步动作大，扭腰、摆手动作大，常用于女角。丁字步，两腿并立，一脚横，一脚竖，成“T”字，武生步法。马弓步，前腿弓，后腿蹬直，武生步法。还有一些

① 周冰：《巫·舞·八卦》，新华出版社1993年版，第76页。

典型的武打动作：太公钓鱼、雪上栽花、四门兜底、苏秦背剑、黄龙缠腰、古树盘根、金龙抱柱、七合枪以及直拳、大小横拳等武术动作套路。

三、音乐唱腔

西南阳戏唱整出的请神、颂神、祀神、辞神词，诗赞体的唱词，被称为西南当地傩声腔调，形成阳戏独特的唱腔特点。关于阳戏唱腔，最流行的说法是“九板十三腔”[①]。“九板十三腔”的具体内容，在后人的文献中常有记述，如在《重庆阳戏与福泉阳戏之比较研究》[②]中，列重庆巴南地区的九板为【快板】【慢板】【垛板】【一字板】【梭板】【慢二流板】【快二流板】【数板】【抢板】，十三腔为【阴腔】【阳腔】【师腔】【慢腔】【快腔】【高腔】【低腔】【咏腔】【静腔】【秽腔】【赞腔】【吊腔】【总圣腔】。贵州惠水阳戏坛把阳戏花戏唱腔分为【悲腔】【四平腔】【老生腔】【花腔】【哭板】【数板】六类，福泉、瓮安、罗甸、湄潭等地戏坛上也有“九板十三腔”之说。[③]

事实上，仪式性阳戏唱腔的地域特色不明显。也就是说阳戏实际演出时，唱腔并非像阳戏文本所载“九板十三腔”那样机械固定，而基本上以“端公调”为主，吸收民间戏曲的声腔、山歌、小曲，并以锣鼓伴奏节拍，形成流行区域较广的端公腔、傩神腔。阳戏声腔即使在某一地域的某个时期受到曲牌体形式的影响，也仅仅是文本上的一种标注形式，曲牌明显徒有虚名，因为演唱时仍用传统的傩神腔，唱调低音徘徊，深沉厚重。然而，世俗性阳戏则调高轻快，多数情况下采用实际的角色腔调来体现剧中人物，如皇生腔、丞相腔、大臣腔、老妈妈腔、书童腔、大王腔、元帅腔等。常

---

① 胡天成编：《中国传统科仪本汇编（六）——四川省重庆接龙区端公法事科仪本汇编》（上），新文丰出版公司2003年版，第330页。

② 胡天成：《重庆阳戏与福泉阳戏之比较研究》，卢云辉、杨昌儒主编《贵州世居民族文献与文化研究》（2013年卷），中国社会科学出版社2014年版，第96页。

③ 皇甫重庆：《贵州阳戏——以罗甸县栗木乡达上村邓氏戏班为例》，施合郑民俗文化基金会1995年版，第79页。

用板式名称标识唱腔，如【女赶板】【男赶板】【七句板】等，曲调通俗易懂。

仪式性阳戏伴奏乐器主要有锣、鼓、铰子、镲、钹、散板、钵等打击乐器，无丝弦乐器，宗教戏坛上有时用木鱼。世俗性阳戏演出，乐器运用相对丰富，不但有锣、鼓一类的打击乐器，还包括京胡一类的丝弦乐器，甚至还吸收部分西洋乐器以增加视听效果。阳戏的锣鼓伴奏方式多样，开场打闹台，招揽观众，示意演出即将开始。仪式戏每四句一套打，增强法事的肃穆气氛。在唱段之前、之后敲打，以引出唱段和结束唱段。在舞蹈场或打斗场时套打，烘托气氛，增强演剧感染力。常用锣鼓曲牌有【幺二三】【三点锣】【长锣】【猛虎下山】【麻雀闹林】【金钱吊葫芦】【长路引】等。各地戏坛上的锣鼓曲牌和锣鼓打法差异较大，有的曲牌名称相同，乐器打法不一样；有的乐器打法相同，曲牌不一样，不同地方各具特色。

四、服饰道具

1. 服饰装扮

最早记录阳戏演出服饰见于道光阳戏抄本，其中关于判子神穿戴为：“头戴乌纱帽，身穿绿罗袍”（《勾愿一宗》），点棚牢子神的头饰：“头戴野鸡毛，手拿金竹板”（《点棚一宗》），据此可大体了解当时阳戏演出的服饰情况。又据《黔江县志》载：“民户则用男巫，花冠红裙，夭斜跳荡，铙歌彻夜不休”①，记载内坛法事戏演出情况。清同治时期酉阳一带的阳戏演出“袍帽冠服，无所不具，伪饰女旦亦居然梨园弟子”②，可知此地阳戏演出时，袍、帽、冠、服等各类服饰一应俱全。比较两段文献材料，清晰可见仪式戏的神祇化妆单调朴素，世俗戏的服饰装扮比较复杂，从单调到复杂，正是内堂祭祀向舞台小戏过渡的表象。

---

①（清）张九章修；陈藩垣、陶祖谦等纂：《黔江县志》，《中国地方志集成·四川府县志辑》（第49册），巴蜀书社1992年版，第167页。

②（清）王鳞飞等修；冯世瀛、冉崇文纂：《酉阳直隶州总志》，《中国地方志集成·四川府县志辑》（第48册），巴蜀书社1992年版，第766页。

现在，仪式性阳戏演出服饰种类繁多。一般戏坛有法冠、法裙、蟒袍、铠甲、帔、斗篷、披肩、氅衣、短衣、状元帽、侍女装、褶子、长裤、紫官衣、纱帽、朝靴、软靠、硬靠等，这些戏服质地素朴，制作多用粗布染色，手工剪裁、缝制而成，上面常绘龙凤、花草等图案。世俗性阳戏的演出服饰与流播地的其他地方小戏服饰几乎相同，如重庆世俗性阳戏表演很大程度上借鉴川地阳戏服饰，甚至有些坛班直接用川剧服饰。世俗戏在乡村演出，鞋靴服饰的穿戴不太讲究，有时穿胶鞋、皮鞋，戴纸官帽也能演出。

角色扮妆方面，西南地区阳戏剧中角色的身份主要采取提线木偶、面具和涂面三种方式表现。“提阳戏”“亮神子”，可知其为木偶演出形态；“鬼脸壳”等为戴面具演出；“伪饰女旦”，实为涂面，即男扮女相。提线木偶身份是造型各异的神祇，如土地、药王、文昌、川主、将军、仙女、仙姑、鬼卒等，木偶操纵者即为坛师。提线木偶代神演出尤其在川北阳戏坛最为普遍，而在贵州福泉、开阳等地的阳戏坛也有数量不等的木偶神，不过这两地的木偶神在演出的时候只是被挂在戏帐上，不扮演戏中角色。

戴面具演出是阳戏表演的特色。在西南地区，乾隆时期有“扮采茶妇，戴假面哑舞（俗名‘跳大头’），诸色入人家演之”①的记载，至今西南地区演阳戏仍戴面具，其中重庆酉阳、贵州福泉的面具阳戏最为典型。酉阳阳戏又称“脸壳戏”“面具戏”，每个戏坛一般有关圣帝君、皇生、老郎太子等32副面具；而福泉阳戏坛上有33副面具，其中二郎神一位神祇有阴、阳两副面具。此外，贵州开阳谭光明阳戏坛现仅存周仓、二郎神、杨六郎、尉迟恭、孟良、焦赞六副面具，以及三副纸质动物面具。川北阳戏坛只有土地公、二郎神、判官三副面具。面具外部形象上尽量注意了人物性格的大致特征，二郎神红面獠牙、威严异常，土地公慈眉善目、笑容可掬等。但戴面具表演有着无法避免的局限性，影响演员的视觉和发音的质量，同时，掩盖了演员向观众传神达意的面部表情。从各地阳戏面具日趋减少的

① （清）盛庆绂、吴丙慈修；盛一棵纂：《（乾隆）芷江县志》，《故宫珍本丛刊·湖南府州县志》（第17册），海南出版社2001年版，第308页。

形势判断，戴面具表演有逐渐被涂面化妆形式取代的趋势。

涂面演出阳戏最早见于清同治年间《酉阳直隶州总志》的“伪饰女旦”，所以阳戏的涂面极有可能受到传统戏剧舞台化妆艺术的影响。在采用涂面化妆的阳戏坛上，并非所有的脚色都采用这种形式，在重庆酉阳一带的阳戏坛仅有旦角涂面，贵州息烽、开阳等地戏坛上的灵官、钟馗、真武祖师、四值功曹、金童玉女等角色涂面。阳戏坛“涂面”比传统戏剧的“勾脸”色彩单调，如贵州罗甸栗木乡阳戏坛涂面用红、黑、白三种颜色，而息烽流长乡阳戏坛用黄、黑、白。可见，阳戏涂面化妆处在戏曲勾画脸谱的初期阶段。

2. 道具戏神

阳戏演出使用道具颇多，主要有三类，即普通道具、仪式道具和法器。普通道具指演出时常用的一般性物件，主要有长枪、刀、神剑、锏、神鞭、廷杖、云帚、马鞭、烟杆、枷、石磨、铡刀、鞭炮、令牌、令旗、朝笏、押笏等。仪式道具是仪式戏演出时的祭祀用品，如八仙桌、案桌、耳帐、吊帘、香、香炉、蜡烛、烛台等。法器有神轴、法印、御炉、卦、法剑、牛角号、师刀、水碗等。但是，不论哪一种道具，只要用于仪式戏演出就具有神秘性和神圣性。如长枪用于二郎神“桃山救母”，神剑用于钟馗“盖魁”，战斧用于孽龙战二郎，神鞭用于灵官或二郎神镇坛，等等。有些仪式道具本是日常生活用品，一旦用于阳戏仪式戏演出，就具有某种神秘色彩。如食品、物品要确保完整洁净，香、烛要严禁断火熄灭。

当然，最重要的道具是“三圣”和“戏神太子”雕刻像。“三圣”，即川主、土主、药王。阳戏戏神被称为“戏神太子”，即传统所称伶人所祀之神，其身份有二郎神、唐明皇、老郎神、后唐庄宗等之说，前人论证较详[①]，在此不赘述。在演戏时，“三圣”和“戏神太子”神像被放在坛前幕后

---

① （清）纪昀：《阅微草堂笔记·滦阳消夏录》，上海古籍出版社1980年版，第80页；（宋）欧阳修撰；徐无党注：《新五代史·伶官传》，中华书局1974年版，第398页。

颇为重要的位置，是仪式戏向娱乐戏剧演进的孑遗。

西南地区阳戏主体形态为仪式性质，各种“戏剧性”因素尚处在发展形成阶段。脚色直接以扮演者的身份标识。表演动作主要有手诀、罡步，并吸收传统戏剧的部分动作。诵唱采用帮腔方式，唱词结构有牌无曲，留有曲牌体余韵。伴奏主要用打击乐器，以锣、鼓齐节。服饰质地素朴，种类不多。面部妆扮承上有傀儡戏化妆方式，启下有传统戏曲脸谱化妆。所用道具有普通道具、仪式道具和法器。

分析阳戏的“戏剧性”，发现西南地区阳戏演出多是旨在实现其祭祀功能，戏剧的艺术审美并不是人们演出阳戏的意向。除上述各种不太成熟的戏剧因素可以说明外，还体现在其活动内容的仪式性质。首先，阳戏表演期间无论插演多少娱乐戏目，都以不破坏仪式的完整性为前提，具体到每出戏，也是以仪式程序为演出线索。其次，阳戏的世俗性剧目本质上服务于祭祀仪式，“娱人”服从于“娱神祀神”，其剧目剧情进入阳戏坛时皆经过了某种程度的改编，使之适合仪式的演出语境，即使取材于传统戏曲或古典小说。但是，正是上述萌芽时期的“戏剧性”因素，昭示着传统戏剧的渊源。

第四节　地戏的"仪""戏"融合性

作为傩戏品种之一的地戏，其"仪""戏"融合性体现在它寄寓在仪式框架下演出娱乐性内容的民间戏剧形式。即地戏表演具有傩戏的仪式性和民间戏剧娱乐性的二元结构特点，即本文所论"地戏的'仪''戏'融合性"。

一、地戏的仪式性

地戏演出具有系统的仪式形式和丰富的祭祀内容。

同样，构成完整仪式程序的每一个小仪式单元也自成环形闭合式的叙事系列。跳地戏，唱演历史演义，年度演出从反方的"起事犯边"开始到正方的"平番定国"结束，每天演出从"番将叫阵"开演到忠臣"胜利凯旋"结束，皆是自然完整的叙事结构。

地戏演出的整个环节轨程体现出系统完整的仪式性。1. 开箱，择吉日。开箱，又称"开脸"，即从"神柜"中请出面具。2. 参庙。开箱戴面具，地戏表演队伍到庙中参拜神灵，求其保佑地戏演出顺利以及赐予屯堡寨民福祉。3. 扫开场。由两个小军分别戴红、蓝面具出场，他们边唱边舞，打扫干净演出场地为开戏做准备。4. 设朝。又称"点将"，戏中正反两方将帅升帐点兵，准备阵前交战。每点一名将帅都要唱念，自我介绍一番。5. 跳神。即地戏演出，演出时间一般从农历正月初二到正月十六，持续十五天。6. 扫收场。由两角色对唱，即和尚、土地戴面具出场演出。其内容为：将一切瘟疫灾难、不祥是非扫出去，将金银财宝、平安吉祥扫进来。7. 封箱。扫收场完毕，地戏队举行祭祀仪式，收起面具，用棉纸包装好放回"神柜"，待到第二年再“开箱”跳地戏。从“开箱”戴面具到包装面具“封箱”、从“扫开场”唱开场戏到“扫收场”唱收场戏，皆呈现出一个完整的仪式程序，完成了一个闭合性的叙事链条。

演出地戏具有丰富的祭祀内涵。祭祀性内容渗透到整个仪式轨程的每个环节。首先，“开箱”要摆果供、上香点烛、烧纸钱，“神头”抱雄鸡掐破鸡冠将鸡血滴在“神柜”上开戏箱。表演者戴着面具参庙、参桥、参树、参井、参墓、参洞等，祈求神祇保佑村寨风调雨顺、人寿年丰。比如，在安顺市西秀区刘官乡的傅家寨，据说有明朝初年征南大将军傅友德的“衣冠冢”和南征时存放军粮银饷的“军饷洞”，所以傅家寨每年演地戏之前要“参洞”“参墓”。男女老少在军饷洞前施礼跪拜，烧纸钱，放鞭炮，跳地戏，在衣冠冢举行参墓仪式，念诵“傅友德祭祀”黄表文书。具体内容如下：

参征南大将军傅友德祭文：时维 公元二〇一七年农历正月初六日大吉良辰，傅家寨儿女虔备香烛纸帛修馔素席跪祭于征南大将军傅公友德之墓前祭而文曰：黔中腹地，大地浩瀚。气候温和，胜景泽涵。滇境叛乱，明王不安。奉天承运，调北征南。征滇匡扶，军令如山。法纪严明，屯田戍边。平蛮有道，治军有方。洪武十五，攻克云南。保境安民，丰功伟绩。奉旨还！

硝烟征战护国邦，文韬武略为民忙。征南平川镇四海，雄才一世美名传。黄天苍苍，大地茫茫。多疑明太祖内惧功臣，设法除障，颍国公功高盖世，被迫自刎身亡，天感不公，风雨雷电劈山带哭。表：白马报信，驰到洞口亡。每每提及，难忘历史沧桑。六百年已过，适逢太平盛世，屯堡后裔，丰衣足食，感怀将军之情，难报将军之恩。天地哀哀，我辈缅怀，今傅家寨儿女，同心同德，祭奠将军，祈求保佑，平安顺利，幸福吉祥。读祭已毕。叩首，二叩首，三叩首。礼毕。鸣炮。①

祭祀文书主要有三个方面的内容：一、回顾傅友德生前保境安民的丰功伟绩；二、祭奠先祖英雄；三、为屯堡村寨儿女“祈求保佑，平安顺利，幸福吉祥”。

贵安新区马场镇二湾河村“跳神”封箱仪式具有典型的祈禳性质。该地戏封箱仪式包括两个主要环节。第一，扫收场。该仪式有和尚、道士两个角色，二人一唱一和，演唱“瘟疫邪祟扫出去、丰年吉祥扫进来”一类内容。第二，封箱祈禳。“神头”把面具包装好放进“神柜”、落箱盖上锁后，捆扎好刀枪把子放在“神柜”上面，祈禳祭祀仪式正式开始。祈禳目的是为村中男童祈福禳疫。村中凡有五岁以下男童的住户都要拎着一只公鸡和一份纸钱、香烛参加封箱祭祀活动。他们跪在“神柜”前面，点香燃烛烧纸钱，杀鸡用鸡毛蘸血贴在“神柜”上，祈祷面具神祇保佑孩童无病无灾、健康成长。据调查得知，在二湾河村封箱仪式中常有祈祷年景风调雨顺、村寨安宁吉祥、村民平安健康等项目，为男童祈禳不是依附在封箱仪式上的唯一内容。

“七月半”跳“米花神”更是地戏祀神祈福祭祀性质的直接体现。跳“米花神”是在每年的“七月半”，正是稻米扬花、粒满缨长，一年丰收在望的时候。跳“米花神”穿行于田间地头，祈求风调雨顺、无风无冰雹。“七月半”跳“米花神”没有开箱、参庙、扫开场等仪式程序，甚至跳地戏演历史演义故事的情节也很短，有些甚至没有故事情节，只是演员穿上行头，敲锣打鼓，行走在田间小路，祈求神祇保佑年谷顺成。

地戏的祭祀性质从其民间的习惯称谓亦可见一斑。清康熙《贵州通志》称跳地戏为“跳鬼”，民间称之为“跳神”。当地民间至今仍称之为“跳神”或“跳神戏”，每年农历七月十五演地戏被称为跳“米花神”，其组织者被

① 田野调查材料。时间：2017年2月2日；地点：贵州省安顺市西秀区刘官乡大寨村（傅家寨）；事项：傅家寨地戏队参傅友德将军墓、跳地戏《粉妆楼》调查。

跳神者头顶青巾，腰围战裙，额戴假面，手执刀矛，且唱且舞。所唱戏文，或为东周列国故事，或取自封神演义、汉书、三国，或为仁贵征东、丁山征西、狄青平南、说唐、杨家将故事，都属武戏。跳神者各组团体，邀请跳神之村寨，须予招待。[①]

“跳神戏”只是在农闲之际借用“演习武事”的形式来寓兵于农，以备武事，与祭祀傩礼无关。随着后期国家几无战事，各民族安居融合，跳地戏自然成为民众在节后农闲时自娱自乐的民间艺术形式，也是屯堡村寨之间联系情感的一条纽带。

三、地戏形态的客观认识

所以说，地戏既有傩戏仪式形式，又含民间小戏娱乐性质，不能非此即彼，把二者截然对立。定论“地戏是一种以驱邪酬神为目的的原始傩戏”[②]言之过重，为“地戏正名，安顺地戏不是傩戏”[③]又不符合客观实际。前者观点源于傩文化研究的早期，对于“地戏”认识的不全面和认识“傩文化”的盲目夸大所造成的，忽略了地戏在演出时大多时间内呈现了娱乐性的民间小戏形态。后一种观点的偏颇源于部分屯堡民众和学者对“傩戏”的误解。可以说，地戏“是傩”与“非傩”相争与地戏研究相始终。但从最初学术领域的杂音稍出，到今天少数学者包括部分屯堡民众也加入了声讨“把地戏看作傩戏”的队伍。这部分学者和民众为什么对“地戏”与“傩戏”的关系决绝到这种程度呢？

原因之一，把地戏与傩戏的区别，具体落实在形式的仪式性与娱乐性、

① 黄元操、任可澄等纂辑：《（民国）续修安顺府志·第十六卷·礼俗志》，《中国地方志集成·贵州府县志辑》第42册，巴蜀书社2006年版，第511页。

② 沈福馨：《安顺地戏应属傩戏》，安顺师范高等专科学校学报1995年第1期，第7页。

③ 高守应：《对安顺地戏文化传承发展的几点思考》，《安顺城记》2018年第6期，第71页。

内容的有无故事情节、性质的祈福纳吉与驱邪避鬼三个主要方面。那些将“地戏”与“傩戏”割裂者，把地戏看作是娱乐性、有完整故事情节和祈福纳吉的屯堡特色文化，把傩戏看作是仪式性、无完整故事情节和驱邪避鬼的祭祀仪礼。殊不知，地戏既有故事情节和娱乐性质，又有成体系的仪式框架；傩戏的仪式性过程中也有娱乐性内容和故事情节。况且，“驱邪避鬼”不是“傩”和傩戏的唯一内容，“祈福纳吉”也是其重要内容之一。

原因之二，把“地戏”与“傩戏”割裂的深刻原因是他们对“傩”的认识和接受情感产生了错位。可能由于受 20 世纪六七十年代破除封建迷信之风的影响，他们心底留下难以抹去的阴影和抵触情绪，闻“傩”色变，视“傩”如洪水猛兽而拒之千里，不认同“地戏属于傩戏”的说法，认为如此说法把传统的屯堡地戏污名化了。实际上，“傩”是一种文化现象，是一种文化特征，其功能和表现形式就是“驱鬼逐疫、祈福禳灾”。可见，以祈禳逐疫为主要特征的傩文化是中国优秀传统文化样式之一，随着中国历史的发展源远流长，传延至今。且随着社会发展，中华文化的辐射力日益增强，傩文化在东亚、东南亚等华文化圈影响会更加深远。所以，“地戏是傩戏”的说法是把地戏纳入中国传统文化语境中来提及，是符合客观事实的，并非矮化，甚至污名化“屯堡地戏”。

地戏演出具有系统的仪式形式、丰富的祭祀内容以及祈福纳吉的性质，地戏属于傩戏，是傩戏的一个品种。但是，地戏又不同于傩祭、傩礼那般浓重而典型的“傩”类祭祀仪式。地戏演出是在一个完整、系统而闭合式的仪式框架内完成的，同时，在其演出性质、故事内容、声腔唱调、表演场地等方面又呈现民族民间戏剧特征，充分体现了民间戏剧艺术的娱乐性、观赏性。概言之，地戏属于傩戏的一个品种，是一种在祈福纳吉仪式框架下演出的民间娱乐性戏剧样式。

结 语

贵州傩戏的“异质性”是从每种傩戏的表演形态视域看，有悖于综合表演形态的成分。本章内容以“撮泰吉”、傩堂戏、阳戏和地戏为例，论述仪式戏的戏剧艺术性和民间演戏的仪式性。如以仪式功能为主的“撮泰吉”、傩堂戏、阳戏蕴含着戏剧艺术的丰富元素；以戏剧演出为主体的地戏，又具有典型的“仪”“戏”融合性质。这种仪式戏中的戏剧艺术元素和民间演戏中的祭祀仪式相融及其成分的多寡，说明戏剧起源于仪式和该剧种在由民间祭祀向舞台演剧发展的链条上所处的阶段。

余 论

本研究成果针对黔地傩文化类型的文化地理分布、典型性、民族性、社会性和不同傩文化之间的互联性等方面用力甚勤，只是由于时间、学识等方面的因素，还有诸多不能尽意之处。

首先，指出贵州多形态傩文化的文化源为古代中原地区、江南地区和湖广地区三个文化源区，同时指出三者之间不是平行并列的关系，而是有着时间和空间维度的传播、传承关系。主流传播的时间应该在唐朝、明清时期中国版图扩大之时，黔地傩文化更深远的文化源是中原文化，虽然与梅山文化有“源”和“流”的痕迹，但“源”不是傩文化的原始源点。但要论证傩文化从先秦至唐宋时期东移南迁的流播路径，需要更多的、多维性的论据，因为这是颇有价值的学术观点，这是日后值得着力完成的学术任务。

黔地傩文化的文化传播路线，跟随移民从江浙一带经水路从长江、沅江、清水江进入到湘黔门户镇远县，再到云贵高原腹地，并提供佐证：黔、渝、湘毗连地区的傩堂戏与湘西南沅江流域的傩文化形态基本一致，并从艺人家谱族谱移民信息、神祇仙乡祖籍、唱书的文字方言等方面给予论证。尚需努力求索到文化随艺人传播迁徙的直接证据，虽是难点，但却是学术研究的方向和目标。

其次，黔地深处内陆，远离海洋，区域文化显示山地文化的特点。彝族祭祀山神，彝族认为山神是自然界中最有力的神，狩猎、耕种祭祀山神，久旱无雨、久雨成涝祭祀山神，祈求社会平安、休战息兵祭祀山神，仕进从戎甚至走亲访友都要祭祀山神，信仰山神为民众提供猎物和财宝。傩文化系统中山神信仰的文化信息比较丰富。傩堂戏的《和梅山》，山神专司禽兽。思州喜傩神不是洞穴信仰，而是奉五岳信仰。从对联看，右侧中间一副下联："大仙最会付五岳"，本来是"大仙最会付桃源"，"五岳"是后来覆在"桃源"之上的。中堂中间一副下联："锣鼓三响感动五岳众仙兵"中有"五岳"。左侧中间一副上联："五岳圣帝齐降驾"中有"五岳"。丁福泉坛上称还愿名称为：五岳长生保家良愿，病愿发人发家治病。

虽然域外其他的少数民族也有崇拜山神的传统。如鄂伦春族、鄂温克族人认为狩猎多少由山神主宰，猎物是山神的恩赐；怒江独龙族出猎前要向山神献祭，认为梅山神专管山中野兽，狩猎者要祭祀梅山神。同时，他们还把梅山神当作村寨的保护神，主宰村寨人丁兴旺、风调雨顺、妇女生育等；白族把山神视为猎物的赐予者、庄稼和禽兽的保护者，祭祀山神能保佑人们五谷丰登、六畜兴旺；四川嘉绒藏族认为山神可以止冰雹、避瘟神。但是，像傩文化中祀"五岳神""桃源洞"表现得那样系统普遍，实属少见。因此黔地山神崇拜是值得关注的信仰现象，值得另辟专文探讨。

最后，傩文化的文学价值亦有深究的价值。傩堂戏演出形态体现了王国维"后世戏剧，当自巫优二者出"①的观点，是戏剧起源于祭祀仪式的有力实证。从演出的结构形式看，巫师站坛主持仪式的进行是喜傩神的重要成分，保持着祭祀仪式的重要特点。但是也融入了许多娱乐的成分在里面，突出表现在以神祇角色表演现代故事情节的对口说唱戏，这些戏目演出前后各有一小段演出请神、酬神的仪式。也就是说，神祇戏是内容，祭祀仪式是其形式外壳。从傩堂戏的演出内容看，有巫师祭祀，有戴神祇面具演述故事，有穿着传统戏剧服饰、涂面装扮演出民间小戏，有《秦童挑

① （清）王国维：《宋元戏曲史》，商务印书馆1915年版，第4页。

担》一类乐趣绵绵的文戏，有《杨四郎战潘夫人》一类历史征战、灵官捉鬼性质的武戏，也有捞油锅、拉红链、衔红齿、踩红铧、过火海、上刀梯、吐火一类具有观赏性的杂技。还有傩戏唱书融汇了“话不重烦，书要减缩。花开两朵，各表一枝”“话说……”“不表桂英令婆事……且表……”“却说……不提，且说……”“诗曰”，以及第一、第三人称交换使用等传统说唱文学的语体风格。唱腔的丰富性更能体现其“巫”和“优”的特点，思州喜傩神融合了巫师祭祀常用的神歌腔、打着金钱杆唱跳的花灯调、唱《灵官斩鬼》用的京剧拖腔“噢 ǒ ō 好来”。

傩戏既饱含着深厚的信仰仪式文化，又从多维角度呈现了丰富的戏剧内涵，反映了戏剧发展过程中由“仪”向“戏”演进的轨迹。

征引文献 ※

1.（清）张锳修；邹汉勋、朱逢甲纂：《兴义府志》，贵阳文通书局据咸丰四年（1854）刻本。

2.（晋）刘昫撰：《旧唐书》，同治十一年（1872）浙江书局刊印。

3.（汉）班固：《白虎通》，崇文书局1875年版。

4.（清）毛贵铭撰：《西垣诗钞》，长沙王氏1884年版。

5.（清）钮琇辑：《觚剩》，时中书局印行1912年版。

6.（清）王国维：《宋元戏曲史》，商务印书馆1915年版。

7. 汪钟岷修；陈廷棻、陈楷纂：《平坝县志》（第4册），贵阳文通书局铅印本1932年版。

8.（清）蒋廷锡等辑：《古今图书集成》（第40册），中华书局1934年版。

9.（清）阮葵生纂：《茶余客话》，商务印书馆1936年版。

10.（清）田雯：《黔书》，商务印书馆1936年版。

11.（晋）陈寿撰；（宋）裴松之注：《三国志》，中华书局1959年版。

12.（晋）司马彪撰；（梁）刘昭注补：《后汉书》，中华书局1959年版。

13.（唐）崔令钦：《教坊记》，《中国古典戏曲论著集成》（一），中国戏剧出版社1959年版。

※ 按文献出版时间先后顺序排列。

14.（宋）李昉等编:《太平广记》（第六册），中华书局 1961 年版。

15.（清）刘岱修；艾茂、谢庭薰纂:《独山州志》，贵州省图书馆据北京图书馆藏乾隆三十四年（1769）刻本复制油印本 1965 年版。

16.（晋）司马彪撰；（梁）刘昭注补:《后汉书》，中华书局 1965 年版。

17.（明）郭子章:《黔记》，贵州省图书馆据万历三十六年（1608）刻本复制油印本 1966 年版。

18.（清）张澍:《续黔书》，成文出版社 1967 年版。

19.（清）杨芳灿等纂修:《（嘉庆）四川通志》，京华书局 1967 年版。

20.（清）蔡呈韶等修；胡虔等纂:《广西省临桂县志》，成文出版社 1967 年版。

21.（清）李世熊:《宁化县志全》，成文出版社 1967 年版。

22. 爱必达:《黔南识略》，成文出版社 1968 年版。

23.（清）黄乐之、平翰等修；郑珍等纂:《遵义府志》，成文出版社 1968 年版。

24. 严耕望编著:《唐史研究丛稿》，新亚研究所 1969 年版。

25.（唐）魏徵等撰:《隋书》，中华书局 1973 年版。

26.（唐）房玄龄等撰:《晋书》，中华书局 1974 年版。

27.（民国）毛肇显等纂:《余庆县志》，成文出版社 1974 年版。

28.（清）陈鳣撰:《礼记集说参订》，文海出版社 1974 年版。

29.（清）汪兆柯:《东安县志（全）》，成文出版社 1974 年版。

30.（宋）欧阳修、宋祁撰:《新唐书》，中华书局 1975 年版。

31.（清）邓显鹤等:《宝庆府志》，成文出版社 1975 年版。

32.（清）张香海等修；杨曦等纂:《（咸丰）梓潼县志·重修梓潼县志》（卷二），成文出版社 1976 年版。

33.（晋）干宝撰；汪绍楹校注:《搜神记》，中华书局 1979 年版。

34.（晋）常璩撰；（明）钱谷钞校:《华阳国志》，世界书局 1979 年版。

35. 沈平山:《中国神明概论》，新文丰出版公司 1979 年版。

36.（明）田汝成辑撰:《西湖游览志馀》，上海古籍出版社 1980 年版。

37.（清）阮元校刻:《十三经注疏》，中华书局 1980 年版。

38.（唐）段成式撰；方南生点校:《酉阳杂俎》，中华书局 1981 年版。

39.（宋）洪迈撰；何卓点校:《夷坚志·夷坚丁志》，中华书局 1981 年版。

40.《思想战线》编辑部编:《西南少数民族风俗志》，中国民间文艺出版社 1981 年版。

41.（明）谢东山修；张道纂:《贵州通志》，贵州省图书馆据云南大学借云南省图书馆传抄天一阁藏嘉靖三十四年（1555）刻本重抄本复印本 1982 年版。

42.（宋）孟元老撰；邓之诚注:《东京梦华录注》，中华书局 1982 年版。

43.（清）王士禛撰:《香祖笔记》，上海古籍出版社 1982 年版。

44.（宋）蔡绦:《铁围山丛谈》，中华书局 1983 年版。

45.（晋）常璩撰；刘琳校注:《华阳国志校注》，巴蜀书社 1984 年版。

46. 王世祯:《细说中国民间信仰——由神话起源探讨民俗信仰》，武陵出版社 1985 年版。

47.（唐）柳宗元:《龙城录》，中华书局 1985 年版。

48. 中国社会科学院民族研究所民族理论室编:《宗教与民族研究资料选辑》，（未公开发行）1986 年版。

49. 李家瑞编:《北平风俗类征》，上海文艺出版社 1986 年版。

50. 严复:《有如三保》，王栻主编《严复集·诗文（上）》“第一册”，中华书局 1986 年版。

51.《二十五史·隋书 旧唐书》，上海古籍出版社、上海书店出版社 1986 年版。

52.（元）马端临:《文献通考》，中华书局 1986 年版。

53. 中国人民政治协商会议内江市市中区委员会文史资料委员会编:《内江市市中区文史资料选辑》（第二十四辑），1986 年版。

54.（北魏）郦道元：《水经注》，《（景印）四库全书·史部》（第573册），台湾商务印书馆1986年版。

55. 曲六乙：《建立傩戏学引言》，载庹修明等编《傩戏论文选》，贵州民族出版社1987年版。

56. [日]服部千春：《孙子兵法校解》，军事科学出版社1987年版。

53.（清）曹抡彬修；曹抡翰纂：《（乾隆）雅州府志》，《中国地方志集成·四川府县志辑》（第63册），巴蜀书社1987年版。

57.（宋）程遇孙：《成都文类》，《（景印）文渊阁四库全书》（第1354册），台湾商务印书馆1988年版。

58.（明）彭大翼：《山堂肆考》，《（景印）文渊阁四库全书》（第977册），台湾商务印书馆1988年版。

59.（明）戴璟、张岳等纂修：《广东通志初稿》，《北京图书馆古籍珍本丛刊》（第38册），书目文献出版社1988年版。

60.《（景印）文渊阁四库全书》（第195册），台湾商务印书馆1988年版。

61. 覃光广等：《中国少数民族宗教概览》，中央民族学院出版社1988年版。

62.《中国民间故事集成·重庆市巴县卷》（上册），重庆市书刊准印1988年版。

63. 何光岳：《南蛮源流史》，江西教育出版社1988年版。

64. 卢傑创修；蒋芷泽等纂：《兴义县志·艺文》，《中国地方志集成·贵州府县志辑》（第30册），巴蜀书社2006年版。

65.（清）升允、长庚修；安维峻纂：《甘肃新通志》，江苏广陵古籍刻印社1989年版。

66.（清）姚福均撰：《铸鼎余闻》，台湾学生书局1989年版。

67.（明）陶屡中等纂修：《瑞州府志》，明崇祯元年（1628）刊本，成文出版社1989年版。

68.（宋）高承撰；（明）李果订：《事物纪原》，中华书局1989年版。

69.（明）汪云鹏校梓：《列仙全传》，河北美术出版社 1996 年版。

70.（清）赵翼著；栾保群、吕宗力校点：《陔余丛考》，河北人民出版社 1990 年版。

71. 丁世良、赵放主编：《中国地方志民俗资料汇编·中南卷》，北京图书馆出版社 1991 年版。

72.（宋）郭彖：《睽车志》，《分门古今类事（外八种）》，上海古籍出版社 1991 年版。

73.（明）刘大谟、王元正等纂修：《（嘉靖）四川总志》，北京图书馆出版社 1991 年版。

74.（明）王耒贤、许一德纂修：《（万历）贵州通志》，书目文献出版社 1991 年版。

75.（清）阿克当阿修；姚文田纂：《（嘉庆）重修扬州府志》，《中国地方志集成·江苏府县志辑》（第 41 册），江苏古籍出版社 1991 年版。

76.（清）高士鸃等修：《（康熙）常熟县志》，《中国地方志集成·江苏府县志辑》（第 21 册），江苏古籍出版社 1991 年版。

77.（清）王鳞飞等修；冯世瀛、冉崇文纂：《酉阳直隶州总志》，《中国地方志集成·四川府县志辑》（第 48 册），巴蜀书社 1992 年版。

78.（清）王鉴清等修；施纪云等纂：《续修涪州志》，《中国地方志集成·四川府县志辑》（第 47 册），巴蜀书社 1992 年版。

79.（清）辜培源等修；曹永贤等纂：《（光绪）盐源县志》，巴蜀书社 1992 年版。

80. 顾朴光等编：《中国傩戏调查报告》，贵州人民出版社 1992 年版。

81. 何星亮：《中国自然神与自然崇拜》，生活·读书·新知三联书店上海分店 1992 年版。

82. 罗书勤等点校：《黔书·续黔书》，贵州人民出版社 1992 年版。

83. 杜文铎等点校：《黔南识略》，贵州人民出版社 1992 年版。

84. 刘锡纯纂：《重修彭山县志》，《中国地方志集成·四川府县志辑》

（第 40 册），巴蜀书社 1992 年版。

85.《中国傩文化与民间信仰》，《民俗曲艺》第 82、83 期，施合郑民俗文化基金会 1993 年版。

86. 胡健国：《巫傩与巫术》，海南出版社 1993 年版。

87. 马学良等编著：《彝族原始宗教调查报告》，中国社会科学出版社 1993 年版。

88. 卢朝栋：《思南傩堂戏》，贵州民族出版社 1993 年版。

89.（明）姚思仁注：《大明律附例注释》，北京大学出版社 1993 年版。

90. 王跃：《四川省江北县舒家乡上新村陶宅的汉族“祭财神”仪式》，施合郑民俗文化基金会 1993 年版。

91.（明）曹学佺：《蜀中广记》，上海古籍出版社 1993 年版。

92. 胡健国：《湖南傩戏研究论文集》，香港·大世界出版公司 1994 年版。

93. 李一氓：《道藏》（第三册），上海书店出版社、文物出版社、天津古籍出版社 1994 年版。

94.（清）宫梦仁撰：《读书纪数略》，上海古籍出版社 1994 年版。

95. 于一、王康、陈文汉：《四川省梓潼县马鸣乡红寨村一带的梓潼阳戏》，施合郑民俗文化基金会 1994 年版。

96. 王秋桂主编：《中国地方戏曲丛谈》，国立清华大学人文社会学院思想文化史研究室 1995 年版。

97. 王秋桂、庹修明：《贵州省岑巩县注溪乡岑王村老屋基喜傩神调查报告》，施合郑民俗文化基金会 1995 年版。

98. 王秋桂主编：《民俗曲艺》系列丛书，施合郑民俗文化基金会 1994—2003 年版。

99.（明）倪岳：《青溪漫稿》，《丛书集成续编》（第 113 册），上海书店出版社 1994 年版。

100. 杨兰：《贵州晴隆县白胜村水坝山苗族庆坛述要》，《民俗曲艺》第 94、95 期，施合郑民俗文化基金会 1995 年版。

101. 皇甫重庆:《贵州阳戏——以罗甸县栗木乡达上村邓氏戏班为例》,施合郑民俗文化基金会 1995 年版。

102. 宋运超:《祭祀戏剧志述》,贵州民族出版社 1995 年版。

103. 吕大吉、何耀华总主编:《中国各民族原始宗教资料集成》,中国社会科学出版社 1995—1999 年版。

104. 杨兰、刘锋:《贵州省晴隆县中营镇新光村硝洞苗族庆坛调查报告》,施合郑民俗文化基金会 1996 年版。

105. 于一:《巴蜀傩戏》,大众文艺出版社 1996 年版。

106.(明)虞怀忠、郭棐等纂修:《(万历)四川总志》,齐鲁书社 1996 年版。

107. 卿希泰:《中国道教史》,四川人民出版社 1996 年版。

108. 蓝勇:《西南历史文化地理》,西南师范大学出版社 1997 年版。

109. 张建建:《冲傩还愿:贵州傩仪的结构、类型、意义》,贵州人民出版社 1997 年版。

110. 徐乾学等编注:《中华传世文选·古文渊鉴》(下),吉林人民出版社 1998 年版。

111.《中国民间故事集成·四川卷》(上册),中国 ISBN 中心 1998 年版。

112. 桐梓县地方志编纂委员会编;胡大宇等校点:《桐梓历代诗集成》,(内部发行)1998 年版。

113. 胡天成主编:《民间祭礼与仪式戏剧》,贵州民族出版社 1999 年版。

114. 郁贤皓:《唐刺史考全编》(第 4 册),安徽大学出版社 2000 年版。

115.(清)薛福成著;南山点校:《庸盦笔记》,江苏古籍出版社 2000 年版。

116. 余大喜:《中国傩神谱》,广西民族出版社 2000 年版。

117. 钱茀:《傩俗史》,广西民族出版社、上海文艺出版社 2000 年版。

118. 吕宗力、栾保群:《中国民间诸神》,河北教育出版社 2001 年版。

119. 向柏松:《土家族民间信仰与文化》,民族出版社 2001 年版。

120. 李瑞岐主编:《黔东南苗族侗族自治州戏曲曲艺概览》，贵州民族出版社 2001 年版。

121.（清）曾受一等纂修:《（乾隆）江津县志》,《故宫珍本丛刊: 四川府州县志》（第 11 册），海南出版社 2001 年版。

122.（明）张瀚:《皇明疏议辑略》,《续修四库全书》（第 462 册），上海古籍出版社 2002 年版。

123.［罗］米尔恰·伊利亚德著; 王建光译:《神圣与世俗》，华夏出版社 2002 年版。

124.（清）黄文琛等纂修:《（光绪）邵阳县志》,《中国地方志集成·湖南府县志辑》（第 50 册），江苏古籍出版社 2002 年版。

125.（清）黄维瓒等修:《（同治）武冈州志》,《中国地方志集成·湖南府县志辑》（第 54 册），江苏古籍出版社 2002 年版。

126.（清）李莳修; 旷敏本纂:《祁阳县志》,《中国地方志集成·湖南府县志辑》（第 40 册），江苏古籍出版社 2002 年版。

127.（清）董鸿勋纂修:《永绥厅志》,《中国地方志集成·湖南府县志辑》（第 73 册），江苏古籍出版社 2002 年版。

128. 贵州省德江县民族宗教事务局编:《傩韵——贵州德江傩堂戏》，贵州民族出版社 2003 年版。

129. 胡天成编:《中国传统科仪本汇编（六）——四川省重庆接龙区端公法事科仪本汇编》（上），新文丰出版公司 2003 年版。

130.（清）黄思藻等纂修:《（道光）广宁县志》,《中国地方志集成·广东府县志辑》（第 48 册），上海书店出版社 2003 年版。

131.（明）陆以载纂; 李健民标点、整理:《（万历）福安县志》，中央文献出版社 2003 年版。

132. 马西沙、韩秉方:《中国民间宗教史》，中国社会科学出版社 2004 年版。

133.［英］菲奥纳·鲍伊著; 金泽等译:《宗教人类学导论》，中国人民大学出版社 2004 年版。

134. 周尚意:《文化地理学》，高等教育出版社 2004 年版。

135. 宋兆麟:《寻根之路——一种神秘巫图的发现》，学苑出版社 2004 年版。

136（清）周作楫等辑；贵阳市地方志编纂委员会校注:《贵阳府志》，咸丰二年（1852）朱德璲堂刻本，贵州人民出版社 2005 年版。

137.（清）周作楫等辑；贵阳市地方志编纂委员会办公室筱注:《贵阳府志》，贵州人民出版社 2005 年版。

138. [英] 迈克 · 克朗原著；杨淑华等译:《文化地理学》，南京大学出版社 2005 年版。

139. 王佐、樊昌绪续；顾枞纂:《息烽县志》,《中国地方志集成 · 贵州府县志辑》第 43 册，巴蜀书社 2006 年版。

140.（清）董朱英修；路元升等纂:《毕节县志》,《中国地方志集成 · 贵州府县志辑》（第 49 页），巴蜀书社 2006 年出版。

141. 卢傑创修；蒋芷泽等纂:《兴义县志 · 艺文》,《中国地方志集成 · 贵州府县志辑》（第 30 册），巴蜀书社 2006 年版。

142.（清）俞渭:《（光绪）黎平府志》,《中国地方志集成 · 贵州府县志辑》（第 17 册），巴蜀书社 2006 年版。

143.（清）黄乐之、平翰等修；郑珍等纂:《遵义府志》,《中国地方志集成 · 贵州府县志辑》（第 32 册），巴蜀书社 2006 年版。

144.（清）李台修；王孚镛纂:《（嘉庆）黄平州志》,《中国地方志集成 · 贵州府县志辑》（第 20 册），巴蜀书社 2006 年版。

145.（清）黄宅中修；邹汉勋纂:《（道光）大定府志》,《中国地方志集成 · 贵州府县志辑》（第 48、49 册），巴蜀书社 2006 年版。

146.（清）瞿鸿锡修；贺绪蕃纂:《（光绪）平越直隶州志》,《中国地方志集成 · 贵州府县志辑》（第 50 册），巴蜀书社 2006 年版。

147.（清）徐鋐修；萧琯纂:《（道光）松桃厅志》,《中国地方志集成 · 贵州府县志辑》(第 46 册),巴蜀书社 2006 年版。

148. 朱嗣元修;钱光国等纂:《施秉县志》,《中国地方志集成·贵州府县志辑》(第 19 册),巴蜀书社 2006 年版。

149. 许用权修;胡翯纂:《三合县志略》,《中国地方志集成·贵州府县志辑》(第 20 册),巴蜀书社 2006 年版。

150. 胡仁修;李培枝纂:《绥阳县志》,《中国地方志集成·贵州府县志辑》(第 36 册),巴蜀书社 2006 年版。

151. 窦全曾修;陈矩纂:《都匀县志稿》,《中国地方志集成·贵州府县志辑》(第 23 册),巴蜀书社 2006 年版。

152. 周恭寿修;赵恺、杨恩元纂:《续遵义府志》,《中国地方志集成·贵州府县志辑》(第 34 册),巴蜀书社 2006 年版。

153. 张仲仁:《彝族宗教与信仰》,云南民族出版社 2006 年版。

154. 贵州省地方志编纂委员会编:《贵州省志·宗教志》,贵州民族出版社 2007 年版。

155. 贵州省且兰文化研究院编:《且兰研究资料》,(内部资料)2007 年版。

156. 王继英:《民间信仰文化探踪》,民族出版社 2007 年版。

157. 秦国荣:《上梅广阐宫傩事》,国际炎黄文化出版社 2007 年版。

158.(唐)柳宗元:《柳河东集》(上),上海古籍出版社 2008 年版。

159. 贵州省文史研究馆点校:《贵州通志》,贵州人民出版社 2008 年版。

160. 李岚:《信仰的再创造:人类学视野中的傩》,云南人民出版社 2008 年版。

161. 帅学剑:《安顺地戏》,浙江人民出版社 2008 年版。

162. 高梧:《文昌信仰习俗研究》,巴蜀书社 2008 年版。

163. 陈雄:《文化地理学》,科学普及出版社 2008 年版。

164. 王炎松、何滔:《中国老村:阳新民居》,湖北人民出版社 2008 年版。

165.（民国）修文县文献委员会编修：《修文县志·卷四》，修文县地方志办公室点校本 2009 年版。

167. 吴秋林：《中国土地信仰图像人类学志——以贵州为例》，民族出版社 2009 年版。

168. 陶光弘：《民族戏剧集〈幕启春归〉》，作家出版社 2009 年版。

169. 严奇岩：《竹枝词中的清代贵州民族社会》，巴蜀书社 2009 年版。

170.（民国）黎景曾、黄宗宪修纂：《宁化县志》，厦门大学出版社 2009 年版。

171. 庹修明：《巫傩文化与仪式戏剧》，国家出版社 2010 年版。

172.（清）蒋攸铦：《黔轺纪行集》，上海古籍出版社 2010 年版。

173.（清）张澍：《养素堂诗集》，上海古籍出版社 2010 年版。

174.（清）杨文莹撰：《幸草亭诗钞》，《清代诗文集汇编》，（第 737 册）上海古籍出版社 2010 年版。

175. 刘毓庆、李蹊译注：《诗经》，中华书局 2011 年版。

175.（汉）司马迁撰；（唐）张守节正义：《史记》，中华书局 2011 年版。

177.（后晋）刘昫等著：《旧唐书》，中华书局 2011 年版。

178.（南朝宋）范晔著；（唐）李贤注：《后汉书》中华书局 2011 年版。

179. 佚名撰：《绘图三教源流搜神大全（外二种）》，上海古籍出版社 2012 年版。

180. 冉文玉主编：《道真古傩》，贵州民族出版社 2012 年版。

181. 陈勤建：《当代民间信仰与民众生活》，上海锦绣文章出版社·上海故事会文化传媒有限公司 2013 年版。

182.（清）王维新等修；涂家杰等纂：《（同治）义宁州志》，《中国地方志集成·江西府县志辑》（第 15 册），凤凰出版社 2013 年版。

183. 陈旭霞编著：《中国民间信仰》，河北人民出版社 2013 年版。

184. 唐力行主编：《明清以来苏州城市社会研究》（下），上海书店出版社 2013 年版。

185. 黄鹏编著:《唐庚集编年校注》，中央编译出版社 2013 年版。

186. 中国人民政治协商会议开阳县委员会编:《开阳县非物质文化集萃》，中国文史出版社 2013 年版。

187. 何光渝、何昕:《贵州社会六百年》，贵州人民出版社 2014 年版。

188. 南一鹏:《与天下人同亲 · 我的父亲南怀瑾》，上海大学出版社 2014 年版。

189. 李怀荪:《湘西秘史》(上)，作家出版社 2014 年版。

190. 吴电雷:《中国西南地区阳戏研究》，中国社会科学出版社 2014 年版。

191.（南朝宋）范晔著；（唐）李贤注:《后汉书》，国家图书馆出版社 2014 年版。

192. 徐正英、常佩雨译注:《周礼》，中华书局 2014 年版。

193. 胡天成:《重庆阳戏与福泉阳戏之比较研究》，卢云辉、杨昌儒主编《贵州世居民族文献与文化研究》(2013 年卷)，中国社会科学出版社 2014 年版。

194. 周晓晖:《神奇的尚寨　神秘的土家》，镇远县民族宗教事务局、镇远县土家学研究会（内部资料）2015 年版。

195. 吴电雷、陈玉平:《中国傩戏剧本集成 · 川渝阳戏》，上海大学出版社 2016 年版。

196. 吴电雷、陈玉平:《中国傩戏剧本集成 · 贵州阳戏》，上海大学出版社 2016 年版。

197. 黄登贵:《息烽阳戏》，贵州民族出版社 2016 年版。

198. 刘大泯、王义:《贵州傩戏文化研究》，中国社会科学出版社 2016 年版。

199. 杨光勋、段洪翔:《彝族古戏——“撮衬姐”》,《贵州文史丛刊》1987 年第 1 期。

200. 张紫晨:《中国傩文化的流布与变异》,《北京师范大学学报（社会科学版)》1991 年第 2 期。

201. 范增如:《贵州安顺地戏并非傩戏》,《安顺师范高等专科学校学报》1994 年第 1 期。

202. 庹修明:《贵州傩戏与傩面具》,《民族艺术研究》1995 年第 4 期。

203. 张淑霞:《许昌关帝庙碑刻〈移集呈稿〉探讨》,《四川文物》1998 年第 4 期。

204. 罗德显:《撮泰吉——古代彝语民间戏剧演出记录本重译》,《重庆师范高等专科学校学报》1999 年第 4 期。

205. 冉文玉:《道真冲傩与阳戏之比较——以三桥镇接龙村坛班为例》,《贵州民族学院学报(哲学社会科学版)》2009 年第 3 期。

206. 庹修明:《贵州傩戏文化》,《教育文化论坛》2010 年第 3 期。

207. 余继平:《乌江流域阳戏的保护与传承——以开阳和福泉阳戏为例》,《艺术研究》2010 年第 2 期。

208. 刘怀堂:《贵州地戏不是"军傩"》,《四川戏剧》2012 年第 3 期。

209. 吴电雷:《阳戏仪式文本叙录》,《文化遗产》2014 年第 1 期。

210. 吴电雷:《武陵山区阳戏形态及其佛教文化辨源》,《重庆文理学院学报(社会科学版)》2015 年第 6 期。

附　录

附录一：主要相关田野调查活动

1. 2013 年 5 月 26—27 日，贵州省岑巩县肖光华喜傩神傩戏班调查唱书文本情况。

2. 2013 年 8 月 24—26 日，贵州省晴隆县长流乡杨家寨村光荣组调查“喇叭苗”庆坛仪式戏。

3. 2013 年 10 月 1—2 日，贵州省德江县堰塘乡游家坡村调查过关还愿仪式。

4. 2014 年 3 月 22 日，贵州省安顺市西秀区刘官乡周官村调查屯堡地戏文本的运用、改编和保存情况。

5. 2014 年 6 月 8—9 日，贵州省罗甸县栗木乡新场村拉来寨调查苗族丧葬仪式。

6. 2014 年 6 月 11—12 日，贵州省罗甸县边阳镇平洋村调查覃智秀阳戏坛。

7. 2014 年 8 月 12—14 日，贵州省福泉市地松镇沙子坎村调查叶廷兴阳戏坛，福泉市龙昌镇长冲村黄土哨组调查徐大学阳戏坛。

8. 2014 年 8 月 14—16 日，贵州省湄潭县复兴镇两路口村调查唐诗钊阳戏坛，复兴镇湄江湖村调查潘年刚阳戏坛。

9. 2014 年 7 月 29—30 日，贵州省安顺市西秀区九溪村调查地戏抄本的保存、运用情况，并于九溪村顾家巷前观看地戏《四马投唐》表演，“神头”是张世福。

10. 2014年10月30日—11月1日，贵州省花溪区桐木岭村调查傩堂戏过职仪式，演出整堂傩堂戏。传法人：老掌坛师秦法通，受职法师：秦仁君（法名秦法雷）。

11. 2015年1月8—9日，贵州省湄潭县高台镇大岩上村提塘坎组孙姓信主调查庆坛、度职仪式。传法人：掌坛师姚林华（法名王法兴）；受职人：孙永江（法名孙法兵）。

12. 2015年3月8—9日，贵州省贵安新区马场镇二湾河村调查地戏封箱仪式。

13. 2016年1月23—27日，贵州省岑巩县平庄镇平庄村凯空村民组调查喜傩神傩坛肖法洪过职仪式。

14. 2016年4月3日，贵州省长顺县威远镇张家院村调查张玉兴庆五显坛。

15. 2016年6月23—25日，贵州省惠水县大龙乡甘昌村新寨组调查李氏庆五显坛还愿仪式。

16. 2017年2月2日，贵州省西秀区刘官乡大寨村（傅家寨）参加傅友德将军祭、地戏《粉妆楼》表演调查。

17. 2017年11月14—17日，贵州省纳雍县董地乡上寨村大田边村民组调查穿青人庆坛仪式。

18. 2017年12月31日，贵州省沿河县民族陈列馆采访面具雕刻艺人杨云霞，到沿河白塔公园考察沿河傩堂布置。

19. 2018年2月11—12日，山东省济宁市微山县调查端公戏，采访新建村“坛头”金中玉、爱湖村“坛头”杨成兴，拜访微山县文化馆王萌馆长，送书3册。

20. 2018年2月25日（农历正月初十），贵州省花溪区燕楼镇燕楼村观摩“2018年迎新春地戏汇演”，共12支地戏队参加演出。

21. 2018年5月1日，参加“贵阳（花溪）傩文化艺术节暨花溪傩文化公园开园仪式”。

22. 2018 年 5 月 20 日，贵州省长顺县调查指路碑。

23. 2018 年 8 月 12 日，贵州省花溪区石板镇芦荻村调查吴氏消灾忏悔仪式。

24. 2018 年 8 月 13 日，贵州省平塘县塘边镇新店村沙沟组调查李玉辉阳戏坛。

25. 2018 年 8 月 18—19 日，贵州省平塘县塘边镇新街村调查秦正云顶阳戏坛还祖神愿仪式。

附录二：贵州省湄潭县高台镇大岩上村孙永江庆坛、过职仪式调查

时　　间：2015年1月8日（农历2014年冬月十八日）15:00至9日05:00

地　　点：贵州省湄潭县高台镇大岩上村提塘坎组孙永江家

事　　由：孙启明家庆坛；其子孙永江请职

调查人员：吴电雷、杨志刚

一、基本情况

本次法事活动包括两项仪式。一是庆坛，具体指“庆洪坛”，为喜事庆坛，事主顶“三霄坛”，指金霄、云霄、弼霄三坛；二是请职，又称“抛牌过职”，指掌坛法师给新恩弟子颁职、命法名、授法术。

主持仪式的法师有10人。基本信息如下：

姓名	法名	坛职	基本信息
姚林华	王法兴	掌坛师	52岁
游本国	游法明	法师	76岁，56岁请职
向世坤	向法全	法师	58岁，1984年请职
胡德华	胡法洪	法师	71岁，2005年请职

续表

姓名	法名	坛职	基本信息
邓庆乾	邓法高	法师	74 岁，22 岁请职
孙启均	孙法旺	法师	48 岁，家传，十二三岁从艺，三十一二岁请职
刘家春	刘法洪	法师	41 岁，二十七八岁请职
何永强	何法兵	法师	61 岁（1954 年出生），二十七八岁请职，端公、道士兼演
孙银祥	孙法先	法师	会上刀山、过刀桥、打粉火、含铧等傩技
孙永江	孙法兵	法师	新恩弟子，29 岁，小学四年级文化水平，十一二岁从业，自祖上顶“三霄坛”

另加香灯师一人：刘瑞强，50 岁，主要负责添香、烛、酒、木炭等。参加本次仪式的还有事主孙法兵的父亲孙启明、两个兄弟孙永洪和孙永中。

仪式前的准备。农历 2014 年冬月十八甲申日（阳历 2015 年 1 月 8 日）15:11 全体法师为仪式活动做准备，设坛、挂神案、放祭品、摆神器道具等。

神坛布置。正面挂三张合一的总真图和左辅、右弼两张神案，两边挂马、王二帅神像（马元帅、王灵官，马元帅即华光元帅）。写文疏：《灶疏》《华山疏》《三帅疏》《度职文凭》《十王疏》《安坛疏》《三霄疏》《星辰牌》《勾愿牒》《牌经》《三师坛榜》。其中，《星辰牌》上的疏文写道：

贵州省湄潭县高台镇三联村岩上村民组龙洞湾屋基

信人：孙启明　雷氏

法师承行人：王法兴　上清三洞五雷经箓九天金阙北极驱邪院事秉教奉行先天便宜科事救济坛片昧臣

新恩弟子：孙法兵　招兵

《勾愿牒》疏文对愿主举办庆坛还愿仪式的缘由交代清晰：

雷霆都司院　本司为勾销了愿事

今据　大中国贵州省湄潭县高台镇三联村岩上村民组龙洞湾

地名新屋基　住居奉圣设供焚香秉灯祈福延生　信人孙启明及夫人雷氏　止干圣造具诚意者窃为一家清吉五谷丰收六畜兴旺　诚心叩许神愿一供　自许之后果蒙清吉　由是卜取本月冬月十九日虔神酬还良愿 肯俯祈勾销

一还净酒一缸　　　一还洪猪一只

一还九品香灯一堂　一还长钱各圣各株

一还扫棚雄鸡一只　一还仙家歌唱一堂

一还五瘟神舟一只　一还净供凡仪一筵

杀猪人：张正福　　交烛造钱人：刘瑞强

取酒人：刘瑞强　　香烛管理人：刘瑞强

了愿信人：孙启明　法师承行人：王法兴

右帖仰　　　勾愿仙官

准此　天运太岁甲午年冬月十九日法事　臣王法兴　具牒

大圣勾销了愿天尊

函封：本府正堂示（竖写）　右：勾愿仙官　　左：了愿使者

正坛摆设：圣公圣母、神像、勾愿仙官面具、王灵官面具、香炉、师刀、令牌、卦子三副、铰子三副、法衣、法冠、法裙、法巾、法剑、牌带、祖师棍等。圣公圣母顶红布，上面放《星辰牌》。三师坛，为堂上副坛，挂三师神案。圣祖有八大法祖。放置翻坛小将、圣公圣母、小山、香炉、三霄坛。壁上挂引兵土地面具。

面具有勾愿仙官、王灵官、引兵土地，木偶神有圣公、圣母、翻坛小将、云霄、弼霄、金霄。神案有总真案、三师案、三仙案。其中，三师案上有八大法祖。三仙案指天仙、地仙、水仙，天仙骑凤凰、地仙骑老虎、水仙骑龙。

道具有师刀、令牌、卦子、牛角号、铰子、牌带、祖师棍、锣、点子。

其中，铰子有两副，点子即面很小的铜锣，轻敲发音清脆。在坛上，锣、钹、点子由一人操作。法事服装有法裙、法衣、法巾、五佛法冠。

堂屋和厢房贴有六副对联。横批是：职度恩颁（自右至左），上下联从中间到两边依次为：

第一联：老恩师德高望重名不虚传
　　　　小贤徒虚心学习十方阐扬

第二联：冬月深冬小寒已过
　　　　十九望九大寒时至

第三联：迎恩佩法族戚共贺
　　　　度职授秘圣教兴行

第四联：颁师投坛千载千顺
　　　　授职传法万代万兴

第五联：恩师传法呕心沥血
　　　　贤徒受秘谨遵训诲

第六联：请职授秘丁财旺
　　　　迎恩佩法教法兴

显然突出了本次仪式的核心事件：老法师传恩度职，新弟子接法兴坛。

二、仪式过程

农历冬月十八日下午四点半仪式活动正式开始。胡德华坛师敲锣、钹、点子，邓庆乾坛师吹牛角号、敲令牌、摇师刀。仪式序幕开启。

农历冬月十八日

1.放牲杀猪（16:30—17:00），站坛师：邓庆乾

放牲，亦称“超牲”，杀猪祀神，超度猪牲。邓庆乾法师头裹红法帕，穿法裙，烧纸钱，唱念猪牲的超度唱词。杀猪匠在众人的帮助下，在庭院杀猪。愿主喂养了四只大猪，每只有四百多斤，所以献牲杀猪时杀猪匠费

力很大。放牲超度词唱毕，法师打卦，吹牛角号，该场仪式结束。

2. 招兵请圣（17:00—17:30），站坛师：邓庆乾

招兵请圣，唱述迎请各路神祇的过程。邓庆乾法师头扎法巾，腰系法裙，鸣牛角号，仪式开始。请圣，先请正坛，再请三官，后请三师，又请三教香火，接请门外五五二十五里天地，接请门神两样，接请历代祖师。跪地请神下马，打胜卦；关师，打胜卦。挽手诀，边请师尊边交钱。每请一方神圣都要吹响牛角号，共鸣牛角号十次。胡德华法师一人打锣、钹，敲点子。此时唢呐队到来庆贺，吹唢呐 2 人，打鼓 2 人，共 4 人，其中一人兼打钹，没听出所奏的是什么固定乐曲。这是当地庆贺邻里乡亲办喜事的习俗。

3. 统兵进坛（17:35—17:55），站坛师：邓庆乾

统兵进坛，神兵仙将降临神坛，临神位执事。邓庆乾法师裹法巾、系法裙、穿法衣、持牌带。唱诵安神唱词，挽祖师诀。烧纸钱、敲令牌、吹牛角号，结束。

4. 开坛（17:55—17:59），站坛师：向世坤

神祇临坛，还愿度职仪式开启。向世坤法师穿法裙、系法巾，吹牛角号，给鸡灌酒，在酒碗中烧纸化符、念咒语。行坛：鸣角五方，起水碗，堂前竖祖师棍，堂中央插统兵旗。法师边唱边挽手诀，撒玉米，打卦，唱差牌，耍神鞭，摇统兵旗。在法事中，法师穿法衣转向正坛，唱述花冠坛词。唱开坛解秽，唱东南西北中五方，拜天地父母日月恩。法师卸妆，愿主交谢师钱。法师打胜卦、耍祖师棍、踩罡步、掐手诀、撒玉米。随后，开坛占卜，用三副卦子打阳卦、胜卦、阴卦。法事成功后，交牌带、马鞭、统兵旗，再打胜卦、阴卦。踏罡步之后，打出阴卦，法事成功开坛。

5. 参灶（18:02—18:29—18:50），站坛师：孙永江

参灶，在灶房祭祀灶神。孙永江法师穿法裙、法衣，戴法巾、法冠，右手拿师刀，左手拿牌带，操作铰子，进厨札灶，祀灶神。唱诵灶神词，唱后，打卦，烧祭灶疏文。唱招兵买马，诵神词，鞠躬谢师公。唱毕，回坛，

犒茶领酒三巡。站坛师面向正坛、八祖、三师、门外拜，谢师，交谢师钱。祭灶疏文函封封面：雷霆都司 本府正堂示（竖写）；右：勾愿仙官；左：了愿使者。

中途杨志刚先生讲“傩”与“道”的区别与联系：“傩”与“道”都祀李老君，都有手诀。不同的是，“傩”是为生者过得更好，“道”是为超度死者升天。

6. 申文（19:14—20:10），站坛师：孙启均

申文，发文帖请神祇。孙启均法师戴头扎、法冠，穿法衣、法裙，五方鸣角，烧纸钱，申文开始。法师先后都要对左上位三师坛跪拜，谢师公、师祖保佑仪式进行顺利。唱【启白语】，唱申文词，宣报疏文，三官殿前用鸡挂号，各殿衙门去投文。唱【投文调】，如：“三界四值功曹……亲身领×××宝殿去投文”。唱后，打阳卦、阴卦、阴卦，念祖师诀，吹牛角号，结束。站坛师卸装，交削罪钱。

这时游本国坛师制作三霄坛：小竹筐内装泥巴，许多竹条缠上单一色的绿、白、红彩色纸条。

7. 立楼（20:15—20:50），站坛师：孙永江

立楼，意为立起五方楼，让五方阴阳兵马前来驻扎地，安营扎寨，由颁恩弟子统领、护坛。站坛师戴头扎、法冠，穿法衣、法裙，跪拜三师牌位。行坛：唱【启白语】，如：“半夜起来望小星，小星还在半天云……”唱立楼的根生，伐木、造楼的经过。祖师棍插于竹席左边，二人踏罡步对舞，边跳边唱东、西、南、北、中五方及金、木、水、火、土造楼。法师打卦、卸装，交削罪钱。其间，湄潭县文物管理所所长罗睿介绍湄潭文物：大错和尚、南明遗址、姜家山、文庙等，尤其强调建文庙时间——明朝万历年间。

立起五方楼，颁恩弟子统领五方阴阳兵马。该弟子出生于乙丑年七月，统兵七万一千。函封、职条：

函封　九天金阙五雷经箓侍宸上宰总督天枢院兼理三界功秉

事凡昧臣　孙法兵

职条　新恩弟子　孙法兵　命系乙丑年七月初二亥时　丑年命　统领七万一千兵度　本命帅　丰都性同阴雷上将敕封　顶补岳元帅为帅　丑命　中岳黄帝以炁真人为师　七月生人命　宣道先生为师　迁职年命品原太　心正二品迁转（职条……）

8. 开洞（21:05—22:25），表演者：邓庆乾、何永强

开洞，属于傩夹戏性质。何永强演郎君，戴面具、穿褂子、系围裙，一手拿师刀，一手拿卦子。邓庆乾演唐氏太婆。演傩戏：郎君上场。唱：“打动锣鼓请动神……”（白）：“我来啦，太婆也来了！”（内答）：“太婆要郎君唱调才来。”郎君便唱【花灯调】或其他曲调。

太婆唱着曲出场，二人唱【花灯调】。郎君与太婆向主人说吉利话、讨利市，参拜神，故意扯笑话。二人唱【送郎歌】到桃园洞的路上，郎君盘问太婆桃园洞的根源：“天上梭罗有几股桠，桃园洞中有几坵田……”。又盘问三洞各用什么钥匙去打开锁。唱时用傩腔，即神歌腔。道具用师刀、卦子。太婆戴面具，戏前戏后烧领兵纸钱。最后打阳、胜、阴三卦。神案下面竹筛内放三个面具，代表三洞神仙，没有神祇具体身份的区别。

开洞法事用傩夹戏。内容：桃园有三洞，关着许多神仙，即上洞桃园唐氏太婆、中洞桃园陈氏太婆、下洞桃园康氏太婆，各管一洞。郎君邀太婆打开桃园三洞，请二十四神出来登棚了愿。在请的过程中，二人跪地打卦，唱请。请过以后，二人唱【戏神调】卸装，交削罪钱。

9. 领牲（22:42—23:10），站坛师：刘家春

领牲，意即把猪牲褪毛、打理干净内脏供在堂上祀神。站坛师刘家春，法名刘法洪，戴头扎，穿法裙。开膛破腹的猪牲放在堂屋中间的条凳上，头朝内，猪身上摆香、烛、长纸钱、酒碗。用傩腔唱：“开口就唱白莲花，三教原来是一家……”打卦，请圣、敬酒。坛师请厨师官，给他敬酒。厨师官超度猪牲，从背部沿中缝劈开，中间插红烛一支、香三支，用红纸包

钱一包、白瓷碗四个、纸钱一沓、杀猪刀一把。最后打卦，阳卦、胜卦一次打成，阴卦第四次始打成。厨师官切掉猪头，割两圈项圈肉，切“三头”，切“九子”，生挑，熟挑。“三头”即猪头、脏头、克膝。“九子”即肝子、心子、肠子、肚子、舌子、鼻子、爪子、腰子、耳子。“生挑”“熟挑”，即切割生肉、熟肉。

10. 撤坛放兵（23:18—00:20），站坛师：向世坤

意即撤三霄坛，放兵马出坛逐祟。向世坤，法名向法全，跪着请师。请师要一位一位地请，每位师尊神仙都有唱诵词。站坛法师在乐器声中跳唱、舞蹈、挽手诀、甩牌带、耍祖师棍、耍神鞭，多次来回往堂屋与大门之间请师放兵。打卦、唱【神歌腔】诵神。

然后，邓庆乾法师端着旧坛唱坛神词。唱毕，他将旧坛抱起摔到堂屋门口，坛内的鸡蛋被抛在地上竟然没摔破，以此占卜，吉相。

放兵需搭天桥、开天路。把长竹竿从中间劈成两条，每条交叉捆 16 支苞米瓠，上面插香、烛各一支，斜竖在堂屋门外两侧，直至房瓦，作为天兵神将往来的道路。站坛师持领兵旗、燃两支烛，指向门外的洞竹。吹牛角号、打卦、烧纸钱，放兵结束，搭桥开始。

11. 搭桥（00:35—02:09），站坛师：何永强

搭桥，又称“迎兵接圣”，即迎接驱邪的兵将回神坛。搭桥有单搭桥和双搭桥之分，该坛上搭桥属于双搭桥。洞竹交叉捆 16 支苞米瓠，分别放 16 支香烛，顺洞竹从房檐下来，沿桥案直至堂屋内神案上。布置设坛：桥案从正坛通经大门至吞口处，里面一端定在桌案上。桥案上图画内容丰富，有祭祀祈神的，有冤狱判案的，有驱鬼逐煞的，等等。桥案下放面盆，上面蒙上毛巾。吞口处有两根竹子，每一根上面捆 18 支蜡烛，共 36 支，直至房瓦。站坛师穿法裙、法衣，戴法巾、法冠，右手握师刀，左手持牌带。以【神歌腔】唱五方桥。唱毕，转腔唱鲁班砍木搭桥、亮桥、画桥经过。

何法师站在大门槛上唱“迎接仙娘进来”之类的内容。在正坛上放置

用红、绿、白三色纸扎的新坛，以及三霄牌位。提鸡来开光挂号，唱鸡的根生。然后用一个鸡蛋，鸡血涂在鸡蛋上，粘上鸡毛，放入坛墩中。文疏要开光挂号，交长钱。法师问："了愿信人，你家的坛三年两庆，厌不厌？"答："厌。"法师说："厌，厌了人兴财发，百事顺遂。"

装置三霄坛：鸡蛋上面点鸡血粘上鸡毛，放入坛内。用同样点上鸡血、粘上鸡毛的小碟子反扣盖上。竹坛上下左右点上鸡血，粘上鸡毛。用纸包钱，点上鸡血，然后"留珠烧楼"，收起利市钱币，烧掉纸钱外封。最后，安坛、打卦，阳、胜、阴卦各打成一次，吹牛角号，庆坛仪式结束。

12. 传法度职（02:25—04:39），站坛师：姚林华

传法度职，掌坛师给术业已成的新弟子传法授业，起法号，颁新职，让其独立行坛。度职本是独立的一堂法事仪式。站坛师即掌坛师姚林华，穿法裙、法衣，戴法冠、法巾，持卦子。设坛，堂上的新扎三霄坛不动，只在门外设师坛。师坛上设香案，桥案上摆800道符。两根竹竿上点亮36支烛，宣读文凭。

掌坛师跪地行坛。首先，关师。参与法师有：传度师王法兴、接法师向法全、引进师孙法旺、封牌师游法明、保举师胡法洪、押牌师周中元，还有东王公孙启明和西王母邓永凤。检读《度职文凭》疏文：

度职文凭计开

一传度师王法兴生于癸巳年全月初一日辰时师邓氏　母邓氏

一接法师向法全生于癸巳年六月廿五日辰时　师孙氏　母孙氏

一封牌师游法明生于庚辰年八月二十一日辰时　师罗氏　母黄氏

疏文记录传度师、接法师、封牌师三位法师的年庚生月及师父师母姓氏等。检读疏文后，装入《度职文凭》的函封内。关师后，掌坛师用两支烛点亮桥，开光念金光咒，挂号念雷神诰，加盖法印。掌坛师将师坛谱卷成轴筒装入牌带中，接着传法。

传法程序，包括室内传法和室外传法两部分。首先是室内传法。掌坛师唱：“此法不是非凡牌……教育新恩弟子孙法兵。”传度师即掌坛师姚林华站在门槛从外向里依次将法冠、法裙、法衣、令牌、法印、文凭、法剑、牌带、牛角号、水碗、卦爻、铰子等法器经接法师传递给跪在堂内的新恩弟子孙法兵。交完后，法师甩打阳卦、封赠，再将三十六个手诀由接法师交予新恩弟子，装进胸前的大法兜。法师问：“孙法兵，度职之后，忘了天？”答：“遭雷打！”问：“忘了地？”答：“草不生！”问：“不忘师尊！”答：“一法有准万法灵。”

在师徒传递物中，尤其是牌带值得详解。新牌带中装的是师坛图，新恩弟子名字作为最新一代掌坛师的名号写在师坛图的最后面。缝制新牌带有两个人，一个是法师孙启均，一个是孙启均的夫人即新恩弟子的婶娘，仪式上称东山圣公、西山圣母。牌带里面缝制的有盐、茶、米、豆、金、银、铜、铁、锡、牌经。其中，最关键的物什是牌经。牌经是师坛师祖谱系、咒符等，长度约有桥案的四倍，装入到牌带的纸钱要点鸡血，每隔十公分要盖法印，最后由称西山圣母的婶娘缝制好。

室内传法毕，新恩弟子逐一施礼跪拜师傅、师伯、师兄。众法师逐一给新恩弟子封赠，把一条条红布披在他身上。并嘱咐新恩弟子：“度职过后，教法先行，坛门广阐；朝不停兵，夜不停将；千家来请，万户来迎。”

随后，进行室外传法。弟子与法师分两路出门，各走一方到村外大路口。途中，师徒两行人，遥相呼应。一位同行法师问：“是哪一个？”弟子同行人答：“是孙法兵找他老师传法。”师答：“啊，我在这的，来吧！”两路人到路口相遇。

法师们来到路口，接法师、押牌师一行走到野外路口，烧香燃烛，吹牛角号，放礼花炮。地上摆刀头肉、酒醴、五方香烛。掌坛师唱请圣词，焚化纸钱，另一法师把没切断的两块肉拿着，掌坛师和新恩弟子二人用嘴各咬一块，师徒嘴对嘴分食一片肉，先后两次。完毕，师傅嘱咐：“你度职过后，教法先行，不忘师尊；千家有请，万户来迎；行香火，半夜喊门也要走，路途遥远也要行；大雪纷飞也要出，琉璃大垢也要行；蓝蛇横路也要出，暴风骤雨也要行；贫富家庭一样做，莫做轻重两条心；莫图今生富贵，只图万古永传名。”弟子答：“永远不忘师尊教诲。”师父从里层衣服里掏出一条绣龙的新绸缎披在新恩弟子身上，然后回家。走在半路，师徒二人齐吹牛角号，家中鸣鞭炮回应。

回到堂屋，打阴、阳、胜卦各一卦占卜，人意神领。新恩弟子拜谢师父、师伯、师叔、师兄。法师一一回应：“起身，度职过后，教法先行。千家来请，万户来迎。”逐个坛师掏出利市给新恩弟子，以示祝贺。然后，坛师们卷起桥案，成功打出阳、阴、胜卦，庆坛、度职仪式顺利完成。

三、湄潭庆坛、度职仪式的几点思考

第一，与晴隆喇叭苗庆坛的异同。同样信奉“坛”，坛神不同：湄潭庆坛神为三霄坛，坛的具象形状为花篮。晴隆喇叭苗庆坛神为三洞桃园，坛神具象形状为坛枪。

第二，与印江傩堂度职仪式的异同。都要给新恩弟子传法、度职。传法师傅的传法方向不一致。印江傩堂传法从内堂向堂口外传，湄潭庆坛传法从堂外向堂内传法，而岑巩喜傩神傩坛传法地点则发生在堂屋门口。

四、结论

湄潭县高台镇孙法兵的庆坛、度职是傩堂戏和兜兜坛等多种傩文化形式的融合体。一场庆坛法事融合了黔地多种傩文化形式。

附录三：贵州省岑巩县平庄镇凯空村喜傩神傩坛肖江河过职仪式调查

时　　间： 2016年1月23—27日

地　　点： 贵州省岑巩县平庄镇平庄村凯空村民组肖光华家宅

事　　由： 思州喜傩神傩坛过职仪式、剧本搜集运用

调查人员： 吴电雷、刘兴禄、周永健、安晓蓉、陈紫星

专用名词：大挂吊、小挂吊、花棚、旗花（插萝卜）、宝盖、九品宝烛架、龙带、功曹马、驮钱马、绘文师、板钱、冥钱、文教、武教、搞文、搞武、家簸师等。宝盖，指原始天尊宝盖。宝烛架，古时点燃蜡烛用的烛台架，插九根蜡烛的称“九品宝烛架”。家簸师，指傩堂上操作乐器的人。“文教”武教或称“文坛”“武坛”。武教，使用动作多，打打舞舞、抓抓扒扒；文教，常用于丧葬仪式，文绉绉，唱念成分多、礼仪多，有三叩三揖、九扣九揖。“搞文”“搞武”指从事文教和武教的法事仪式，当地百姓通常称之为“文教”“武教”。文教主佛教，武教主道教。文教主丧事，武教主还愿酬神。

拍摄唱书共40本：《表文叶尾》《疏文全集》《还傩表牒科本》《还愿对字卦吊》《还愿疏牒文一宗》《疏文科》《杨泗将军戏》《请圣科》《禳星科》《合神科》《请水敬灶二科》《和标科》《会兵科求雨请圣》《请圣造水科》《传法科上》《传法科下》《总记科诀》《造水一宗》《四字纪》《坛门兴旺》《秘诀

科》《小儿断凶科》《但看十二吉日》《总经诀唱外·开光迎圣科·双酒下马卦·香火通行》《请圣二用》《臣奏》《傩魂的云霄》《坛内插香界》《送文杂字》《礼请科》《下洞科（和郎军）》《翻案解结科》《傩坛请神总用》《法门总用科》《录科》《交魂科》《吹安》《佛门火偈》[1]《傩坛送文》《佛门观音科》。其中，武教有文书共34册，通常文本封面常有“河南堂”字样。这些都是下洞的书，上洞、中洞在“肚皮里”（大脑）不能传，下洞才演戏。法师常在每年“六月六”天气好的时候晒书。有晒书的唱词：“吾请晒书仙师，晒书仙人，画书仙师，画书仙人，请在四合院内晒书到来。”据掌坛师肖光华（法名肖法开）介绍，肖家祖上从河南迁徙到江西，再迁徙到贵州。但同时又说自己属于“山东玉皇派”，从山东的金蝉道场发展传播过来。

傩堂对联：傩堂对联分内堂对联和外堂对联。内堂对联一副，上联：一炷信香达天地，下联：一堂宝烛放豪光。外堂对联包括左厢房、右厢房、正中堂对联，共七副。中堂中间、两侧各一副。中间一副，上联：号角一声惊动九天诸上圣，下联：锣鼓三响感动五岳众仙兵。中堂两侧一副，上联：宝香焚在金炉内，下联：炉内燃灯降坛场。左厢房中间、两侧各一副。中间一副，上联：五岳圣帝齐降驾，下联：云会祖师领善禄。左厢房两侧一副，上联：圆满之中吉祥降，下联：天上人间法善筵。下横批：志庆。右厢房中间、两侧各一副。中间一副，上联：七星解厄合家奉，下联：大仙最会付五岳。右厢房两侧一副，上联：玉皇敕令九重天，下联：坛场奏善功圆满。下横批：承传。最右对联一副，上联：大有丰年五岳王，下联：吉星拱照映日昌。

傩堂内有些许愿条幅：元皇玉皇是一家 大法老师 觉皇宝坛 祖道戒定宗芳光正远通

傩堂法师共有11位：

肖光华：法名肖法开，掌坛师，51岁，平庄镇平庄村凯空村民组人。

周安发：法名周法真，汉族，64岁，平庄镇马迎坡村人。

---

[1] 文教、武教都能用。

周兴权：法名周法元，汉族，50岁，绘文师。

李辉贵：法名李法旺，仡佬族，62岁，绘文师，石阡县青阳乡朝阳村人。

肖江洪：法名肖法兴，汉族，24岁，平庄镇平庄村凯空村民组人。

肖江河：法名肖法洪，汉族，27岁，平庄镇平庄村凯空村民组人。

陈友强：未过职，汉族，35岁，石阡县石固乡公坪村人，小学文化程度。

周兴海：未过职，汉族，40岁，平庄镇马迎坡村人，为周法真之子。

姚福江：法名姚法明，侗族，45岁，石阡县龙井乡沙坪村人。文武坛掌坛师，肖江洪在其文坛下已过职，法名为肖法兴。

丁光顺：文教法名丁福泉，武教法名丁法福，汉族，71岁，平庄镇包东村大湾组人。弟子有刘安邦、冉孟福，徒孙有吴荣荣。据其说，藏有20—30本文坛、武坛的科仪文书。

贺振英：女，汉族，40岁，石阡县五德镇人。法术是父亲去世以后自己梦中传法完成的，属阴传。传法内容有雪山水、咒语、口诀等。据说，她做法很灵。

坛上祭祀的主要神祇有：五通五显灵官大帝、长生土地瑞庆夫人、值坛土地获教大神、三教福神香火一切有感明神、本境城隍转德大王、三界四值奏事功曹传文使者、当方土地里域正神位下。

统兵旗两面，一面是传法师肖法开的，一面是新恩弟子肖法洪的。传法师的统兵旗上写道：奉三清玉皇门下行掌印　弟子肖法开传授新法统兵旗号 雷雷雷雷雷，引兵土地　统兵都督大元帅　押兵仙师。新恩弟子的统兵旗上写道：三清门下迁堦过职酬恩还愿行兵　弟子肖法洪统兵旗号 雷雷雷雷雷，引兵土地　统兵都督大元帅　押兵仙师。

傩堂布置：共七幅神案。正堂五幅，坛左侧墙上一幅，正对堂屋门前一幅。正堂五幅从右至左所绘神祇有：王灵官 / 郭天师、张天师、元始天尊、姜子牙、马元帅 / 二郎神。神坛称“五方神坛”，即正面上方的元始天尊坛，神案上面是家仙坛，神案下面安土地坛，傩堂左边安祖师行坛，门前对堂屋安五庙坛。

神案下面右、左两边有傩公、傩母两尊木偶神。傩公为红面青衣，傩母为白面青衣。前面置放两张面具，代表一对夫妻神。右边面具是欧阳老判，左边面具是判官娘娘。在祖师牌位前神坛上还有地傩小山、小山娘子两尊木偶神，这是进行度职仪式时的安放位置，举行冲傩还愿时就要放在神坛桌子的下面。

神坛上的牌位。主神牌位：证盟上司三十三天昊天至尊金阙玉皇上帝海会天兵位。主神侧牌位：家奉香火一切冥神位、门外七洲五庙诸大伯神位、五岳院外掌院官勾销二部童子之香位、值坛土部下威灵神位。

堂上从里到外有大小挂吊共四层。最里一层，从右至左挂吊内容是：一心奉请五岳王、一道申文奏玉皇、一对金童引众神、一双玉女降吉祥、一堂宝烛放豪光、一心秉期酬还愿、一家人眷保安康。五岳华山宫，从左至右：玉皇敕令九重天、天降凡间法善筵、筵前摆下花供果、果供岳王敬祖先、先年许下红标愿、绵绵成叠同偕老、老少荣华传万年。再向外一层，自右至左：六扇财门门门开、二君君君门外来、三人从众言公道、八位由甲考贤才、七千乒乓降凡来、五营兵马马马走、一春春春百花开、四客客客醉酒杯。最外面一层，自右至左：恭心扣许愿一堂、朝神必获千年福、惟德馨明达上苍、贵客临门来观仰、府中陈列玉琼浆、庆贺能招万秋昌、吉星拱照映日昌、大有丰年五岳王、豪光照破洲沙界、沙界炉内焚宝香。只有武教还愿才装饰挂吊，文教丧葬仪式不挂。

坛上的面具有：开山、搬山、秦童、麒麟、二郎神、和尚、灵官、潘仁美之妻、张飞、黄忠、关羽、刘备、杨四郎、司马懿、欧阳判官、判官娘子。本坛的面具全是木质，为肖法开自己雕刻。

法器有：牛角号、师刀、卦子、朝简、令牌、锣、鼓、钹、铰子、牌带①、马鞭、法衣、法冠、三清帽、法帕、棋子、照妖镜、铁钱、八卦图、龙②、戟、刀、开山斧。牛角号长45厘米，最宽处为12厘米。师刀总长37

① 里面装合同，外面缀绺巾。

② 傩堂上称之为“赶山王”。

厘米，大圈直径12厘米。铁钱有9枚大的8枚小的，象征九宫八卦。令牌是玉皇的敕令，上刻三元斩鬼大将，吾奉五雷正天下斩煞。牌带共缀32条绺巾，横着两边各15条，两头各1条。马鞭，一般有三十六节，称“三十六节赶鬼路”。三清帽，“三清”即中间是元始天尊、左是道德天尊、右为灵宝天尊，两边两位护法神，右押李天师、左押张天师，这样来看，三清帽上实际有五位神祇。“棋子”亦值得一说，以前没有见到，棋子形似笔架山，上刻护法僧、三宝印。棋子是用来震慑神祇的，俗称“棋子一拍，镇神一歪”。棋子之功能还需要和令牌的功能区分开，令牌是发号之意，差人做事必须执行。开山斧是演《腾龙搬山》用，传说黔域多山，就是因为腾龙一路从东部平原地区把山赶过来的。

表疏文分五种：牒文、状文、疏文、申文、表文，级别从低到高排列。表文有《祖师表》《观音表》《玉皇表》《地藏表》《弥陀表》《老君表》《五岳表》《三元表》等，属于国家级别的文书。申文是省级的文书，疏文是地州级的文书，状文属于乡镇级的文书，牒文属于村寨级的文书。

仪式开始前，平庄镇宣传办公室的人员发了一张《平庄傩坛第十四代传承仪式日程安排表》：

1月23日下午：1. 安师（请神）；2. 造水（请仙师）；3. 发锣鼓、迎神灵、发文；4. 行坛接界、立楼架桥、会兵、迎圣；5. 通行牒；6. 回向。

1月24日上午：1. 礼请；2. 发状（通行申）。下午：其他活动。晚上：1. 开牌；2. 踩红铧、口含红铁；3. 过火海。

1月25日上午：1. 请圣；2. 拜果盒；3. 合神。下午：1. 发文、含竹；2. 发《三元表》；3. 下油锅；4. 发《玉皇表》。晚上：1. 出先锋、传书、卖香；2. 杨四郎；3. 回向。

1月26日上午：1. 迎圣；2. 请水；3. 杀猪、播申；4. 开戏洞。下午：1. 合标；2. 禳星。晚上：1. 八郎、秦童、送夫卖酒、笑和尚、算命、卖猪；2. 开山大将、坐马、仙人、铁匠。

1月27日凌晨：1. 回熟；2. 梁山土地。上午：1. 发《祖师表》、跑营、传法、上刀梯；2. 收兵；3. 送神。

该日程安排表与实际演出内容基本相同，但是每个项目演出的先后顺序有所调整。

具体演出过程：

1月23日

一、安师（请神）（16：20—16：35），站坛师：肖法开

肖法开肩扛牌带，领插马鞭，手握朝简，先唱元始天尊，再唱祖先师，再唱五庙图，再唱护家神，最后唱神坛下面的土地神。唱神诵神之后即依次请神，请神之后敬神，敬神由肖法兴敬酒燃烛。最后打阳卦结束。敲锣鼓时不唱，唱时不敲锣鼓，演唱期间无锣鼓伴奏。

二、造水（请仙师）（16：35—16：50），站坛师：肖法开

肖法开左手端水碗，右手持朝简，踏罡步，唱造水歌，右手沾水画讳，纸钱烧成灰放入水碗，挽手诀，打竹卦，一直打出阴卦为止。随后口含一口水碗中的雪山水，喷到堂屋右墙上的木柱，牛角号向上拍在上面，上面挂上圣牌、纸钱，俗称“封口嘴”，寓意肖家还愿过职这几天，在场的亲邻朋友不能打嘴架，相互扯皮。最后在祖师图前的火化盆内烧纸钱，打出阳卦，结束。

三、迎神灵（16：52—17：30），站坛师：周法真

敲锣响鼓，发疏文，迎神灵。周法真戴法冠、穿法衣、头系法巾，掐祖师诀。打出阴卦，结束。肖法洪用令牌画讳，锣鼓齐鸣。肖法开、肖法洪齐吹牛角号，肖法洪在堂中央做筛锣状。最后，肖法开用师刀沾水洒地，边洒边跳边唱，打出阴卦，结束。

四、发文（17：31—17:51），站坛师：周法真

把写好的疏文随纸钱香烛等祀神物品端到庭院外搭建好的焚化架上烧掉，焚化架上面铺满松枝。周法真和其他四个乐队成员唱牒文内容。焚化架，又称“上疏架”。

五、行坛接界（19：22—19：53），站坛师：周兴海

行坛接界，又称“参土地”。准备：先搭好桥案，坛前的木墩上竖插祖师棍。站坛师傅头扎法帕，桥案下放一盆水，象征江河，有些纸钱上写“马”，象征千军万马。站坛师手摇师刀，领插马鞭。周法真敲锣鼓主唱，站坛师配唱，以鼓点齐节。跳唱过程中，站坛师把插有祖师棍的木墩按逆时针方向移置堂内演出场地的四周，并参拜。最后，乐师响锣鼓，站坛师吹牛角号，结束。

六、立楼架桥（20：00—20：10），站坛师：周法真

三束钱，代表三吊钱，象征神兵神将通过的桥梁。站坛师周法真手执师刀，头扎法帕，吹牛角号开始。前后踏罡步，挽手诀，吹牛角号，打卦，结束。

七、会兵（20：15—20：50），站坛师：周法真

站坛师周法真烧纸钱，打出阴卦，吹牛角号，会兵开始。站坛师敲锣鼓，戴法冠，穿法衣，脚踏木凳，祖师棍插在木墩上，令旗搭在上面，边敲锣鼓边唱念引兵疏文。唱念毕，依次向元始天尊坛、祖师坛、五庙坛、家神坛和土地神位跪拜，打出阴卦。

掌坛师左手持牌带，右手摇师刀，随着急进鼓点，低头弯腰顿首，从高到低做鸡点头状，踏罡步，步法为前后行进两步半，俗称“三步罡”。很多情况下用的祖师诀，右手掐诀。法师起手动诀，举步为罡。

八、开光迎圣（21：00—21：35），站坛师：肖法开；周法真陪演

本出寓意神祇临坛后伺候他们洗刷，安排休息。肖法开戴法冠，穿法衣，燃烛点香。燃烛四支后，锣鼓起，唱圣迹，打阴卦。手中握令旗和朝简，朝简上面安放卦子，打出阳卦。随后，敲急进锣鼓，左手持师刀，尖向外，每踏一步，急点三下。急摇牌带，步子大幅度交叉旋转；挽手诀，内外翻转，双手拇指急速旋转，表演精彩。最后，吹牛角号歇坛。因本坛法事仪式无固定香灯师，元始天尊前的蜡烛经常燃尽了再重燃。净水神坛前的水碗中有茶叶、稻谷、豆类，象征着和神兵神将一起征战的战马饲料。

九、通行牒（22：16—23：00），站坛师：周法真

周法真头扎法帕，穿法衣，肩扛牌带，戴法冠，衣领内插马鞭，吹牛角号，开始。周法真边用朝简敲牛角号，边唱牒文，乐队中的姚法明敲出急进锣鼓点。打出阴卦后，交通行牒文。通行牒文伴着站坛师的唱诵声被仔细审核、折叠、装封，并经过香薰后放在箩筛内，连同一些纸钱、香烛、供果等祀物被端到庭院边上的焚化架上烧掉。在焚化通行牒的同时，站坛师和乐队其他成员一起在旁边唱诵通行牒的内容。唱毕，站坛师和乐队进堂屋，再次点齐香烛，准备“回向”。

十、回向（23：02—23：11），周法元演，周法真唱

“回向”意即安排神祇歇息，当日演出即将结束。周法元头扎法帕，左手握牌带，右手握师刀，依次对着天尊师位、祖师位、五庙图、家神位向四方拜。拜毕，结束。其间，周法真和其他师傅唱安神歌。最后，法师用两面令旗遮盖堂前的傩公傩母神，以一段红绸搭在竖插在木墩中间的祖师棍上，完成第一天的演出。

1月24日

一、启坛（05:58—06:08），站坛师：肖法开

“启坛”意即用锣鼓声诏示神兵神将起身整理，进坛执行公事。锣三通、鼓三通、钹三通，锣、鼓、钹齐响再三通，音低沉轻慢。之后揭开蒙在傩公傩母头上的令旗，移开神坛前面的师刀，掀起盖在师刀上面的红布。

二、礼请（08:15—08:42），站坛师：周法元、周法真

周法元头扎法帕，肩扛牌带，朝简以快板点式轻快敲着，牛角号吹起，锣、鼓、钹鸣响轻快。周兴海临时充当香烛师，在堂前坛后点香燃烛。唱念时，齐节以鼓，用牛角号节奏说唱。向神祭酒，唱“各神灵来领酒”，吹牛角号，鼓、钹急奏，打卦一轮，添酒一轮。最后站坛师双手端牌带，向元始天尊坛、祖师坛、五庙坛、家仙坛拜谢，结束。

中间有一插曲，当周法元随着锣鼓的节奏跳演时，他手机的铃声响起。

手机铃声音乐是《开心的锣鼓》，古朴的庄重气氛与欢快的现代音乐节奏形成强烈的听觉冲击效果。

三、发状（11：09—12：19），站坛师：肖法兴

发状，即发通行申文、发《观音表》，属佛门观音科。肖法兴先点烛烧香，找到箩筐、雨伞、红布条，以备演出。然后，肖法兴扎红巾，穿法衣，戴法冠，手执钹，其兄肖法洪伴演。用佛歌诵经音乐唱《观音表》，唱毕，在神坛一碗中放置些许木炭，把一小撮香折成数小段置于木炭之上，冒出袅袅香烟，再把装糊好的《观音表》放在上面熏烟，称作“熏表”。《观音表》薰过之后，放在箩筐内，用伞遮住，连同一些纸钱，端到庭院中的焚化架上烧掉。焚化期间，坛师和乐队在堂屋门前的台阶上齐唱颂观音的科仪唱书。最后，回到堂屋神龛前，肖法洪、肖法兴打钹向四方神坛拜谢。

四、发《玉皇表》（14:10—15:05），站坛师：周法元

周法元戴法冠，穿法衣，手执牌带，围红头巾，换一双新的黄胶鞋。在神坛前另放一张方桌，上铺红布，并放置一跪垫。先吹牛角号，打卦，一卦成阴，立即倒酒添茶，祀玉帝。再擂鼓三通，请表文，送表文。表文同样经过唱、祀、薰的过程后，放入箩筐，用雨伞遮住，送到院坝里的焚化架上烧掉。仪式结束后，就穿新鞋的涵义采访站坛师。周法元说因为是在代表神案的方桌上跳，要穿新的干净鞋子，对神以示敬意。

五、跑营（15:05—15:22），站坛师：肖法开、周法元

在还未开始耕作的稻田里，画上象征东、南、西、北、中五方的功曹营，供新恩弟子即将统领的阴兵阴马、神兵神将驻扎。傩坛师傅集体参与，前后顺序依次是肖法开吹牛角号，肩扛统兵总督大元帅旗，上写引兵土地和押兵仙师；周法元肩扛牌带打镲；周法真拿发兵签；肖法洪吹号；周兴海打钹；丁福泉敲锣。跑营队伍齐动乐器步履匆匆从东营门进，依次跑到南门、西门、北门、中营，每到一营都要吹牛角号、烧纸钱、放鞭炮。这样重复连续跑三圈，每圈重复做同样的法事。据掌坛师肖法开说，坛师统兵数量的多少由每个人的生辰八字决定，这次玉皇敕封给新恩弟子两千八百兵，

分别驻扎在东、南、西、北、中五个营中，每个营中的兵马各有所好、各有特点，通俗点说，即兵种不同。按照生辰八字，掌坛师统领的兵马远比新恩弟子的少。据掌坛师肖法开说，其实兵越少越好，兵多将会混乱。徒弟的兵马在五营内，师傅的兵马调到神坛，因为师傅的兵马要围着神坛转。

跑到东营时，掌坛师唱："东方安下木城寨，木城寨木城楼，木城楼上高万丈，男兵女兵驻中间。楼上钢刀白如云，楼下灯台起一朝。神兵神将喊号角，行兵打点各小心。"这样跑到其余四营时，要唱相应的唱词。

六、送《地藏表》(15:52—16:25)，站坛师：陈友强

送《地藏表》，又称"选棺破狱仪"。先点起香烛，敲响锣、鼓、钹，穿戴上法衣、法冠、红巾、头扎等。唱《地藏表》文书，折香薰表，以箩筐端到庭院中的焚化架上烧掉，同时，随坛师傅们站在门前台阶上照着科仪书唱送表疏文。完毕后，回傩堂准备下一出仪式。

七、唱《弥陀表》(16:38—17:09)，站坛师：肖法开

肖法洪、陈友强燃烛点香。肖法开穿戴法冠、法衣、法扎，边敲镲，边唱《弥陀表》疏文。疏文唱毕，折香薰表，端到屋外的焚化架上烧掉。

八、开牌(19:00—20:00)，站坛师：肖法开、肖法洪

开牌，即打开装有祖师谱的牌带盒，以便后期续上新恩弟子的名字及相关内容，牌带里的长卷文字称作"牌经"。肖法开穿戴法冠、头扎、法衣，肩扛牌带，衣领插马鞭，吹牛角号。随后，唱开牌词，并用朝简敲击牛角号以齐节奏。唱毕，打出阳卦，开牌仪式开始。肖法开用剪刀打开牌带盒，取出牌经。牌经下面有海马、刺荆柏等中药材，还有一只锋利的鹰爪。中药材象征祛病，鹰爪象征勇敢、凶猛、无畏。在向众人展示牌经过程中，有个女孩从神龛向外走的时候，一步从牌经横跨过，掌坛师肖法开没来得及制止，脸上流露出不高兴的神态，说这样不吉利，要把牌经被跨过的那部分剪掉，重抄补上新的。

九、踩红铧、衔红齿、拉红链（20:45—21:00），表演者：周法真、肖法开、肖法洪

踩红铧，表演者周法真、肖法洪。把烧红的犁铧口从熊熊燃烧的火堆中拉出，两位表演者念咒语、画咒符、挽手诀后，周法真从犁铧上蹭过。但肖法洪赤脚站在红铧口上，脚下“兹兹”响并冒出一缕青烟，青烟飘在空中，三五秒钟后，空气中能闻到好似皮肉烧焦的味道。踩红铧结束后，肖法洪向观众展示脚板，只是有点红，没有灼伤的痕迹。红铧长 37 厘米，宽 20 厘米。

衔红齿，表演者肖法开。把烧红的铁耙齿从火堆中挑出来，扔到水泥地上。肖法开念咒画符后，用右手从地上捡起红耙齿，撩起后用左手接住并顺势把耙齿方的一头放进嘴里用牙齿咬住向观众展示。有一观众用露在法师嘴边的耙齿点燃了香烟，表明耙齿的超高温度。之后，肖法开又用右手拿出耙齿，左手在空中衔接一下，顺势放在地上，法师张口向观众展示刚才咬着耙齿的牙齿，并没有伤痕。耙齿长 6.5 厘米，宽厚最大值是 2 厘米。

拉红链，表演者肖法洪。把净长度 75 厘米的铁链从火堆中拉出，两位法师手持火钳从两端拉直。肖法洪对着红链念咒画符、双手沾过法水，然后双手从红链的中间向两边拉，这样反复拉三次，其间也有缕缕青烟冒出。结束后，肖法洪展示双手，微红，没有烫伤、烧伤。铁链总长 165 厘米，净长 75 厘米。

十、《杨四郎战潘夫人》（21:08—21:15），表演者：肖法开、肖法兴

《杨四郎战潘夫人》为一出傩戏，演杨家将杨四郎战潘仁美夫人的故事。肖法开扮演杨四郎，手持战刀，满面戴面具，穿象征法衣的战袍，系红头巾。肖法兴扮潘仁美夫人，手拿双戟，戴夫人面具，头搭毛巾，上身着花色右襟衲袄，下身穿战裙。用“端公腔”唱说。

杨四郎为洞庭湖的水神。北宋初年，杨四郎与北方少数民族政权交战失败，杨四郎流落到思州，即现在的岑巩县一带。然后以思州为根据地，招兵买马，摆下战时的将军柱，演练五方战阵，企图东山再起。随着局势

渐渐稳定，他在思州建立的政权稳定了下来。杨四郎在思州坐了十五年的皇位，这期间，思州年景风调雨顺，十分富庶，百姓安居乐业。因为杨四郎给百姓带来福祉，他去世后，百姓就修建杨四庙，让他享祭祀香火。

十一、回向（21:28—21:39），站坛师：周法真

周法真头系红头扎，肩扛牌带，右手握师刀。师刀尖向外依次对着元始天尊位、家仙位、祖师位、五庙图、土地神位五个方位拜。拜毕，偃锣息鼓，打卦吹牛角号，用红布遮盖堂前的傩公傩母神，完成第二天的演出。

1月25日

一、启坛（06:44—07:00），站坛师：肖法开

锣三通，鼓三通，锣鼓齐响再三通，肖法开把蒙在傩公傩母头上的红布拿开，意即唤起各路神祇，整理束装，准备上神坛站班待命，履行公事。

二、开坛扫荡（08:12—08:43），站坛师：周法真

开坛扫荡，即扫荡坛场，又称“请圣”。请出全部神灵祖师，给他们敬酒，要他们扫荡坛场。周法真戴法冠、扎头巾，穿法衣，扛牌带，握师刀，打卦卜出胜卦，象征神祇临神坛。唱请神祇上坛领受祀酒，唱后依次向主坛、行师坛、五庙坛、家仙坛拜谢。烧纸钱，“请圣”结束。

牛角号调、锣鼓经。牛角号调：××— ×—×—××—；—×—× —×— —× —××—（“—”代表“玉”，“×”代表“皇”）。锣鼓经：合神锣鼓○○ ×× |○ × ○○ × |○○ ×× ○○ × |；行坛锣鼓 × ○○ × |○ × |。（“○”代表“咚”，“×”代表“匡”）仪式不同，仪式的各环节亦有变化，锣鼓点亦有缓急的变化，俗语云：“过职棋头过职好，四郎过后打不同。”在傩坛上，操作乐器的师傅称“家簸师”，乐器即“家簸”。一般掌坛师操鼓，俗谓“半堂锣鼓半堂戏”“听鼓下铙”。

三、敬花红酒（09:40—10:23），站坛师：周法真、肖法兴

敬花红酒，又称“拜果盒”“传花红”，就是请神下马来，穿新衣、享供果、喝花红酒。站坛法师周法真穿法衣，戴法冠，扛牌带，束头扎，执

马鞭。肖法兴穿右襟衲袄、法裙，头顶法帕。供果有桔子三碗、花生一碗、点心三碗、瓜子一盘。锣鼓齐鸣，周兴海和肖法兴分别端着果盘、鞋盘急跳，肖法开说唱，依次向主坛、行师坛、五庙坛、祖坛、家仙坛拜供。最后，把竹卦放在朝简上抛出占卜，数次都要打出阴卦结束。

因为午饭后，下午的仪式进行尚早，我们趁机调查了当地的杨泗庙。本地信奉杨泗，在岑巩县龙田镇龙马河、龙江河、路溪河汇集处绝壁半腰上建有杨泗庙，始建于清嘉庆元年。望江亭杨泗庙楣上有谢振东题字“杨泗庙”的匾额。传说孽龙在龙江河上兴风作浪，翻船事故常有发生，杨泗斩孽龙为民除害，当地民众就建庙让他享祀香火。

四、合神（15:38—16:33），站坛师：周法真、周兴海、肖法兴

合神，即五方兵马、五方神圣合在一起。周法真穿戴法冠、法帕、法衣，握师刀，扛牌带。周兴海腰围法裙、拿令旗，肖法兴穿右襟衲衣、执令旗，陈友强敲锣，姚法明操锣鼓，肖法开唱。三位演出者先交叉走“穿花步”，依次向元始天尊坛、祖师坛、五庙坛行叩拜礼三次，再走圆圈对揖，肖法开唱一阵，三人对揖叩拜一次。最后金童、玉女、安师娘、铁匠娘等角色合演，女性神灵走“丁丁步”、掐兰花指，男性神灵走两步罡步[①]。

合神迎神用的科仪书是《合神科》。合神最初演绎一个民间故事，早期思州一带的四大姓起纠纷打在一起，有人把此事报告给皇帝，皇帝派出四个将军来平患。平复后，要民众到江边许愿，以后合作相处，永不起事。到隋唐时期，演化为众神协作，为民除灾送福，治病救人。

五、发《老君表》（17：10—17:48），站坛师：肖法兴

意即向玉皇丞相通牌，安排新恩弟子做事。陈友强、姚法明点烛燃香，肖法兴戴法冠、头扎，穿法衣，拿铰子。姚法明、陈友强唱念《老君表》疏文，发现有错字、错句用香一一烧点掉，然后装封。在封上画符，念咒语，用香薰过之后，连同纸钱、供果等用箩筛端到庭外的焚化架上烧掉。

① 其实是一步半，半步算作一步。

六、合竹（17:48—17:54），表演者：肖法洪、肖法兴

合竹，占卜神灵是否临到神坛。事先把削好的竹片在神龛前经过香薰、画咒符、净水喷洒备用。周法真吹响牛角号，两人用双手架起两片竹篾放在腋下两侧，肖法洪、肖法兴对着竹篾画符、念咒语、洒净水后，齐声喊“合、合……”，本来平行的两片竹篾，随着兄弟俩的喊声渐渐向中间靠拢，直至中间部位合在一起。

七、发《三元表》（19:18—19:59），站坛师：肖法开

肖法开穿法衣，戴法冠，扎法帕，手执铰子，和新恩弟子肖法洪双膝跪在布垫上，对着元始天尊坛、祖师坛、五庙坛、土地坛唱念、叩首拜。唱念《三元表》疏文，唱毕用宣纸包好，上面放置红布，整个放在弯腰下跪的弟子项部，用令牌沾法水在上面画符。之后，肖法兴用箩筛端到庭外焚化架上烧掉。肖法开在门口唱念《三元表》疏文，周法元打钹，周法真敲锣，周兴海吹牛角号。

八、捞油锅（20:10—20:21），表演者：肖法洪、肖法兴

肖法洪、肖法兴两兄弟，穿法衣，戴法冠，肩扛牌带，手拿师刀、卦子等法器。先是肖法洪捞油锅，等到油烧到沸点之后，把薯片倒入油锅。肖法洪在火炉前烧纸钱，喝一口下净水，然后喷洒在手上，在沸腾的油锅上画符，念咒语。用手瞬间把漂在油表层的薯片捞出，一个观众把钥匙投到油锅中，肖法洪用手在锅底摸了两次，才把钥匙摸出来。捞油锅结束，肖法洪向观众展示双手，手面红润，没有烫伤。肖法兴再把脚放入沸腾油锅中，先是左脚，后是右脚，在油锅中来回蹚过数次，毫无烫伤，安然无恙。

此外，肖法兴还表演了吐火。肖法兴用火钳夹起一块红铁，口含满满一口汽油，等到周兴海、陈友强吹响牛角号后，平举起火钳，把汽油吐向红铁，喷出的汽油在他面前瞬间形成一团火柱，具有较强的视觉冲击力，极为惊险。

九、出先锋（20:32—23:00—23:19），站坛师：周法真

丁福泉扮先锋小姐，头顶帕子，上身穿右襟衲衣裙，双手各攥一条毛

巾，脚踱三寸碎花步，走“摇呀摇”的步态。周法元扮柳毅摆子[①]，扎红围裙，双手端果盘。肖法洪扮洞庭湖主。陈友强扮先锋小姐的丫鬟，包头巾。先锋小姐即是龙女，在洞庭湖内住。配乐乐器有锣、鼓、钹。主唱腔“咿吆 呀胡嗨”明显是民间小戏的唱调。表演场域有两个：傩堂内和傩堂外。

《卖香》，周法真扮演先锋小姐，摆个摊摊来卖香，净说反语。以“看看这边好景致”起兴，一只水碗说成“干碗”，一匹香帛说成“臭帛”，先锋说成“后锋”等，引起一系列调笑段子。

《算命》属《卖香》中的一段，周法真演。算命先生是位庸算士，能“算”出的全是老少皆悉的大实话或客观真实，如“算得天上有月亮，算得脑壳长在肩”等。接着唱《卖香》，先锋唱“荤段子”：“卖平庄香、石阡香，十八岁的姑娘有乳香；还卖八八香、千千香，姑娘家不能牵牵、扒扒，未开斋”等。最后，柳毅卖香给先锋，还要送货上门，被先锋小姐扔到门外三次，结果免费送香。先锋拿三炷香，一炷香插正坛，二炷香插祖师坛，三炷香插五庙坛。最后，看左手、瞅右手，香送完，钱没有，两手空空回家走。

《卖香》，据说是先锋带来的。卖香童子把神得罪了，神打开五湖四海的香让童子去卖。童子一路嘻哈，逢州吃州，逢县吃县，一挑子香抖落光光却分文未得。

唱跳喜傩神。先是丁福泉、陈友强、周法元表演，后来由于体力原因，陈友强换成周兴海。表演者各持一支金钱杆，边唱边跳，并用以节奏。随着节奏的变化，金钱杆变换着敲到脚部、腿部、膝关节、腰部、胸部、肩部以及肘关节、腕关节等。明显唱的是“花灯调”，步态也是借鉴于花灯戏舞蹈动作。

肖法开傩坛演的主要戏目有：《八郎》《开山》《先锋》《梁山土地》《欧阳老判》等。演出时顺序不能打乱，一般在外地演出多一些，本地演出少。

---

① 摆子：方言，瘸子。

《八郎》是一出仪式戏，请人挑担，唱“阴间不打不胜是八郎之过，阳间不打不胜是厨官之过”。唱《开山》是为斩邪精、勾愿。唱《梁山土地》为主人家刨粮下种、砍柴。唱《欧阳老判》是为愿主勾愿。许愿后，三年内二还，三十年还也不早，四十年还也不迟，就是说早晚要记得还愿。

十、交戏（23:16—23:19），站坛师：周法真、肖法开

演出完毕后，要把面具、服装等象征戏的道具再交回桃源洞。交戏由肖法开边唱念边清点各种道具，由周法真整理收好。

十一、回向（23:19—23:31），站坛师：周法元

回向，意即请神受拜、领酒、领纸钱，感谢神祇们一天在傩堂值事，准备休息。周法元头顶法帕、握师刀、拿令牌。他顺时针反腕转牌带，师刀尖向前依次对元始天尊坛、行师坛、五庙坛、家仙坛拜。拜毕，用红布遮盖傩公傩母神和祖师棍，完成第三天的演出。

1月26日

一、启坛（06:49—07:00），站坛师：肖法洪

锣三通，鼓三通，锣鼓齐响再三通，把蒙在傩公傩母头上的红布拿开。唤醒各路神祇，准备上神坛值事。不过徒弟肖法洪启坛锣鼓韵律感不如师傅肖法开的强。

二、礼请迎圣（09:00—09:27），站坛师：肖法洪、肖法开

由肖法洪表演、肖法开唱说。肖法洪戴法冠，衣领插马鞭，肩扛牌带，拿师刀唱跳跪拜。肖法开唱神的来历，请神到坛，吹牛角号酬神喝酒。最后拜元始天尊坛、祖师坛、五庙坛、家仙坛，烧纸钱，打卦，吹牛角号，结束。

三、请水（10:00—10:38）表演者：肖法洪、肖法兴、周法元、周兴海、挑担者

到水井、泉水源处祭祀水神，挑水供给生活所用，突显水在人们日常生活中的重要地位。肖法洪穿戴法冠、法衣、法帕，衣领插马鞭，手打铰

子走在最前面，后面依次是肖法兴、周法元、周兴海、挑担者。肖法兴一只手提锣拎书，另一只手执锣锤敲锣，周法元打钹，周兴海端着一盘香烛、纸钱、供果等祭祀物品，挑担者挑着一对空水桶，敲敲打打一路走向半山腰的泉水源处。在泉水源前边烧纸钱、烧五组香、点十二支红烛，用诵经的佛音唱请水歌。周兴海用瓢象征性地舀了两半瓢水倒进水桶里挑回家，器乐一程不息，把请水的队伍送到厨房灶间，接着是“净灶”。

四、净灶（10:38—11:01），站坛师：肖法兴

净灶，即敬灶。请水队伍随着挑担者来到厨房，在灶上点上香烛，竖起灶神牌位，肖法兴唱念祀灶疏文，之后在灶前焚烧祀灶文书。净灶完毕，回到傩堂依次叩拜元始天尊、行坛祖师、五庙坛位和家仙神位，请水净灶仪式结束，准备开戏洞。

开戏洞前要先杀猪祭祀戏神。杀猪后，献白献熟，因为有些菩萨吃生的，有些菩萨吃熟的，献熟需要七块生刀头[①]、八块熟刀头。又有“二十四刀头”之说，指生十二块、熟十二块，生生熟熟二十四块童子肉。把猪身上的“三头九子”盛在十四花盘花碟中，供奉各路神祇。其中“三头九子”指“猪头、脏头、糟头；肺子、肝子、腰子、肚子、蹄子、心子、耳子、尾子、舌子”。“九子”还有“外九子”和“内九子”的说法，“外九子”指露在猪皮外面的，“内九子”指猪肚皮内的“九子”。十四花盘的分配，正堂神案上 6 盘、神案下土地神位 2 盘、祖师行坛位 2 盘、五庙坛位 2 盘、忌讳桌[②]2 盘。正堂神案上 6 盘又分配给傩公位 2 盘、傩母位 2 盘、家仙位 2 盘。

在香案的二十八宿是吃斋、吃荤，在献熟前要撤掉。水碗中落的纸灰不能扔掉，它象征着作祟的鬼煞，要把纸灰喝下吃掉。

上午 11:00 吃午饭，因为中午时间较长，随着几位先生参观了肖法开家前面半山腰的飞山庙。飞山庙是一座青瓦白墙的小型建筑，不足两米高，屋脊两头呈飞山檐式。飞山庙有门框没有门，檐下门上扯两边挂一条红绸布，

① 刀头：对四四方方肉块的称谓。

② 在堂屋右墙上的木柱挂“封口嘴”的正下方。

红绸布因时间长，已褪色。门框两边有副小对联：有求必应显威灵，无叩不灵任谁他。门框正上写着“飞山庙”三个字，字为墨迹，是直接写在墙上的。飞山庙正对门框的正面平放一小块石板，算是神龛，上面竖放着一块石头，被当作神石。两边是两尊圆颈长脸戴头饰的木偶神，木偶神对向看男左女右，男神像头饰简单，为员外帽；女神像头发挽后，顶上戴冠插花。飞山庙最早是供奉少数民族英雄杨再思的寺庙，有的地方又称“威远侯庙”。

五、开洞（13:15—13:32），站坛师：周法元、肖法开

肖法开、周法元、周法真先把道具放在神案前，在堂前地上铺上席子、被子，准备道具。傩堂内周法元裹头扎、扛牌带，脱掉鞋子，面朝堂外模仿肖法开掐手诀，然后伴着肖法开的说唱，周法元手拿道具顺着棉被从里到外翻三个跟头，把手中的道具送到堂屋门口五庙坛前的“戏箱”中。手拿道具送出，象征着把神搬出来，每送出一个道具，就打竹卦占卜，看是否送达“戏洞”。送出的道具有面具、扇子、卦子、牛角号、马鞭、牌带、统兵旗、祖师棍、令旗、斧头、法帕、战裙等。

六、杀猪（13:32—13:41），杀猪匠：肖光斗

肖光斗，杀猪匠，64岁，为肖法开的大哥。肖法开在堂内吹起牛角号，杀猪匠肖光斗从神案上拿起香烛纸钱，做好杀猪的准备。杀猪时，猪头要对着傩堂，之后杀猪匠还要用香烛纸钱祭祀杀猪刀（1把）、牵猪绳、刮刀（2把）、尖刀（2把）、砍肉刀（1把）、小切刀（2把）等。后来在傩堂上用作“血卜”的黄色宣纸，就是在杀猪时沾的猪血。

傩堂内的“开洞”结束后，就准备出戏。

七、引兵土地（13:41—14:07），表演者：周法真、陈友强、肖法兴

周法真演土地，地点在堂屋门口。周法真头扎红巾，戴土地面具，腰插令旗、系红裙，左手拄祖师棍，右手攥蒲扇。陈友强顶黄毛巾，戴面具，演幺儿媳妇。肖法兴右手拿粉红手帕，左手持毛巾，演小媳妇。

八、押兵仙师（14:32—15:25—15:33），表演者：周法真、姚法明

周法真演土地，姚法明演押兵仙师，地点在傩堂内。吹牛角号上场。

土地的装扮同前，押兵仙师头戴面具、顶法帕、右手握师刀、左手执发兵用的兵签和勾愿用的兵令符、腰系法裙、脑后插旗花。押兵仙师用兵签到洞庭湖里发兵，唱“打开兵营，放出兵马千千万。打开西方金水土，放出兵马万万千”。其间，引兵土地所戴面具夸张的表情和表演者捋胡须时“哈……哈……哈……”的笑声给人留下深刻的印象。

引兵土地、押兵仙师、厨官、和事人半蹲着凑在一起喝酒送祝福，和事人由一观众参与。喝酒的场地简朴，在傩堂前地板上，摆两碗菜、一瓶酒、四只杯，两碗菜一碗是煎豆腐、一碗是熟猪肉。四人说笑一阵，齐喊“起……”，喝干一杯酒。

发兵。吹牛角号，打锣鼓，拍旗子，押兵仙师唱“派出八千八百兵，男兵女兵出了营，出了营，保西楼保北楼，保了北楼保中楼”。边唱边洒出手中的瓜子，在这里瓜子象征着派发出去的兵。

九、发《五岳表》(15:36—16:02)，站坛师：肖法兴、肖法开

肖法兴穿戴法冠、法衣，头顶法帕，双手打铰子。陈友强打钹，姚法明操锣鼓。肖法开、肖法兴唱念《五岳表》疏文。同前交表仪式，经过核对疏文、装表、薰表、焚化表的一系列程序，回傩堂诵神、敬神，送《五岳表》文书结束。

十、合标（16:15—17:31），站坛师：周法元、周兴海、肖法兴

合标，就是四方八路神兵神将、千军万马调集到神坛汇合。周法元扮合标神，周兴海扮金童，肖法兴扮玉女。合标神戴法冠、法帕，穿法衣，领插马鞭，右手握师刀，左手抓牌带。金童穿法裙，手拿令旗和兵签。玉女穿法裙，左手拿毛巾，右手执令旗、兵签。合标神、金童、玉女先在傩堂内拜四路神坛，再站在门外朝内，由肖法开唱念一番，三人转移到堂内走“串花阵”表演，越串节奏越快，到高潮时一齐发出欢呼声。节奏渐渐舒缓，合标神、金童、玉女相互牵手或牵手中的兵签、令旗形成一个圆圈，单腿跳转圈行进，跳两步，向中间拜一次，这样反复几圈后，再向四方拜，同样反复几圈，停止。再把师刀捆扎在条凳上，一人抓起一条凳腿，三人

转作拧麻花状起舞。舞到尽兴时，再次发出阵阵欢呼声。

舞毕，合标神、金童、玉女唱众神来领酒，唱一段把兵签交出一支，直至交完所有的兵签。最后站坛师吹响牛角号，合标结束。

十一、禳星（18:10—18:41），站坛师：姚法明

陈友强、李法旺伴唱。陈友强唱念《禳星科》疏文。姚法明没穿法衣等服饰，双手持朝简，交文书在米盘中。节奏乐器只有铰子轻灵的敲击声。

十二、献白（18:50—19:15），站坛师：肖法开、肖法洪

经刮毛去内脏的整只猪覆放在傩堂前的一张方桌上。猪肩向后一点的部位竖插着一把刀，再把一只几近经过褪毛干净的公鸡挂在上面，因为仅留下鸡头顶部、双翼尖部和尾部顶端四处的较长羽毛。除此之外，在猪的颈部和尾部插两根烛，中间插三根香、一叶猪心片。猪心片代表鱼，猪、鱼、鸡象征祀神的“三牲”。

肖法洪戴法冠，穿法衣，左手拿牛角号，右手握师刀。用师刀敲着牛角号唱念。其岳父一方的亲戚一家给他送布匹一宗，一家亲戚送一长块布，一件件从左向右斜披在新恩弟子身上。送布礼结束后，新恩弟子唱念一番，打出阴卦占卜，献白成功。香灯师给四方神坛敬酒。

为满足电视台录制视频材料的需要，在19:25—20:00这段时间重新表演了部分傩技。按表演先后顺序：肖法开衔红齿，肖法洪、肖法兴下火海、拉红链。前文已有记述，不再复录。

十三、《秦童八郎》（20:17—20:55—23:52），表演者：姚法明、肖法开

甘生八郎：姚法明饰，戴麒麟面具，扛着雨伞，上面挑着包袱，手中拿师刀。

秦童：肖法开饰，戴秦童面具，穿红法衣，红法帕包头，手拿猪尿泡，跷起二郎腿半蹲在门槛上，等候出场。出场时，从门外一阵滚爬颠进堂内。秦童家住江西，形象歪嘴、驼背。秦童身段敏捷，动如脱兔，左腿向右跳打一下尿泡，右腿向左跳打一下尿泡，如孙悟空行走在取经路上的姿态一般。

秦童娘子送夫情节，多是一些荤段子调笑性质，可知傩堂“戏”是广泛意义的戏。秦童挑担，路上遇到卖酒的唐二娘娘，唐二娘娘由丁福泉演。唐二娘娘双手里拿两条毛巾，穿右襟衲袄，头顶毛巾，唱卖酒歌，“一杯不要钱，二杯双倍钱”。唐二娘娘卖酒有120元一杯或240元一杯的几种价格不等。秦童见了卖酒娘子就说：“搞一杯，再搞一杯，还要搞一杯。”结果喝醉了，就跳着脚，摇着尿泡，走路左摇右晃，醉姿逼真。

这时，卖酒娘子道出真情。自己的男人去广西打工去了，想去找，但基于盘缠的考虑不如写信经济。自己又不识字，就找秦童代写，不会写的字画“○”。秦童喝了娘子的酒，又代她写了家书，酒钱就用写信的劳务费充替了。

算命。卖酒娘子拄着下端散裂的拐杖出场。姚法明扮算命先生，算命先生是个假算命先生，算命的声音只是“嗡……嗡……嗡……”，只有音没有声，谁都听不清说什么，却齐声喊：“算得好！算得好！”

卖酒娘子一天沿街叫卖，甚为劳累，让甘生八郎背，八郎不肯。让秦童背，秦童喝醉酒，想背却无力背，闹出一系列笑话段子。

秦童买猪。秦童买猪送主人家，主人家是洞庭湖主，是大财主。秦童给主人家送财，金子银子送给新恩弟子，华山伞送给主人家。秦童用祖师棍当廷杖，吹起金银财宝，“吹得山都吹倒，吹得好，吹得都是金银财宝”。在猪身上烧纸钱，“烧东路汇财，烧西路汇财，烧得好吧，烧得好”。杀猪匠肖光斗唱：“哥哥打三斤，姐姐打四两，安神交弟子。”

1月27日

一、《开山大将》（00:29—01:28），表演者：周法真

周法真演开山。周法真戴开山面具，腰间系战裙，两侧插令旗，双鬓间系纸钱，手握开山斧。开山持斧通过条凳翻进堂屋，抓起条凳狂舞一阵，再耍一阵祖师棍，唱“风吹青云转走忙，风吹云转进傩堂”。然后，唱一些反语调笑的段子。

唱腔主调为:“几滴海水洗江唠神唠 yǎ ā i,到街上买几支香唠 yǎ ā i。烧香,此香不是非凡香,打斧没有磨斧快,十八的姑娘出来唠 yǎ ā i。”此正是演戏,正如王国维所说“后世戏剧,当自巫、优二者出”。

二、《灵官斩鬼》(01:47—02:03),表演者:肖法开、陈友强

肖法开饰灵官,陈友强饰小鬼。陈友强戴小鬼面具,右手握一戟,从堂外耍着凳子窜进傩堂。随着锣、鼓、钹的声音越来越急促,凳子舞得越来越快。稍有停止,小鬼亮出戟,开始唱。唱腔为:“噢 ǒ ō 好来,噢 ǒ ō 好来,噢 ǒ 好、噢 ǒ 好、噢好 ǒ 来……”明显借用京剧腔调。这种腔调正是26日夜间师傅们在一起排练的腔调。

肖法开戴灵官面具,穿法衣,左手拄祖师棍,右手握一戟,在堂外出场,挺胸弓步杂耍一番,然后从堂外翻跟斗进入傩堂。小鬼辅助压住凳子的一端,灵官在板凳上倒立三次,之后斩鬼三次,小鬼四肢着地向后仰,坐以待毙。从《灵官斩鬼》这出戏的唱腔、音乐和动作看,完全戏剧化了。即使唱“口白语”的娱乐性小戏,在演戏的前后五分钟都是唱神、诵神的仪式。

三、回熟(03:35—04:56),站坛师:肖法开、周法真

请各路神祇享祀熟牲。回熟供桌布置,共28碗,糍粑8块。具体布置:在忌讳牌前置一供桌,供桌上放15碗熟肉作为祭祀品。祭祀主神牌位上写“五岳院外掌院官勾销二部童子之参位”,竖插在一米碗中,米碗前面放2个酒杯。15碗熟肉中的14碗盛的都是少许“三头九子”,其中一只碗上放一双筷子。另一只碗盛一块刀头肉,刀头肉上面插着一支兵签。门外五庙坛牌位上写“门外七洲五庙诸大伯神位”,供桌上放2碗“头子”肉,2块糍粑,5个酒盅,点香燃烛。土地神位放2碗熟肉,2块糍粑,香烛各2支。元始天尊神位放2碗刀头肉,4碗“头子”肉,2块糍粑,红茶2瓶,青酒、花生奶各1瓶,香3支,烛10支,令旗插两边。行坛祖师位放刀头肉1碗,“头子”肉2碗,糍粑2块,香2支,烛1支。

吹牛角号开始,先请勾愿神。周法真、肖法开穿戴法冠、法衣,拿师刀依次向主坛、行师坛、五庙坛、家仙坛唱念叩拜,每个坛位都是边跳边

唱两个来回，然后转向另一边。

掌坛师唱念许愿疏文，其间把错的字用香头烧掉，再请欧阳老判勾愿。勾销了愿完毕，把勾愿疏文放在傩堂前的纸钱堆上一起烧掉。打卦占卜，看了愿是否成功。如果成功就打出阴卦，但长时间没有打出想要的卦卜，最后坛师祷告一番才最终打出。这里，许愿疏文称“旧愿书”。

用一张事先折叠好的浸上猪血的黄纸来占卜，占卜此次传法是否成功。掌坛师肖法开小心翼翼地展开黄纸，肖法开解释说，肖像像人形，很像双胞胎，预示吉祥，本次法事非常成功。这张沾有猪血的黄纸称“新愿书”。

最后，打竹卦占卜。一副卦子师徒二人各执一片，打出胜卦，随后把旧愿书和新愿书一起放在一堆纸钱上烧掉。再吹牛角号，回熟交《五岳表》结束。

傩堂师傅们把供桌上“回熟”的“头子”肉端到一张桌上，围成一圈吃饭喝酒，师傅吃神领受过的祭祀物品，也叫“回熟”。

四、《梁山土地》(05:03—05:54)，表演者：周法真

“土地不来愿不勾，土地来了勾了愿。”可见，梁山土地也是来勾愿的。周法真扮土地，戴面具，系法裙，顶红头帕，拄祖师棍，摇着蒲扇。为“启白语”戏，俗称娱乐观众的“醒酒汤”。演出《梁山土地》调子要欢快一点，演出时肖法开要家簸师打锣鼓打得快点。

五、《判官勾愿》(09:25—10:30—10:55)，表演者：周法真等

周法真饰判官，锣鼓师是姚法明。道具有法印、棋子、竹卦、判官面具、烛台等。判官的议事堂布置：在门口放一张高的方桌作为案子，判官正对堂外左边坐，右面坐书记官，左右两边各坐两个法师饰“差役”。议事桌上摆放烛台一架、香烛一宗、官印章、棋子、帑币、碗筷酒菜等。判官面前放两份文书，一份是《长生簿》，另一份是《良因簿》。《长生簿》内容：

长生簿　酬恩还傩　公元二〇一五年乙未岁十二月十八日

南膳部州　今据　大中国贵州岑巩县平庄镇平庄村所属地名

凯空土地祠下居住

奉　玉皇门下酬恩还傩愿禳运星进钱解厄迁增过职祈福迎祥保安信士肖淮波同缘人田氏　一百单千偖混财

上堂父亲肖法开　一百单万千混　春

上堂母亲丁氏　一百单万千混　春

合家大小　一百单万凶星　春

本命元辰　一百单万退位　春

五谷混财　一百单万成仓满库　春

牛财　一百单十九尽肥犉　春

猪财　一百单十兴旺　春

鸡财　一百单六成群　春

鸭财　一百单六得满　春

猫财　一百单八顺遂　春

狗财　一百单八成群　春

马财　一百单十马化龙驹　春

羊财　一百单四三百惟群　春

兴家旺宅发富　齐天子孙发达　万代福贵

公元乙未年十二月十八日具疏上奏

《良因簿》内容：

良因簿　酬恩还傩传法　公元乙未年十二月十八日

南膳部州　今据　大中国贵州岑巩县平庄镇平庄村所属地名凯空土地祠下居住

奉　玉皇门下酬恩还傩愿禳运星进钱解厄迁增过职祈福迎祥保安信士肖淮波同缘人田氏　右暨合家人等即日　上干

信香三炷　勾　九品一堂　勾　净茶一尊　勾　净酒一

尊　勾　鸣锣角鼓　勾　七耍七戏　勾

消解乐舞　勾　庆贺三场　勾　洪猪一口　勾　鸡鱼三牲　勾　红标二十四支　勾　三头九子　勾

魔泥项圈　勾　拖泥磨泥　勾　合同一个　勾　门坛挂吊　勾　斋筵果供　勾　水花豆腐　勾

一进贡财马三百六十分　勾　上司财马三百六十分　勾　五岳财马三百六十分　勾

行坛财马二百四十分　勾　小山人马二百四十分　勾

白马财马一百二十分　勾　禳星财马三百六十分　勾

了字打下千千个　欠字不留半毫分　勾　一年还愿三年旺　三年还愿九年兴　勾

师宜祖　祖宜师　新坛弟子肖法洪　合同卯信交与你　三年两还保东君

公元二〇一五年乙未岁十二月十八日酬恩

信士肖淮波人兴良因上奉

判官执笔端墨、戴面具。差役甲肖法兴饰，戴面具，拿斧头。差役乙周法元饰，执戟。演出场域从堂外到正坛，打卦占卜之后，上堂办案。判官判案开始。

肖法洪问：判官判案，诚信不诚信？（从堂屋外）

众答：诚信。（打卦占卜，胜卦）

姚法明：打出了乱牌。

肖法洪答：顺牌。

姚法明：今天接的媳妇，昨天生了崽，判官要拨款给三百万元。

判官：判官刚上任，财政没款拨，先给一百万买牛奶和尿不湿。

姚法明：不要，不要。家里还有两个大人、两只小狗，要拨就拨三百万。

众人：拨！拨！拨款让他快走，还有其他案子。（判官拨款）

肖法开（上，戴小鬼面具蹲在门槛）：家里娶了老婆，已生了三个娃娃，现在又要生娃，申请叛官拨款十二亿。

叛官：没钱拨。

众人：人多家穷，实在不容易。拨！拨！

叛官：快走！快走！（十分不情愿，抽出钱塞给小鬼）

肖法兴、周法元打金钱杆，唱喜傩神来到县衙。且唱且舞，不拨钱人不走，每人要求拨四百万。叛官总共拨出四百万，两人不愿离开，继续唱喜傩神，判官不得不再加拨四百万。

这样一波又一波、一案又一案到县衙申请拨款，直到判官把面前的钱拨完。

最后是仪式，判官边唱边用笔把《良因簿》上的愿信条逐项勾销。再跳罡步，挽手诀，打卦，吹牛角号，《判官勾愿》结束。

六、发《祖师表》（12:31—13:21），站坛师：周法真（即引度师）

引度师周法真戴法冠，拿牌带、牛角号、朝简，衣领插马鞭，穿法裙。新恩弟子随着一起叩拜，宣唱《祖师表》疏文，经过拜表、薰表后，装入八个牌封中，由周法元端到庭外焚化架上焚化。同时有五位师傅在门口台阶上唱《祖师表》疏文：肖法兴唱，陈友强操锣，周法真双手持朝简站中间，丁福泉打镲，周兴海打钹。

七、跑营（13:21—13:41），站坛师：肖法开、肖法洪

跑营，意即掌坛师带着新恩弟子，扛着都司大元帅旗把驻扎在营内的神兵神将领到傩堂内。掌坛师肖法开穿法衣、扛着都司大元帅旗走在最前面，周法真穿法衣、吹牛角号，姚法明穿法衣、拿牛角号，新恩弟子肖法洪穿法衣、腰间斜挎一长带包、扛着都司大元帅旗，周法元打镲走在最后。

领兵旗白底镶红鸡冠花边，上中间写：统兵都司大元帅；两边写：引兵土地　押兵仙师。跑营从东门进入，依次跑向南门、西门、北门和中央城门，再从中央城门跑出，依次逆向跑出营。中央城门供桌上的稻米碗中竖插一牌位，上写道："证盟上司三十三天昊天至尊金阙玉皇上帝海会天兵位"。供桌上还放香烛、茶酒等祭祀物品。

八、传法（13:41—14:22—14:38），站坛师：肖法开、肖法洪

掌坛师肖法开、引度师周法真、保举师丁福泉、接法师姚法明。跨门槛放一张方桌，上面摆放九台宝烛架，点烛燃香，一卷五角面值的硬币，保举师坐右上位，传法师坐左上位，接法师站门外桌头，新恩弟子面向里跪在桌前。跨门槛纵放一条长凳，条凳上盖红布，上面再铺上绘有水浒英雄的桥案，长条凳靠门外底下放三支烛、三支香、一盆水，水象征江河。接法师吹牛角号，传法仪式开始。

传法师先唱："徒有钱，莫乱丢，师傅有法不乱传；徒有钱，莫乱花，师傅有法传真法。"

传法师问引度师："何年生老君？何年生孔子？何年生佛祖？"

引度师从科仪书上找不到，传法师很生气，诘问道："找不到？"

又问引度师："老君姓什么？孔子姓什么？"

引度师还是找不到，传法师生气地问："找到哪去了？"拿过书自已亲自找。

传法师又问引度师："何年领天兵？何年领地兵？领的多少兵马？东海有多少山，多少口井？南海有多少山，多少口井？西海有多少山，多少口井？北海有多少山，多少口井？中海有多少山，多少口井？"

引度师一一回答。

传法师又说："我问引度师，新恩弟子学了多少知识？"

新恩弟子不知怎么回答，陈友强帮腔说："该学的都学了。"

新恩弟子照答。

传手诀。先传祖师诀，由传法师挽祖师诀递给接法师，接法师接祖师

诀递给新恩弟子。依次传老君诀、伏虎诀、承生诀等法诀。其中祖师诀、承生诀是保护自己最基本的法诀。每传一项，弟子都要向桥案下面的水盆里丢少许硬币。

传法师问："出去演出，先学会再演，还有哪些没学会？"

弟子说："踏罡脚法没学会。"

传法师答："以后多看，边看边学。还有什么没学会？"

接法师替问："洞庭湖门怎么打开？"

传法师："拿刀破开。"

点着香烛，拿猪肉，结果拿来凉猪肉，传法师气得直翻白眼。传法师把三支香折段，两头全部点燃，咬住中间，口对口传给弟子。

传法师经过接法师的手依次把法衣一件、法印一枚、竹卦一副、法帕一条、棋子一把、三清帽一顶、牛角号一把、朝简一张、师刀一把传给弟子。传法师点着三支香，从中间折断，咬着香，一根根口对口交给弟子；咬起一片肉，口对口送给弟子，共传三片。传法师走上桥案，给弟子递上三杯净茶，踏过桥案，背上弟子，送弟子上刀梯。

九、上刀梯（14:22—14:26），表演者：肖法洪

刀梯实际上仅是一根树桩，应称"刀杆"。刀梯上共安装18把刀，每把刀用两颗螺丝固定好刀把。弟子穿法衣，徒手赤脚爬上竖在门口的刀杆，上到刀杆顶部，稍息后再退下。退下后，换上新的鞋子，象征传法结束。保举师、引度师、接法师给弟子红包，并说"十方门下香火不断"，拱手祝贺，送上祝福语。

十、收兵（14:26—14:52），站坛师：肖法开、周法真、丁福泉

收兵，五方营城营寨一个个拔掉收起，参与者有掌坛师、引度师、接法师、肖法洪、周法元等。传法师肖法开带引度师周法真、接法师姚法明、新恩弟子肖法洪、周法元、周兴海、陈友强到五方兵营收兵。传法师扛着都司大元帅旗、周兴海打钹、陈友强打锣、新恩弟子背斜肩包扛统兵都司大元帅旗、周法元打镲走在最后。伴着锣鼓声、牛角号声，行进的傩坛法

师走过东、南、西、北、中五方营城后，丁福泉把五方城旗、兵签和宝盖一个个拔起、收拾好，放在焚化架上烧掉。傩堂法师回傩堂后，在锣、鼓、钹齐鸣的气氛里，传法师和徒弟各自摇着自己的统兵旗，旗帜烈烈，好似迎风招展，象征自己的将广兵多，威风凛凛。

锣鼓调子为：○○○○○ ○ | ○○○○○ ○（“○”指“咚”）。最后，竹卦占卜。经过六次才打出想要的阴卦，象征传法成功。吹牛角号，结束。

十一、送神（15:26—15:46），站坛师：肖法开、周法真

站坛师穿法衣、戴法冠，拿师刀敲着牛角号，唱念送神词，向四方叩拜，打卦占卜，吹牛角号，送神完毕。

法师们撤掉宝盖，整理神案，收拾法器、服装，打扫傩堂，肖法洪过职仪式全部结束。

肖法开1992年过职用了四天，这次新恩弟子肖法洪过职用时五天完成全部仪式程序。肖法洪从艺的初衷：2008年去韩国演出时就感觉不能让中国的传统文化消失消亡，就毅然选择从江西某高校退学从艺，对喜傩神从六岁开始就耳濡目染，跟班父亲打响器。本坛最原始的器物是一幅神案，即桥案和一本科仪书，桥案是绘水浒英雄的兵马图。坛门师傅经常为小儿做法事还童子愿，还主人愿“孩子不再受关煞干扰，从此健康成长”，常拜师傅干爸。肖法开至今有干崽60个，姚法明有干崽40个，就连本次过职的肖法洪也已有3个干崽。

过职仪式时间长、仪式多，同一师傅或不同师傅的同班合作，这种临时搭伙的形式俗称“伙子伙”。这次肖江河（法名肖法洪）过职仪式邀请来的法师姚法明是1987年过职的，师傅是李辉贵，还有个师兄是杨定国。肖法开是杨定国的弟子，过职要比姚法明晚，姚法明不是族内传，他的父辈在外面工作，自己小时候体弱，由李辉贵传法，算是掌握了以后赖以生活的一项技能。

值得思考的几点：

一、思州喜傩神不是洞穴信仰，而是奉五岳信仰。从对联看，右厢房中间一副下联："大仙最会付五岳"，本来是"大仙最会付桃源"，"五岳"是后来覆在"桃源"之上的。中堂中间一副下联："锣鼓三响感动五岳众仙兵"中有"五岳"。左厢房中间一副上联："五岳圣帝齐降驾"中有"五岳"。丁福泉坛上称还愿名称为：五岳长生保家良愿，病愿发人发家治病。

二、除傩堂演戏的武教科仪本外，肖法开还有用于丧葬仪式的文教科仪书。如《佛门破狱科》《佛门谢坟科》《佛门天门科》《佛门启白科》《佛门辞灵科》《佛门买山科》《佛门开路科》《佛门课诵》《佛门选棺科》《佛门破湖科》。从文本名称的"佛门"字样，可见文教丧葬科仪与佛教的关系。

三、思州喜傩神突出体现了王国维"后世戏剧，当自巫、优二者出"[①]的观点，是戏剧起源于祭祀仪式的有力实证。从演出的结构形式看，法师站坛主持仪式的进行是喜傩神的重要成分，保持着祭祀仪式的重要特点。但是也融入了许多娱乐的成分在里面，突出表现在以神祇角色表演现代故事情节的对口说唱戏，这些戏目演出前后各有一小段演出请神、酬神的仪式。也就是说，神祇戏是内容，祭祀仪式是其形式外壳。从喜傩神的演出内容看，有法师祭祀，有戴神祇面具演出故事，有穿着传统戏剧服饰、涂面装扮演民间小戏，有《秦童挑担》一类乐趣绵绵的文戏，有《杨四郎战潘夫人》一类历史征战、灵官捉鬼性质的武戏，也有捞油锅、拉红链、衔红齿、踩红铧、过火海、上刀梯、吐火一类具有观赏性的傩技，多维度呈现了丰富的戏剧内涵。从唱腔的丰富性、包容性更能体现其"巫"和"优"的特点。思州喜傩神融合了巫师祭祀常用的神歌腔、打着金钱杆唱跳的花灯调、唱《灵官斩鬼》用的京剧腔调"噢 ǒ ō 好来"，反映了戏剧发展过程中唱腔因素由"仪"向"戏"演进的痕迹。

① 王国维：《宋元戏曲史》，上海古籍出版社 2011 年版，第 4 页。

附录四：贵州省惠水县大龙乡甘昌村新寨组李氏庆五显坛还愿仪式调查

时　　间： 2016 年 6 月 23—25 日

地　　点： 惠水县大龙乡甘昌村新寨组李氏家宅

调查内容： 黔南地区汉族庆五显坛

调查人员： 吴电雷、陈玉平、周永健、陈紫星、郭彦鑫、张米佳

庆五显坛，“五显”即显聪、显明、显正、显直、显德五尊神灵。

新寨组李姓祖籍江西，后迁移到贵州现住址。老祖公是平匪大将军，在明初“调北填南”时迁来，至今已有三十代人。本村寨有三百人左右，主要有李、杨、罗、冯四大姓。五显坛信仰是宗族性质或家族性质，在黔南长顺、惠水等县只有汉族流行庆五显坛，少数民族不流行。而在新寨组只是汉族李姓家族信奉。苗家也有，只是在苗家讨了汉族的媳妇之后，五显坛的民族性质也因此发生了改变。

该地正堂文化很丰富，且比较完善。李志忠家正堂神位的眉联：受天之祜；正中间：天地国亲师位。向两边推展有五层对联：第一层：日月照临恩，国王水土恩；第二层：大成至圣先师孔子伏魔大帝，五显五位华光大帝当年太帝；第三层：南海岸上观音菩萨福禄财神，李氏门中宗祖历代老幼灵位；第四层：天地盖载恩，父母养育恩；第五层：神圣一堂常赐福，祖宗百代常

流芳。陇西郡[1]。左联：土产黄金白玉；下联：地发贵子贤孙。半墙之隔的堂兄李志祥家正堂也有对联，中间：天地君亲师。向两边推展有六层，第一层：日月照临恩，国王水土恩；第二层：南海观音三官大帝文昌帝君助笔魁神，关岳二帝日月星辰值年太岁黔首黑神；第三层：道释儒祖仓颉老人灶王府君泾河龙王香位，通天都府五显五位华光大帝天下正神香位；第四层：求财有感四元官将和合二圣利市仙官，李氏门中历代宗祖男女伯众老幼仙灵；第五层：天地盖载恩，父母养育恩；第六层：金炉不断千年火，玉盏长明万载灯。陇西郡。镇宅中宫长生土地瑞庆夫人招财童子进宝郎君之神位；五行居于末，三财在乎中。

庆五显坛一般是三天，过去也有举行七天的活动。现在短的也有几个小时就能完成，往往趁着杀年猪的时机还愿，又称“小搞”，这种情况不举行系列仪式，不扎坛，一两个法师即可操作完成。

本次庆坛活动的愿旨：愿主的大儿子不乖，常生病，许愿之后病愈。

庆坛仪式所用道具繁多。疏文及外封由法师准备，制作各种纸扎的黄表纸由愿主家提供。人神杖两条：白纸条缠细竹竿。三圣纸：三幅结成一束，共扎六束。四张符讳条：洪门庆赛、迎厨进步、茶房酒店、飞云传奏。三清讳两张：正面写“祖师”，背面写“封讳”。文疏壳子（即文疏封）四个：（1）谨婺源仙境宫投进奉请酬愿祈福迎祥保安信士李志忠 上状 封。右：状文一函；左：俯拜上诣。（2）谨华光宝殿宫投进奉神酬愿保安信士李志忠 上申 封。右：申文一函；左：俯拜上诣。（3）谨三清三境宫投进奉神酬愿祈福迎祥保安信士李志忠 上疏 封。右：疏文一函；左：俯拜上诣。（4）谨灶府门下呈进奉神酬愿保安信士李志忠 上疏 封。右：疏文一函；左：俯拜上诣。神棒：又称“墨状神棒”，由多张棉纸卷成柱状，竖着贴一张红纸条，上面中间竖写：五通殿前宣牌使者入位，右、左两侧分别写：墨状相请、口状相迎。天运丙申年五月二十日祈福迎祥保安信士李志忠 上状。36个小

① ××郡，即某个姓氏的祖源地，陇西郡、青莲郡为李氏，清河郡为张氏，太原郡为王氏等。

粑，5个大粑。粑常用于祭祀场合，根据相应的场合粑又有“供圣粑”“栽秧粑”“端午粑”的称谓，在这里粑就是用来插旗花的，每个粑上插3个旗花。旗花：就是白色小纸旗，糊贴在小竹签上。天桥：跨正堂与屋门正上拉紧的一段红绸子，神祇登坛上殿都要走这段“天桥”。五方旗：西岭萧都头旗、东岭潘都头旗、南岭沈都头旗、北岭郭都头、中岭黄都头旗。先锋旗：中间写：五通殿前太伯引路先锋旗，右、左两侧分别写：召回五营兵马、迎接十洲仙娘。

《婺源仙境宫》状文：

上清玄都御史九天金阙大夫金部尚书五雷拷召伏魔使者神霄检籍仙官主管雷霆南北二院寺事凡昧臣张上臣诚惶诚恐稽首顿首百拜 上奏 臣今状为

中华人民共和国贵州省惠水县属下地名新寨居住

奉神酬愿祈福迎祥保安信士李志忠缘人陈氏

右暨合家眷等即日上干

圣造下情意者言念姓人生居中土长处人能常蒙

敕封三座宝山七殿庇佑之德年无片善月有千愆味露首诚保安平善

兹者自于本年四月二十四日内为因人口不清求神问卜乃是祖来崇奉

五王大帝部下宝山七殿神兵祈求享赛年许数年一赛以今年历已满不负初心收买凡科一心酬还取今

中华人民共和国丙申年五月二十日大吉良辰筵仗弟子一家修正一宝山良愿一申是日虔备经科楮财二百四十份位云纵一堂洪猪一口净酒一分光灯宝烛合堂旗花醮果一筵文疏各通呈命拜请

一乐一昼夜三路请师四路请乐打扫涤坛庄严草舍用酬复胜会望圣降临且虑

桃源仙境遥远凡仪南通不敢坛便具墨状一通仰凭殿下

四值功曹符使专用拜请

桃源仙境攀迎敕旨鹤游鸾驾早翅胜空暂齐仙境驾鹤下赴法筵

寅卯二时黄班猛烈纳罡细步点斋兵头证明酬赛

五显圣贤恩愿臣冒干圣贤诚惶诚恐稽首顿首百拜

敕赐通天都府佛祖五显五位华光大帝宝山七殿人马云霄水部一切众神 圣前 恭望[①]

圣慈洞回 昭格谨具状文以

闻

掌法胜箓事院仙官胜箓事亿仙师官四值功曹符使准此

天运丙申年五月二十日奉神酬愿祈福迎祥保安信士李志忠上状

太上赵侯康王拷鬼使者正一龙虎山职法弟子张上臣

祖师三千佛教主正一静应显佑真君张（盖法印）

《三清三境宫》疏文：

中华人民共和国贵州省惠水县属下地名新寨居住

奉神酬愿祈福迎祥保安信士李志忠缘人陈氏

右暨合家眷等即日上干

圣造下情意者言念姓人生居中土长处人能常蒙

敕封三座宝山七殿庇佑之德年无片善月有千愆味露首诚保安平善

兹者自于本年内为因人口不清求神问卜乃是祖来崇奉

五王大帝部下宝山七殿神兵祈求享赛年许数年一赛以今年历

① 本条是写在红纸条上，粘贴到文疏上面。

已满不负初心收买凡科一心酬还取今

中华人民共和国丙申年五月二十日大吉良辰筵仗弟子一家修正一宝山良愿一申是日虔备经科褚财二百四十份位云纵一堂洪猪一口净酒一分光灯宝烛合堂旗花醮果一筵墨状一通表文方函呈命拜请

太上玉皇混元诸坛祖师作证打扫涤坛庄严草舍用酬更一花胜会莫拖他日免生重欠望圣降临

一笔勾销了纳簿上之前愿酬之后祈保家门清吉人眷平安子孙兴旺六畜成群田禾茂盛五谷丰登官非不起口舌埋藏六时中常纳吉庆或在时中全仗阳扶以今良因告境未敢自专谨具疏文 俯拜

上诣

太上三清三境昊天金阙至尊玉皇上帝 圣前 恭望①

圣慈洞回 昭格谨疏以

闻

天运丙申年五月二十日奉神酬愿祈福迎祥保安信士李志忠 上疏（盖法印）

《华光宝殿宫》申文：

上清玄都御史九天金阙大夫金部尚书五雷拷召伏魔使者神霄检籍仙官主管雷霆南北二院寺事凡昧臣张上臣诚惶诚恐稽首顿首百拜 上奏

臣闻元皇教典宏开利济之门凡念感通立彰报应之诚是以臣添在玄门蓝叨法职变任宣行理宜敷奏凡有投词敢不上达 臣今申为

中华人民共和国贵州省惠水县属下地名新寨居住

① 本条是写在红纸条上，粘贴到文疏上面。

奉神酬愿祈福迎祥保安信士李志忠缘人陈氏

右暨合家眷等即日上干

圣造下情意者言念姓人生居中土长处人能常蒙

师尊之默佑赖圣力以匡扶年来岁往日居月诸罪过堆累丘山恶根积成沧海片善未闻时值疾苦相侵方知报答沐由尊于帮我本年四月二十四日

五王兵马失落在外是以祖来崇奉

五显灵官圣贤香火一堂祈求享赛年许数年一赛以今年历已满收买凡仪虔心酬还取今

中华人民共和国丙申年五月二十日大吉良辰筵仗弟子一家修正一宝山良愿一申是日虔备经科褚财二百四十份位云纵一堂洪猪一口净酒一分旗花醮果一筵表文方函呈命拜请

太上玉皇混元诸坛祖师证明了愿祈保家门清吉人眷平安子孙兴旺六畜成群官非不染口舌埋藏瘟癀远殄火盗双消求财顺利买卖亨通万缘如意凡日未然全沐道庙以今良因告境未敢自专谨具申文俯拜

上诣

敕赐通天都府佛祖五显五位华光大帝 圣前 恭望①

圣慈洞回 昭格伏愿 宗风广阐

道日高明祈保施主家门清吉佑护弟子以兴隆千家有万户来迎十方四境远近相从凡是未然全沐道庙以下情无任凭云知至 谨申以

闻

天运丙申年五月二十日奉神酬愿祈福迎祥保安信士李志忠 上申（盖法印）

---

① 本条是写在红纸条上，粘贴到文疏上面。

《灶府门下》疏文：

中华人民共和国贵州省惠水县属下地名新寨居住

奉道修因焚香炳烛净灶保安信士李志忠

右暨合家眷等即日上干

圣造臣民下情意者言念生居尘世忝列人能常蒙

天地盖载之恩且神圣而护佑之恩有知答报沐由

兹者自于本年内为因合家在于灶神位前烧茶做饭恐有冒犯灶君次日还愿随坛忏悔悔过之后祈保清吉平安

还愿道场一供一内诵念 列圣

九品香烛合堂 奉燃

长钱各诸 陈献

茗茶凡仪一信以此寸因 上达

天高地厚下保合家人口清吉今则行事未敢自专谨具疏文 俯拜

上诣

九天东厨司命太乙灶王府君 位前 恭望

圣慈曲垂洞鉴 伏愿凡请

恩泽下临消灾消难人人清吉老幼平安凡干未兆全沐洪条下情知至 谨疏以

闻

天运丙申年五月二十一日 良吉疏上（盖法印）

神案下有五个牌位。正面看，从右到左，第一，中：下坛五猖阴司兵马神位；右：引兵土地；左：押兵仙师。第二，中：五岳五天圣帝五明皇后夫人位；右：东山老人仙师；左：南山小妹娘子。第三，即正中间，眉：万世师表；中：太上三清三境昊天金阙至尊玉皇祖师位；右：道法广大传千里；左：玄妙威灵遍四方。第四，中：住居土府九垒甄皇大帝紫英夫人位；右：

五龙归位；左：八将还方。第五，中：本音门中公祖百客姻亲老幼众魂之位；右：是吾祖宗；左：普同供养。

神案有十八幅。以面对正堂方位看，正堂从右到左依次是大郎、二郎、五郎、三郎、四郎；右侧从里向外依次是南岳、云霄、岳王、山霄、左先锋、火标；左侧由里向外依次是四府、灵浮、小山、水霄、右先锋、火鸦；院坝正对堂屋门的功曹营处放三官神案。在四府神案前放发鼓仙师函封，南岳神案前放岳王牌，小山神案前放姓开牌，岳王神案前放土府九垒。神案张挂在堂屋正面、左右两侧和功曹营，每个神案前要燃两炷香、两根蜡烛，两个杯子，一个盛茶一个盛酒，放两块粑，每块粑上插三面旗花。

参加此次活动的坛班法师有七位：

张玉兴，75 岁，长顺县张家院人，法名：张上臣。

张玉龙，73 岁，长顺县张家院人，法名：张上俊。

张世光，66 岁，长顺县张家院人，无法名。

郭国强，74 岁，惠水县杨家院人，无法名。

杜德良，62 岁，长顺县上洪村人，法名：杜大俊。

杨守荣，62 岁，长顺县张家院人，法名：杨大真。

陈明身，50 岁，长顺县上洪村人，无法名。

香灯师二人：姚韦武，53 岁，惠水县甘昌村新寨组人；杨定学，53 岁，惠水县甘昌村人。

掌坛师，张玉兴法师。他家住长顺县威远镇张家院村，常年主持庆五显坛法事仪式，新旧两座房子的正堂屋都置顶五显坛罐。庆五显坛上，平日做的法事有两种：一种是镇宅、安神谢土、超度亡灵，即做道场、做“好事”；一种是娃娃不乖、老人延寿、成人生病时许愿，遂愿后庆五显坛还愿。当地人称前者为“文坛”，后者为“武坛”。张上臣坛文坛、武坛兼做，一年能做三十至四十场，“办好事”（丧事）的文坛多，还愿庆五显坛的少。张上臣坛做法事较多，如扫家、安神、谢土。“文坛”“武坛”从法冠、法帽的呈现方式上也能体现：请神时戴法冠，做丧事时不戴法冠而戴法帽。

法冠戴在前面，戴面具时法冠就要反戴。

张玉兴，男，汉族，现年（2016 年）75 岁，该五显坛的第四代传承人。该庆坛班常规由九人组成，常年从事组织庆五显坛的法事活动。但张玉兴自己不愿意被称作“掌坛师”，说自己所在的五显坛“大家掌”。“五显”主神即大郎、二郎、三郎、四郎、五郎。代表“五显”的坛罐平日挂在家中堂屋正堂上方，坛罐里面装盐、茶、五谷，外面用麻线捆扎，用五色线吊起，罐颈部往往插一些愿标、鸡毛。如果盖新房子或者兄弟父子分家，就要立新的五显坛。五显坛布置：中：太上三清三境昊天金阙至尊玉皇祖师位；右：道法广大传千里；左：玄妙威灵遍四方。

庆五显坛往往因为家庭遇到种种不顺，如家人生病等，许下良愿之后做法事还愿。正常情况是上半年许愿，下半年还愿，也有马上许愿、马上还愿的情况，如生了急病时许愿，病愈后就要立即还愿。① 庆坛法事的时间一般是两天两夜，即当天下午及夜间、第二天白天夜间一整天，再加上第三天上午，俗称“三进三出”。庆五显坛活动一般来说年年都会有，不会空，有时 3—4 场，有时 1—2 场。2015 年张玉兴五显坛做法事 2 次，2016 年正月以来还没做过。夏季由于太热，演出也不多，秋收以后农闲时庆坛活动多一些。张玉兴的五显坛活动范围在长顺县威远、鼓扬等乡镇，最远到惠水县芦山等地。

据张玉兴坛师说，五显坛起源于印度，大概在唐朝传入中国，当时只有五兄弟顶五显坛，后来赵康王跑到贵州，黔地始有五显坛传播。

本次庆五显坛还愿仪式愿主支付酬金 3160 元，由 7 位坛班师傅平分，按进出三天 21 个工结算，每人每天能得 150 多元的薪酬。坛班比较固定，由七八个人组成，活动范围在长寨（即长顺县）、惠水县、都匀等区域。法师们平日务农，有事集中，俗称“打平伙”。

张玉兴五显坛上的面具有七个：土地、千岁公公和“五显”，但做法事

① 调查期间，在张家院村外路边有块小石碑，碑文写“红伤勿伤 鬼亡关 改关煞”，可能是在立碑者的家人生病期间所立。

或演出时不戴面具。服饰有头扎、法裙、神案台布。表文牌封两封：下坛五猖阴司兵马神位，引兵土地、押兵仙师；万世师表，太上三清三境昊天金阙至尊玉皇祖师位，道法广大传千里、玄妙威灵遍四方。科仪疏文十本：《正一元皇请圣科》《五圣秘书》《元皇开坛发奏科》《元皇造桥科》《星辰科》《正一元皇解秽科》《宝山接圣降云霄殿》《装身换体大郎科》《元皇下五殿》《元皇二郎科》。

张玉兴五显坛法器有：牛角号、令牌、卦子、师刀、牌带、祖师棍、法印、朝简、人神杖、五显法冠，竹卦仅有一副，神案十八幅，其中包括五显神。乐器有铙、铰子、锣、鼓。祖师棍，为杨柳木质，由棍头和棍身两部分组成。棍头为一神祇头像，形似观音，象征老祖师。棍身刻一青蛙和飞龙，青蛙头向下，飞龙昂首向上，龙身绕缠整个棍身。祖师棍是权杖、权威的象征，起到镇坛护佑法事进行顺利的作用。师刀，由九个大铁圈、八个小铜线圈和一个中型铜圈构成，“九大八小”象征九宫八卦，中型铜圈象征统斩邪魔。牌带，共27条绺巾。令牌，正面中间刻：祖师诀；右刻：除毒；左刻：压祟。反面右刻：斩妖拨邪；左刻：杀鬼万千。侧面：五雷号令、律令霹雳。另外，道具中还有人神杖和一张竹席。竹席就是“氍毹”的最原始形态。

演出的主要程式有启坛、发功曹、杀猪、改位、放兵（又称“跳兵”）、造桥、办大郎宴、装身换体、画猪、勾愿等。

6月23日

1. 启坛（21:00—21:50），站坛师：张上臣

站坛师张上臣吹牛角号，穿法衣，系头扎，左手拿牌带、朝简，右手握师刀。其余六位法师组成乐队，三人一排分坐神案两侧。乐器有一锣、一鼓、三副铰子、一副铙，锣、鼓、铰子、铙齐鸣，站坛师、乐师齐唱《五圣秘书》。站坛师端水碗、用令牌沾水在空中画符，然后挽手诀、踏罡步，打卦占卜。吹牛角号，请郎君，请案师，接圣到坛，登坛上殿。向四方空

中撒米，唱腔以佛歌为主。

坛师们照本宣唱，可知坛门抄写的文本是常用的。正常情况是站坛师和乐师齐唱，无谁唱谁和之区分；乐器响时不唱，唱时不响，很少单独诵。这点和其他傩坛不一致。

2. 请圣（21:51—21:55），站坛师：张上臣

站坛师张上臣唱念《正一元皇请圣科》。最后，问卜打出胜卦，接圣到坛，登坛上殿，接圣仪式成功。在堂上四方烧纸钱、撒米，作为过桥兵马的马草料。最后，吹牛角号，结束。

3. 开坛发奏（22:15—22:34）

即请神吃夜宵。无站坛师主持，坛师们各自操作乐器齐唱。神坛前竖放一条长凳，上面由里向外依次放纸钱一沓，荤菜一碗，茶酒杯各一个，香三支，烛两根。打卦，吹牛角号，结束。

6 月 24 日

4. 发功曹（07:57—08:29），站坛师：杨大真

发功曹，即把驻扎兵马的功曹营发到堂屋外的院坝上。杨大真站坛，穿法衣、系法扎，端朝简，向四方拜。关上堂屋门，把三官神案挂在门后，唱《元皇开坛发奏科》，敕赐通天都府佛祖，画“押”。愿主李志忠进屋捧香向四方拜，拜毕画“押”。杨大真一手端牌带一手摇师刀跳胡旋舞，其他四位坛师围在一起唱，只有张上臣敲鼓、郭国强执锣。

杜大俊念诵《婺源仙境宫》状文，诵毕，装入文疏壳内。一挂纸钱、一根香、函文一封，唱《元皇开坛发奏科》。三官神案挂在正对堂屋院坝的稻桶上，即婺源仙境宫五圣五显。功曹营又称“三官堂”，所谓“三官”，即天官、地官、水官。

因为是在外面做法事，法师交代清楚后，就把兵马请到外面安营扎寨。三官神案上绘有龙、凤、马、虎，状文是请示玉帝，寓意打报告。

5. 请五显神（08:50—09:20），站坛师：杜大俊

杜大俊法师站坛，穿法衣，系法扎，吹牛角号，摇师刀，执牌带，唱《正一元皇请圣科》。老愿主李正祥跪前，一卦打出阳卦，法师让他喝酒。二卦又是阳卦，法师让他磕头表诚心。第三卦打出胜卦，法师说他是诚心的。

令牌上的内容：右日讳，左月讳，中间紫微讳。右移星，左转斗。中间：华光五照奉神酬愿祈福迎祥保安信士李志忠延辰星君位。右：南斗星君除毒害；左：北极水官无凶灾。

看李志忠家八字单：李首坤系长子，2005 年 4 月 23 日午时生。次子李首鑫，2007 年生。李志忠家祖上就有修八字单的传统，往往幼儿出生第一个星期左右即请先生查八字，修八字单。老人去世后，本人的八字单焚化掉，不传世间。

6. 下马赞（09:33—09:48），站坛师：杜大俊

下马赞，即请神下马享受祭祀。张玉龙、陈明身、郭国强操作乐器，杜大俊站坛，唱《正一元皇请圣科》。在堂前的条凳上放茶一杯、酒一杯、肉一碗、粑粑两块，一块插三支香，一块插两支烛。老愿主李正祥站立礼拜。

7. 华光赞（10:07—10:40），站坛师：杨守荣（法名杨大真）

杨守荣法师站坛，系头扎、法裙，双手打铙。杜大俊法师打钹，肩扛牌带，右手摇师刀。参与仪式操作的还有陈明身、张玉龙、张世光、郭国强四位坛师。坛师用端公腔齐唱《正一元皇解秽科》，站坛师掐手诀，踏罡步，掐鸡冠。

愿主李志忠拿鸡。法师交代好让其他人执行。四位观众参与，一个敲锣，一个吹号，一个拿钹，另外一个端纸钱筛子、水碗，拿到村寨外边的路口焚化。水碗摔碎，也可以拿回来用。让神灵上斩天魔、下斩地鬼。

8. 回熟（10:41—11:00），站坛师：杨守荣

回熟，即祭祀、唱诵解秽有功的善神。切刀头肉，杨守荣法师到厨房祀灶。厨房灶台牌位：九天东厨司命太乙灶王府君神位；右：搬柴童子；左：运水郎君。

9. 放兵 / 跳兵（13:00—13:58），站坛师：杜大俊

放兵，又称“跳兵”，让兵马出去活动一下。站坛师杜大俊戴法冠、扎法巾。堂屋门口放五显坛，坛罐、卦子、五个杯子、蜡烛一根、香三支、猪腿一条、祖师棍。还要准备五彩布条、五彩绳、一撮鸡毛、玻璃罐头瓶，用麻绳捆扎，里面装大米，封口顶部用茶叶，平放银元一枚。

放兵仪式开始，香灯师姚韦武备酒拿鸡，围坛转一圈。杜大俊法师手握师刀，摇牌带，跳罡步，掐鸡冠，滴血到五方旗。陈明身法师把猪腿、坛罐、师刀、卦子、祖师棍、杯子移到堂前，挽手诀，踏五步罡，打令牌三下，口含净水，在凉席的四角念咒画符。

杜大俊法师打令牌，跳天桥，耍人神杖。张世光法师打令牌，两手分别拿三面小旗，拜五方。锣镲鼓点激越。跳演一段时间后，把上述器物放到门外三官堂处。张世光拿猪腿、杜大俊执鸡，二人对耍，跳演武戏，跳毕，亦送之到三官堂。杜大俊耍牌带，张世光耍师刀，耍毕，皆要送到三官堂。张世光敲令牌，挽手诀，端起坛罐，舞耍、对刷，弯腰转圈送出门外到三官堂。杜大俊敲令牌，掐手诀，左右手各拿两个酒杯，嘴里叼一个酒杯，狂耍一阵之后交到三官堂。张世光打令牌，掐手诀，狂耍之后把祖师棍送到三官堂。最后，杜大俊吹牛角号，耍火纸钱，唱“五方兵马，鸡牲鹅鸭，五方来财，千斤金，万斤银，金银财宝打滚送出来”。

观演间歇与周顺刚法师聊起惠水阳戏。惠水阳戏最显著的特点是佛教性质，讲丑话荤段子，画脸。

10. 出五郎（14:33—15:36），站坛师：郭国强

出五郎，演五方兵马出神坛。郭国强法师穿法衣、裹法帕、戴法冠、系法巾、戴土地面具，从戏房歪歪斜斜走出来，唱神祇的根生。张玉兴、张玉龙、杨守荣、杜大俊、陈明身、张世光参与。

郭国强法师扮演土地，手执五通殿前太伯引路先锋旗。坛班法师穿法裙，头蒙法帕，满面戴面具，法冠反戴，手拿刀、戟等兵器和各方都头旗出戏。引兵土地将西岭萧都头旗、东岭潘都头旗、南岭沈都头旗、北岭郭

都头旗、中岭黄都头旗引出，意为将五方兵马带出来。土地与五郎对打舞耍一阵，把都头旗帜交出送到三官堂。交出旗帜之后，五郎依次与土地相斗，依次败阵入相而走，寓意五方兵马收兵。在神坛演出，出将入相，戴面具演出时法冠要反戴。

面具有六张：大郎面具，红色、无胡须，冠呈黑竖边。三郎面具，额部刻三道横向波纹，面呈银色。四郎面具，黑面。千岁面具，长胡须，额部刻三道竖叠“√”。土地面具，长胡须。七郎面具，又称“监牲七郎”，歪嘴，顶部有螺旋式发髻。面具眼、口、鼻留孔，不影响视线和演唱时的发声。

11.造桥（16:10—17:15），站坛师：张玉龙

张玉龙法师头缠法带，三清讳插在额部，法冠反戴，脑后系三束三圣纸。点烛燃香，烧纸钱，吹牛角号，口含净水画符，右手握师刀，左手攥牌带，唱《元皇造桥科》。请出七名观众，寓意七人小庙鬼，唱跳一阵，在堂前凉席的五个方位打出胜卦，造天桥结束。

站坛师手拿一小旗、祖师棍、人神杖，引兵土地扛先锋旗出场，演嬉闹戏。最后，法师们一阵打铰子、吹牛角号、敲朝简牌带。最热闹处，站坛师猛地一甩屁股，把凳子、席子抛撅出门外，寓意造起天桥、地桥、五色桥。造桥仪式结束。

12.大郎科（17:45—18:03），站坛师：陈明身

陈明身站坛，踏罡步、掐手诀、拜五方、在堂前席子的四角画符、打卦。节奏锣鼓经单一：○○○｜○○○｜○○｜○○｜○○○（“○”代表“咚”）。上述简单动作用了近二十分钟。

13.装身换体（18:07—18:53），站坛师：张上臣

张上臣站坛，系法裙、法帕，额上插三清讳，穿法衣，脑后系三圣纸，戴法冠，持竹卦，端米碗，吩咐香灯师烧八炷香，分插在八个方向的神龛上。唱东、南、西、北、中五方都头旗。两个香灯师跪堂前，被称作茶、酒二郎，两人香烛茶酒不离手，堂上手脚不停歇，堂前堂外龛上龛下忙不停，感叹

这坛法事，香灯师是最忙、最累的人。

把五郎五显神像面向里放置于门口，前面放五支烛、五个盘，盘中有瓜子，作为祀五显神的移动神龛。从门口到堂前竖扯一条红布，看作是神将兵马通过的地桥，上面撒盐、茶、稻谷作为马料，五张纸钱作为料槽。

14.迎五圣（20:13—20:43），站坛师：张世光、杨守荣

张世光、杨守荣各执一条人神杖在地桥两边舞，其他五位坛师操乐器。张世光扛先锋旗，杨守荣吹牛角号，蹦蹦跳跳到正堂中央。杨守荣、张世光头戴法扎，腰系法裙，脑后系三束三圣纸，杨守荣手中拿朝简，掌握神棒，共端一盘，盘中放香烛、卦子、利市（硬币），从门口经地桥穿花样边唱边舞送上神坛，穿花样的方式有弯腰碰肩、侧身碰手、躬身碰脚等，接神到坛，登坛上殿。迎圣到坛时按照大郎、二郎、三郎、四郎、五郎由尊到卑的顺序依次迎接。

15.监牲七郎（21:08—22:15），站坛师：杜大俊

此出为外场戏。先用茶酒敬唱杀猪匠。将褪毛开膛破肚的牲猪放在宽条凳上，头朝内堂，背插两根烛、两支香。

站坛师杜大俊，戴头扎和七郎面具，裹法帕，穿法衣，系法裙，手拿铰子。斗猪，绕着猪，左向转右向转，手摇师刀，边唱边跳。用墨画猪，用纸钱拍打猪，用绳子捆住猪头，大白话绕猪说唱。

华王出场，他不想让七郎独食祀牲，与监牲七郎抢食打斗。陈明身饰华王，戴大郎面具，反戴法冠，腰捆战裙。出场时，自己表演一番，酝酿戏场气氛。进入戏场后，华王与监牲七郎对打，执刀相战，打斗一阵刀枪脱落，二者又执燃烧着的纸钱对舞打斗。直至华王败阵逃脱，本出戏结束。

16.退身（22:19—22:22），站坛师：杨守荣

祀神交身之后，要退回阳身。杨守荣站坛，脑后系三束三圣纸，手握一副竹卦，边跳边唱，其他六位法师操作乐器。

17.宝山接圣降云霄殿（23:05—23:37），站坛师：杜大俊

站坛师杜大俊，戴头扎，穿法裙，披三圣纸，双手握神棒，吹牛角号，

打卦请圣之后，选出九位观众参与到仪式中。一人吹牛角号，两人执人神杖，五人拿五方旗，一人扛先锋旗。九人首尾相接连成一圈，一人吹号，随着站坛师踏罡步、打卦而绕堂跳跃、欢呼。

观众参与结束后，站坛师把祖师棍插在木盘上，放在堂屋中央，上面放牌带、法印，再点上两支蜡烛和三支香，请圣降云霄殿。

6月25日

18.二郎科（01:25—02:32），站坛师：陈明身

陈明身站坛，头戴法冠，穿法裙，手摇师刀。“洪门庆赛”“茶房酒店”符讳条焚化。把两条人神杖分别竖在门口的左右两边。站坛师摇着师刀把人神杖扛在肩上，一头挂师刀，另一头挂牌带，唱《元皇造桥科》。堂屋正中间放置一尊神祇牌位，牌位正中间写道：住居土府九垒甄皇大帝紫英夫人位；右侧：五龙归位；左侧：八将还方。插牌位的香龛中插筷子一支（替代尺子），鸡蛋一个，剪子一把，镜子一面，蜡烛一支，香龛前面反扣的竹筛上放刀头肉一块，这一切象征把恶神鬼煞公平正义地送出家门。

郭国强饰和尚，吹牛角号，执朝简，戴监牲七郎面具，反戴法冠，头裹法帕。杨守荣饰道士，拿铰子，持十字弓，穿法裙，拖三圣纸，反戴法冠，戴四郎面具，称“黑脸道士”。

和尚、道士的戏份为什么出现在《二郎科》中？杜大俊坛师的解释是作为插戏，用之娱乐观众。

19.敬灶（02:45—02:55），站坛师：张上臣、陈明身

敬灶，敬祀灶神。张上臣、陈明身站坛主持。张上臣打铰子，陈明身敲钹、唱念敬灶祀文。老愿主李正祥烧香化纸，结束仪式。

20.甜酒开封（03:10—03:40），站坛师：陈明身

甜酒开封，祀神，庆丰收。陈明身法师戴法冠，扎红巾，穿法裙，脑后系三圣纸。愿主专门为庆五显坛酿了一坛米酒，老愿主跪拜，为酒坛启封。法师添四十五小酒杯米酒，香灯师分送到众尊神前面的神龛上。

21. 传献（03:48—04:15），站坛师：陈明身

传献，祭祀神祇。包括招四府、请神破愿、催花盘、烧申文疏文四个环节。每个环节平均用时六至七分钟。陈明身站坛，戴法冠，系法裙，背后拖三圣纸。

22. 解愿（04:35—05:03），站坛师：杨守荣

解愿，唱述许愿具体内容。杨守荣法师站坛，唱《正一元皇解秽科》。香灯师端上稻谷、茶、盐、三圣纸、愿标、鲜竹一段、卷纸等，杨守荣法师边唱清吉平安，边缠愿标，老愿主跪答。法师打卦，占卜许愿内容属实。

三位坛师操作乐器，新愿标扎缠结束。杨守荣手捧新缠愿标，跳转，最后面对正堂神龛站立，躬身拜后，插在姓氏牌位前。

23. 勾销（05:07—05:29），站坛师：张上臣

勾销，即勾销了愿，对簿偿还所许口实。关上堂屋门，坛师操乐器齐唱，勾销八郎出场。八郎正戴面具，反戴头扎，点纸钱开门，到堂屋跳，红巾裹头，腰系法裙，左手执神棒，右手拿墨刷。边唱边刷，八郎刷到李志忠脸上，刷到老愿主腿上，刷到姚韦武脖子上。最后，拿神棒冲出门外，象征勾销了愿成功。唱腔：伊 拉丨伊 拉丨伊拉 伊拉 伊 拉丨。

24. 养生科（06:16—07:30），站坛师：陈明身

养生科，唱捕鱼打猎耕作收获的农事活动。陈明身法师戴法冠、穿法裙、裹法巾，手执先锋旗。杜大俊法师操鼓，张上臣、张玉龙、郭国强把鸡安放在祖师棍上，唱开荒烧火的祭祀词。

水盆上放一个牛角号，五根竹支撑呈锥形，一面开路先锋旗，引兵土地钓鱼。牛角象征船，水盆象征水，人神杖象征船桨，旗花象征船里面的垃圾，愿标象征秧子，粑粑代表田地。

25. 迎千岁老人上坛（07:40—08:05），站坛师：郭国强、杜大俊

杜大俊法师在内堂穿法衣，戴千岁面具，系红巾，反戴头扎，手拿朝简。郭国强法师外穿法衣扮千岁老人，敲门后，方才进来。杜大俊法师依次问：“什么神？”“什么坛？”郭国强法师依次回答：“火鸦、火标。”“三官堂。”

然后把猪腿、猪尾从席子上扔回来，并与杜大俊法师狂舞一阵。千岁老人登上神坛，站坛师拿祖师棍，送出门外。

26. 辞圣（08:35—08:43），站坛师：杜大俊

辞圣，即祭祀、辞别神坛上的神祇。杜大俊法师端朝简、扛牌带，郭国强端米碗，张上臣、张玉龙唱跳，拜五方神祇，每个方位拜三个轮次。

27. 扎坛（08:56—09:25），站坛师：杜大俊

扎坛，意即扎新五显坛。扎坛，又称"装坛""收坛"。杜大俊法师戴法冠，系法裙，左手拿朝简、牌带，右手拿先锋旗。杜大俊法师敲锣，提着鸡，吹牛角号，焚化掉先锋旗。张世光法师握着猪腿，老愿主李正祥进堂来，对着法师写在愿标上的愿信一一对应核实。这时，法师选出五位观众参与仪式，五人中一人拿鸡，一人打卦，一人拿猪腿，一人提酒瓶，一人吹牛角号。然后，围坛一圈绕坛而唱，五个人蹲着轮流向地上洒酒唱诵。一阵欢舞过后，坛师扎坛开始。

坛罐是五显坛上最主要的神坛实物，坛罐是大罐头瓶。杜大俊敲锣，用口吸吮鸡血吐进一小酒杯内，把酒杯放进竹筛。打卦占卜，一次打成阴卦，神灵明意。杜大俊法师坐在布袋垫上，卷起牌带，然后从牌带两头抽出两条绺巾向外搭出，烧纸钱两张，纸灰放入罐头瓶中，在瓶口处挽手诀。杜大俊法师唱念扎坛疏文，并与众法师唱答：

杜问：大家大业发不发？

众答：发。

杜问：人口六畜旺不旺？

众答：旺。

杜问：大发大旺多少年？

众答：大发大旺六十年。

唱毕，扎坛。用米灌满坛罐，瓶口撒茶叶，盖一枚银元，大方块红布

封口。用长麻线扎口，盖坛罐盖，捆坛罐，新愿标斜插在罐身旁，捆绑结实交给愿主。扎坛仪式结束。

这样整坛法事即时结束，法师们整理法器道具、乐器和服装，收起神案挂画等，离开愿主家。捆扎好的五显坛罐在这次庆坛结束后，由愿主家自已择时挂在正堂上方即可。

值得思考的几点：

思考一：五显坛是儒释道巫的混融性文化生态。当地人称之为“道夹佛”或“道夹巫”。同时，也体现了道家文化的核心地位。“在门佛音”是本坛的一大特点。

思考二：庆五显坛展示的具象空间是私人家庭，意义空间即家庭、家族、村寨以及里亲外戚的社会关系系统。

思考三：坛师齐唱，不是傩戏传统的一唱众和。每幅神案前都设高台神龛，都放香烛茶酒果供花旗等祭祀物品。

思考四：舞台演剧因素初具。神坛后设装身换体的戏房，席子用作演戏的氍毹，堂屋之左右两边设演戏的“出将入相”，香灯师充当了舞台演戏检场的角色。坛班有裙、褂、盔等行头，刀枪剑戟把子齐备，但只缺少马鞭。演出者表演时，重唱不重演，重视实物的展示，且是一一对应的展示，实似话剧。不过，仪式有余，观赏性不够，例如在《大郎科》中，踏罡步、掐手诀，在堂前席子的四角画符、拜五方等简单动作用了近二十分钟。

此次调查五显坛期间，了解到当地还有“米拉神”信仰和“打清醮”的民间信仰形式。米拉神用于病重、求子，即幼儿不乖、成人保命的情况下请米拉神。做米拉神的巫师是女性，请米拉神前要在外面搭桥请圣到坛。做米拉神法事需要一天多的时间，花费几百元到上千元不等。米拉神位设置在堂屋香火侧面的卧室房间，等孩子大了或者搬新房时就把米拉神搬走。“米拉神”信仰流行于苗族民众中，汉族、布依族中也有少数人信奉。打清醮，旨在求雨或祈晴。几个寨子联合在一家设坛，在一个大的公共空间举行求雨或祈晴的仪式活动。仪式的最后要举行扫寨送瘟活动。

附录五：贵州省纳雍县董地乡上街村大田边村民组张氏庆坛仪式调查

时　　间：2017 年 11 月 14—17 日

地　　点：贵州省纳雍县董地乡上街村大田边村民组张宅

调查事项：黔西穿青人庆坛仪式

调查人员：吴电雷、陈玉平、龙胜阳、左鹏、汤英、杨晓、徐月、胡李柱、谭诗然、刘璐瑶

11 月 14 日 12:36 乘火车到纳雍火车站，转乘私家车上高速经董地乡到联合村左鹏家已是 20:00。晚饭后，接到西南傩文化研究院龙潜院长电话，要晚上立即返程，参加新任职干部考评。经交涉，单位决定将考评改在 15 日下午进行，本人须 15 日一早返回贵阳。

11 月 15 日，一夜稍眠，破晓起床洗漱。真是寝食难安，草草早饭后，焦急等待，准备随时出发。早 9 点，左鹏家联系的昌河牌面包车到了，搭乘至董地乡。转乘私家运营 SUV 越野车回贵阳，偶听到司机师傅下午还返回贵阳，记下他的电话号码，其余时间一路狂奔，无语。我在贵阳火车站下车，转乘 203 路公交车到民族大学站，然后打“摩的”到学校，时间为 14:15。不料考评时间改在 16:30，四合院吃午饭，之后到图书馆给夫人交代下，16:45 正式考评。考评结束后，龙潜院长送我到高铁站，再乘私家

运营车辆回董地乡。上车 18:45，等乘客满员到 21:30 启程回董地。司机技术娴熟，一路飞驰，时速常为 120 公里以上，行过 2 小时 30 分，到董地丫口田汽车加水处已是 23:33。地处高山环绕，四顾无人，漆黑一片，愈加恐怖。给左鹏、胡李柱、陈玉平老师打电话，皆不应，无奈打女生汤英的电话，汤英再求助男生。后来，陈玉平老师警觉，叫醒左鹏、胡李柱，接我回住宿处。山路崎岖，路痕不甚明显，错行一段，迷途即返，尚未继续错行。到达住宿地点，身心疲惫，不洗不漱，随即躺下晚休，时间已是 11 月 16 日凌晨 00:30。

11 月 16 日凌晨 03:30 仪式开始。关于黔西穿青人庆坛仪式的调查始才进入正段，庆坛仪式持续两天两夜，开始于 11 月 15 日 15:00，16 日 21:47 结束。

庆坛为穿青人的信仰，祭祀五显神，所以又谓之“五显坛”。五显坛被看作福佑家人的神祇之仙乡神居之地，父子兄弟分家需要分坛。神祇仙乡用坛罐象征，坛罐上斜插愿标，平日悬挂于中堂之上的中间位置。在纳雍董地一带，五显坛信仰似有家族性质，因为只有龙、张、王、李、左、汪、陈、郭、卢、杨、彭、刘、周十三大姓。五显坛信仰具有祖制性质，父承子传，父辈丢了子辈也就失传。黔西穿青人的五显坛信仰由江西吉安府传入，至今已有五百余年的历史，朱元璋“调北征南”时由江南民众传播入黔。有些族谱记载“五显神”仙籍为婺源，庆坛的仪式空间也假设为婺源仙境。需要明确的是：庆坛和太乙没关系，太乙为“三清”之一。

本次庆坛实为“分坛”。一家父子四人，原来祖业房产就顶“五显坛”，兄弟皆已成家，五显坛也要分给三家顶坛。现在父亲年事已高，愿主是张青贵、张青权、张磊（张青敏）三兄弟。其中张磊最小，在浙江打工，有三个孩子，最大的和最小的是男孩，中间的是一女孩。也因为这几年老父亲深感不顺，自我感觉是神威压抑，便许下愿信，日久便还。

庆坛，有“文坛”“武坛”之分，文坛指从事丧事仪式，武坛用于还愿安神的仪式。庆坛，纳雍县董地乡本地人更倾向于“庆菩萨”“跳菩萨”的叫法。但是，只有穿青人庆坛“跳菩萨”，其他苗族、彝族人不跳菩萨。即使是穿青人，也只有龙、杨、周、卢、李、张、王等十三大姓“跳菩萨”，其他姓的穿青人没有资格庆坛。当地穿青人是从江西吉安迁徙而至的。

龙尚云庆坛“跳菩萨”坛班情况：该坛坛班师傅有龙尚云、张习敏、郭正荣、龙尚标、龙尚发、姚银贞、张勇、龙中贵、左正华，共九人。其中龙尚云为该坛班的掌坛师，负责本场庆坛活动的总调度，其他八位师傅负责站坛操作具体的仪式活动。九位坛师班师傅的详细信息如下：

龙尚云：掌坛师，穿青人，51岁，1966年生，17岁时入坛学艺。1991年即25岁时度职，法号龙江鳌。自其曾祖父以降，已是四辈人从事“跳菩萨”庆坛。初中文化程度。

张习敏：穿青人，49岁，1994年入坛“跳菩萨”。已度职，法号张波松，全称“篆天枢院玄都大夫同轩地司元皇兼南北二斗院雷庭拷招掌文词表章通奏事：臣张波松”。初中文化程度。

龙尚标：穿青人，58岁，30岁时入坛“跳菩萨”。已度职，法号龙江流。初中毕业。

张勇：穿青人，44岁，20岁开始“跳菩萨”，至今已有二十四年。已度职，法号张波龙。高中毕业。

龙尚发：穿青人，61岁，16岁入坛“跳菩萨”，至今已有四十五年。已度职，法号龙江海。初中文化程度。

姚银贞：穿青人，66岁，1982年即31岁时入坛学艺。已度职，法号姚波鑫。高中文化程度。

郭正荣：穿青人，54岁，“跳菩萨”庆坛有二十多年。已度职，法号郭波湧。初中毕业，当时就读于毕节市的一所中学。

左正华：穿青人，48岁，6岁入坛学艺。已度职，法号左波灵。小学文化程度。

龙中贵：穿青人，33岁，入坛学艺三年，没经过度职。初中文化程度。

参与本次庆坛仪式活动的还有：酒水师李发友、香烛师张青龙、厨官郭正勇。

龙尚云坛有七张面具：和尚、土地公、姜太公、二郎神、苗歪歪、彝族首领和歪嘴七郎。和尚面具上刻有莲花，土地公面具白胡子、须多而长，姜太公面具的下巴能活动，二郎神面具的眉间有慧眼，苗歪歪面具是歪发髻，彝族首领面具的耳朵大，歪嘴七郎面具的嘴歪，每张面具特点鲜明。

神案有二十九幅。其中大的有：上大郎、上二郎、上三郎、总真案、上四郎、上五郎、通天白衣大郎、四府、二郎、灵府、水霄（消）、右先锋、火鸦、火飘、左先锋、山消（霄）、云霄、岳王殿、南游殿、功曹殿、迎灶案，共二十一幅；小神案（又谓“老人牌”）有：勾愿牌、土府牌、九头九面大将军、金童、玉女、五岳、发鼓牌、五郎牌，共八幅。迎厨进步、香花迎请、茶房酒店、洪间庆赛四面条幅。门两边的神案为财神。正堂从中间到左右两边依次供置七张圣牌位，如下所示：

天地盖载恩

国王水土恩

玉清圣境玉余灵宝天尊

上清仙境大罗元始天尊

太清真境道德降生天尊

日月照天恩

父母养育恩

前面插一勾愿牌表，上面写道：

诚惶诚恐　稽首　顿首百拜上言　臣闻

神功浩荡秘运威灵之妙若有叩奉昭彰报应之诚俯帝表感格臣

谨表奏为

中华人民共和国贵州省纳雍县管下董地乡街上村丫口田寨居住　奉神酬愿祈福保安信士张青贵室人罗明秀　张青敏室人郭正琴　张青权室人罗益　为因祖来崇奉五显圣贤香火一堂愿许平安庆赛不负初心捴神酬赛感应洪床是以取今二〇一七年九月二十八日上吉良辰承命拜请

太上正一元皇法师于家酬还五显恩愿睛嫢源圣像罗列香花酬赛伏翼神灵感答凡愚之忱悃即见于洛堂　诚惶诚恐稽首顿首俯地端拜上奉

恭惟臣文功通天地感若有风云雷雨电飘飘聪明正直德能恰和气治世泽民方显化事事通灵功莫大焉　见闻也如小臣者赖俵道化奉玄微暨领来词理宜朝奏上地念信士张青贵室人罗明秀　张青敏室人郭正琴　张青权室人罗益　自从酬还之后祈保家门清吉人眷平安慈牲兴旺六畜成群瘟癀远离火盗双消官司不起口舌埋藏求财意五谷丰收二六时中全叨庇佑

伏愿　五显跨鹤　驾驭以来临降赴法筵领词惟新庶使　拜君世尔两大均安臣干冒

神威下情不生惶慄之致谨表以闻

天运　丁酉年九月二十八日

唱书有七本:《正一保福科》《东岳科》《五圣岳王科》《先锋土地科》《五显大郎殿科》《五显请神部》《五显二郎殿、云霄殿》。唱书，亦称“科书”。

该坛班师承道教坛班的派序，师坛谱上有：至、成、宣、玉、典（胞、成、上、大、罗）；湖、海、湧、江、波。法师之间的代际传承需要举行颁职仪式。在颁职传法仪式上，依然要封牌带，要有传法师（或称“传度师”）、接法师、传递师、保举师、证明师等。颁职传法的内容包括手诀、罡步等固定程式动作，如手诀有指路诀、三清诀、祖师诀、捆鬼诀等。手诀、罡步皆为师傅口传身授。

正堂布置：从内堂神龛到正堂门口悬挂四层挂吊。第一层：神威如在；第二层：婺源仙境。前两层为方块神案，字写在中间，从右向左，古文读法。第三层为八条挂吊，从右至左为：长焚清净自然香、命驾銮舆归上方、富国资财装子弟、贵使妙典礼三皇、金童引入金阶奏、玉女参随到两傍；对联一副：满会神仙垂降格、堂上高真赐吉祥。第四层为道家八仙神图，从右至左为：张果老、何仙姑、汉钟离、吕洞宾、韩湘子、曹国舅、铁拐李、蓝采和。简图为：

在　如　威　神

境　仙　源　婺

堂　满　玉　金　贵　富　命　长
上　会　女　童　使　国　驾　焚
高　神　参　引　妙　资　銮　清
真　仙　随　入　典　财　舆　净
赐　垂　到　金　礼　装　归　自
吉　降　两　阶　三　子　上　然
祥　格　傍　奏　皇　弟　方　香

蓝　铁　曹　韩　吕　汉　何　张
采　拐　国　湘　洞　钟　仙　果
和　李　舅　子　宾　离　姑　老

门口贴五副对联：

留　恩　赐　福

堂	满	玉	金	五	六	贵	富	命	长
上	会	女	童	凤	龙	使	国	驾	焚
高	神	参	引	来	相	妙	资	銮	清
真	仙	随	入	朝	会	典	财	舆	净
赐	垂	到	金	宝	桃	礼	装	归	自
吉	降	两	阶	殿	源	三	子	上	然
祥	格	傍	奏	门	洞	皇	弟	方	香

坛上所用法器有师刀、牛角号、令牌、牌带、朝简、竹卦、祖师棍、朝笏等。法师服饰有头扎、七佛法冠、三圣纸、法衣、法裙等。乐器有鼓、锣、铙、钹、镲、木鱼等。

法事收瘟要扎茅船。茅船，坛上亦称“龙船”，龙船上装牛瘟、猪瘟、羊瘟等。

11 月 15 日

1. 开坛（18:52—19:11），站坛师：龙尚发

开坛，又称之“烧坛”。龙尚发法师穿法裙，戴七佛冠，在堂屋中间的草席上跳唱。吹牛角号，锣、鼓、钹、镲齐响，铺草席，法师唱诵开坛词。三位愿主与法师一起跳、唱，放鞭炮，吹牛角号，结束。

2. 启坛（19:20—19:51），站坛师：张勇

启坛，即请师公师祖莅临神坛保佑仪式顺利进行。站坛师轻点神棍，穿青布法裙，跳罡步，在祖先牌位下点香燃烛。张勇法师向东、南、西、北、中五个方向撒玉米，寓意清吉净寨。后来，左正华、龙中贵两位法师亦边唱边跳边撒玉米，乐队敲锣打鼓。

唱跳毕，张勇法师跪在祭坛前唱请神词。左正华法师从门外端一桌子进屋，龙中贵法师用碗摆上祀神供品，跪在祭坛前。站坛师在席子上边唱跳，边用朝简轻敲牌带。唱跳毕，打竹卦占卜，一次打成阳卦，启坛结束。

3. 陪神（19:52—20:03），站坛师：郭正荣

陪神，即敬祀、娱乐降临神坛的神祇。郭正荣法师戴法冠、穿法衣、系法裙，摇师刀，唱诵神词。另有四位法师坐在堂屋中间，一边唱，一边烧纸钱，将碗中的酒不断倒在桌旁，祭祀神祇。继而，五位法师齐唱，唱到玉皇唱段的时候，法师们依次一遍一遍向神坛前倒酒敬玉皇神。唱毕，乐器停止，打卦占卜，吹牛角号，陪神仪式结束。

（休息，至 11 月 16 日凌晨）

11 月 16 日

1. 发功曹（03:10—03:30），站坛师：郭正荣

发功曹，即请功曹神。郭正荣法师手持朝笏，头戴七佛冠，唱请功曹神词，姚银贞、张习敏两位法师面向堂上神坛跪侍。大门内设一供桌，愿主手端文书跪着，站坛师持朝简，摇师刀。然后，法师宣读文书。宣毕，张习敏法师拿文书到门外焚化盆烧掉。法师念经文，放鞭炮，急敲锣、鼓、钹，打卦占卜，发功曹结束。

发功曹后，法师和众人吃稀饭，坛上称吃“福食”①。一人用托盘端五碗米粉，向正堂、堂外和左、右神龛依次揖拜三次。然后，众人分食盆中的稀饭，并以辣椒沫为佐料。

2. 请神（03:54—04:10），站坛师：郭正荣

郭正荣法师穿法裙、戴法冠、脑后缀三圣纸。他左手摇师刀，右手持朝笏，且唱念且跳，每逢乐器响毕，随坛班师傅齐唱。双脚跳的动作有前后踏步、右脚左转单腿跳等。唱念的同时，不时向周围散撒玉米，寓意祈

① 福食：祀神之后剩下的供品，食之有福。祭品，祭祀神祇后散与众人分食，叫作“散福”，因此称之为“福物”。

神临坛享受祀牲。坛上使用的乐器有钹、铙、锣、鼓和牛角号等，每位法师只操作一件乐器。

3. 交牲（04:15—04:20），站坛师：郭正荣

该坛祀牲法事在正堂上杀猪，向神祇献牲。由厨官郭正勇带动，把祀神的牲猪钩拉到堂屋正中，抬起后，头朝堂内、尾巴向堂外纵放在条凳上扎捆好，法师唱颂祀牲敬神词。

4. 解秽（04:27—04:38），站坛师：姚银贞

解秽，寓意驱赶困扰家庭人口不安的污秽之鬼煞。姚银贞法师头戴七佛头扎，头扎尾缀三圣纸，右手摇师刀，左手捧朝笏，肩扛牌带，焚香一支。坛师站在草席上，向堂外做赶撵动作，示意驱赶作祟的恶鬼邪煞到堂外。

5. 迎厨扎造（04:39—04:45），站坛师：张勇

张勇法师头戴法扎、穿法衣，手握师刀，唱诵厨官师傅的赞颂词。唱扎造茅船的唱词，唱述造茅船的经过、茅船的用处、茅船载鬼煞顺走他乡的愿望。

6. 扫圈（04:48—04:54），站坛师：姚银贞

众位法师敲打铙、钹、锣、镲等武乐，到牛栏猪圈驱污除秽。姚银贞抱公鸡，每到一处就吹牛角号，做扫除仪式，唱龙船装上牛瘟、猪瘟、鸡瘟等瘟鬼。最后，打卦占卜驱污除秽结果，结束。

扫圈之后，烧掉旧愿标。旧愿标，坛上称之为“老菩萨”。

7. 请神下马（04:58—05:14），站坛师：张勇

张勇法师头戴法扎，穿法裙，法裙后，缀三圣纸，踏罡步，跳花步约十分钟。酒水师李发友敲锣出去请牛角，回坛时牛角端在锣中。然后，唱南游殿请五岭都头带仙兵神将降临神坛，纳愿享祀。该仪式过程由愿主张青贵陪护请神。

8. 陪神（05:17—05:22），站坛师：龙尚标

陪神，寓意神祇降临神坛，人神共乐。龙尚标、张勇、龙中贵、李发友等八人，分左右两排，每排四人，中间竹席上放猪头、猪心肝等祀品。

如简图所示：

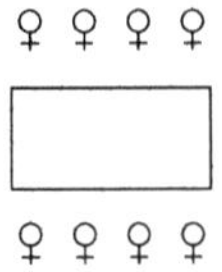

其间，酒水师李发友不时烧纸拨火、洒酒祀神。

9.放兵（05:28—06:01），站坛师：姚银贞

放兵，寓意放出五显兵马，驱鬼逐疫。姚银贞法师穿法衣、持巾摇扇、戴面具，扮作功曹土地，拨兵点将，点东、南、西、北、中五方兵将。法师持统兵旗一面，小旗五面，象征五方兵马营。张勇法师右手持朝笏，肩扛牌带，头戴法扎，法扎尾缀三圣纸，唱请神词。放兵仪式结束后，约晚上10点再招兵回坛。

张勇法师用朝笏挑着牌带的绺巾，从统兵旗上掠过送到门外，挽手诀。杀雄鸡滴血在五猖案子、愿标上，再用朝笏挑绺巾掠绕一圈，向门外排遣放送一次。左正华、龙中贵两位法师穿法裙，戴头扎，脚尖相对，二人对舞。龙中贵法师把旧愿标送到左边门口，放在箩筐中烧掉。随后，龙中贵法师单人唱跳，右手握师刀，左手攥墨状，祖师棍插于席间，旋舞数圈，寓意招兵买马，驻扎神坛。

10.造桥（06:04—06:28），站坛师：张勇

造桥，寓意架起天桥，让诸位神祇从桥上通过，来到神坛。站坛师戴头扎、穿法裙、扛牌带、端朝笏，边唱边跳，并不时向四周撒苞米，烧纸钱，其他法师跟随唱跳。龙中贵法师向神坛案上的焚火盆喷酒成火龙，而酒水师李发友从对向喷酒，双向喷出的酒在焚火盆上方形成簇簇大火团。该场面持续十余分钟，激动人心。

11.拈香合会（06:31—06:49），站坛师：龙中贵

拈香合会，又称“相合会”或“会合神”，寓意临坛的众神祇一起合欢众乐。龙中贵、张习敏、左正华三位法师皆穿法裙、戴头扎，后缀三圣纸，每人手持六支香，脚踩穿花步舞。穿花舞动十分钟后，龙中贵法师肩扛牌

带，张习敏法师手持朝笏，左正华法师手握墨状，每人手端一水碗，倒入米酒开始唱跳，合众神。酒水师在左，把坛法师在右。

龙中贵肩扛牌带，戴头扎，腰系法裙，手挽手，向前三拜、向后三拜。龙中贵法师与其余六人一起跳神、练兵马。法师每人跳一阵，近坛前祀神喝酒，打出胜卦，寓意娱神成功。最终，龙中贵、左正华两位法师素身唱跳，门口烧纸钱，结束仪式。

12. 躺白回熟（07:02—07:30），站坛师：姚银贞

愿主家把褪毛打理好内脏的祀牲抬到神坛前祀神，准备下锅煮成熟食后再祭祀神祇。左正华法师戴和尚面具，张勇法师戴土地面具，披法裙，手拿猪尿泡，用竹卦敲案板唱。案板上有刀和两半杯茶酒，祀牲的猪颈部插六支香和一支红烛。

张勇饰卖猪人，龙尚发饰买猪人，李发友饰合议人。姚银贞唱回熟祀神词、祀五显菩萨，唱诵杀猪匠、唱诵酒水师、唱诵厨官、唱诵愿主人、唱诵买匠卖匠。最后，厨官先割猪头、再割猪尾，回熟祀神。

13. 大郎殿（09:52—09:58；11:33—11:36），站坛师：龙尚发、郭正荣

大郎殿布置：堂上有一大旗，东、南、西、北、中五方插五面小旗。大旗上竖写三行小字，两边分别是：九洲仙女、十洲仙娘，中间写道：五通殿前宣牌使者接到引路太白先锋来入位。五面小旗按五方位依次写道：东方九夷兵、南方八蛮兵、西方六戎兵、北方五狄兵、中央三秦兵。

郭正荣法师操铙、张勇敲鼓、张习敏打锣、卢波杰掂镲、李发友碰钹。龙尚发法师左手拿牛角号，右手攥纸钱，前前后后跳欢快舞步约六分钟。张勇、郭正荣上坛对舞，形式有对跳、背跳、侧对跳、单腿双腿跳、跪跳跳跃、面向背向跳、堂内跳等多种。此间只有约七分钟。法师们只舞不唱，节奏的锣鼓声单一：○○ ×× | ○○ ×× | ○○ ×× |，○○ ×× | ○○ ×× | ○○ ×× | ①。

① 锣鼓经："○"表示"咚"鼓声，"×"表示"呛"锣声。下同。

自10:05起，张勇、郭正荣两位法师腰系法裙、头扎法帕、戴七佛冠，后系三圣纸，手端一支蜡烛，齐唱《五显大郎殿科》科书，为大郎神开光。十分钟后，即10:16，郭正荣法师右手摇师刀，左手持墨状，与张勇法师齐唱科书。唱段结束后，郭正荣耍神刀，舞后又肩扛牌带，执迎神杖。

最后，祭祀祖师牌。经过上表、大郎进表、熏表等程序，由郭正荣主事。

14.云霄殿（11:36—12:10），站坛师：龙尚标、左正华

云霄殿神祇为仙娘，采集仙花异草做草药。龙尚标法师穿法裙，戴头扎，吹牛角号，仪式开始。首先，在神坛前做前进退步跳碎花步舞蹈，不时吹牛角号，点燃纸钱向后扔。节奏锣鼓经：○○ × × ｜○○ × × ｜○○ × × ｜。

龙尚标法师单人跳六分钟（11:42）后，左正华、龙中贵两位法师戴头扎、法冠，跳双人碎步舞，中间要完成画符、挽手诀等动作，跳七分钟（11:49），开始唱《五显云霄殿》科书。

唱《五显云霄殿》科书由左正华主事。左正华穿法裙，戴头扎，右手持师刀，左手握墨状，边唱边舞。随后，左正华法师右手拿朝笏牌带，左手握师刀，召集酒水师李发友和其他八人相互牵手绕着坛中央的祖师棍先向内左转一圈，再向外右转一圈，接连转三个回合即六圈。最后，参与活动的十人逐一向神坛跪拜并打出胜卦，该段落结束。

左正华右手摇师刀，左手握墨状再出场。张习敏、龙尚标两位法师亦即出场，分别扮演关二爷、二郎或叫花子、土地。张习敏法师以顶头巾、攥手帕装扮，龙尚标则以斜披花衫、一手摇破扇、一手持毛巾打扮。唱花灯调，内容则是十二月调，从正月一直唱至腊月。

15.进二郎殿（15:00—18:10），站坛师：左正华、张勇

左正华、张勇站坛，请和尚撒金水，作为进二郎殿序曲，约七分钟。之后龙尚标戴头扎、穿法裙，吹牛角号，进二郎殿正式开始。张勇、龙中贵登坛，亦戴头扎，腰系法裙，两人相对跳碎花步。此番舞蹈样式颇多，有对跳、单人跳、双人跳、从竹席四角做相向翻花跳。在跳跃期间，两位

师傅不时用师刀点水画符，念咒语。此刻“跳”的成分比重很大，“跳菩萨”显现得淋漓尽致。锣、鼓、钹、镲、铙齐响，基本节奏的锣鼓经为：○○○丨○○○丨○○○丨。

龙中贵卸装，张勇摇师刀，以令牌节奏，唱二郎进殿。张青龙伺陪，香烛师、茶酒师面向门外跪拜。随后，开始表演《二郎进殿》。龙尚标戴二郎面具，边唱边走，从门外一瘸一拐、歪歪斜斜地走进堂屋，寓意二郎进殿来。

16. 结愿（18:10—18:28），扎标法师：龙尚发、张勇、郭正荣

结愿，即为扎愿标。愿标主体用细竹竿的一节，并用三圣纸缠扎好。张勇法师结张青权的愿标，期许愿信期限五十年，法师打出胜卦，以示神鉴，最后愿标转交站坛师，神坛供奉。郭正荣为张磊（张青敏）结愿标，龙尚发为张青贵结愿标，愿信期限皆为五十年，同样打出胜卦，人神共鉴，把愿标交到神坛供奉。

龙尚发、张勇、郭正荣扎愿标，李发友烧纸钱，洒酒祀神、陪神在桃源。

17. 进岳王殿（19:08—19:12），站坛师：龙尚发

进岳王殿，意即通过栽秧、收割等动作，象征祈祀农神，保佑丰年。龙尚发法师站坛，戴头扎，穿法裙，右手握师刀并墨状，左手拄祖师棍，在堂中央踱步演出。龙尚标、姚银贞两位法师唱《五圣岳王科》科书。乐队方面，张勇司鼓，郭正荣击铙，张习敏操钹。岳王殿，又称“五岳殿”，即泰山、衡山、华山、恒山、嵩山山神神祇，体现山神崇拜。

18. 进三霄殿（19:19—19:28），站坛师：龙尚发

进三霄殿，栽秧子。三霄殿神祇扶犁打牛，拖耙施肥，寓意神佑丰年足食。法师龙尚发、酒水师李发友出坛演出。龙尚发戴头扎、穿法裙，同李发友两人手中皆攥着一扎小纸旗。唱完一段春耕词后，把小纸旗均匀散在堂中间的竹席上，象征春季撒散稻秧在田间，准备插秧耕作。

19. 进南游殿（19:32—19:48），站坛师：张勇

进南游殿，插秧苗。张勇法师头戴法扎，腰系法裙，连同另外四人跳神，

找苗子，插秧苗。期间不停跳跃，并发出阵阵“嗷……”“吼……”的原始、粗犷、野性的欢呼声。

20.进水霄殿（19:48—20:28），站坛师：龙尚发

进水霄殿，法师扮演神案上的千岁老人神祇，手持捕鱼杆，下海捕鱼。龙尚发法师右手握师刀、左手持墨状跳演，操乐器的众人唱《五显水霄殿》科书。张勇法师戴叫花子面具出坛，手持竹竿，探身伸臂触及竹席上的一片猪肝，做出钓鱼状。之后，张勇与其他四位法师挑逗猪心、猪胆和猪蹄，相互说出一些“荤段子”。

21.赐送（20:28—20:45），站坛师：姚银贞

赐送，意即烧纸钱、浇奠酒送神回仙乡。姚银贞法师撤掉灶神神案，把纸钱放在焚化盆中烧掉。唱送神词，法事完毕，送神回仙乡。

22.扎坛（20:50—21:40），扎坛师：龙尚发、郭正荣、张勇

扎坛，意即扎造五显坛愿标。因为该次庆坛仪式主旨是兄弟三人分坛，所以扎坛要分扎三个五显坛。先用三张方纸把香灰、茶叶、盐茶五谷分开包成三包。千岁老人前堆十个小碗，分成三堆，两边各放一个小碗，碗中盛半碗米。扎三个坛，愿标前各插一支香烛和一个墨状，前面中间插祖师棍。

郭正荣两只手端牌带唱五方，张青贵端苞米随后。锣声响起，三位扎坛师挽手诀，扎坛开始。兄弟三人，一人抱一只鸡，由一师傅杀鸡滴鸡血到愿标上和千岁老人上面，依次把鸡扔到右侧小房内。在每包糯米、茶、盐上放点纸钱灰，扎坛，挽手诀，默念咒语。

三位法师把五彩线竹签插到愿标上，向三位愿主核实所许愿信的详细内容。三位愿主兄弟一连应答：“是！是！是……”最后，每位法师扯下几根鸡毛插在愿标上，挽老君诀，扎坛结束。

这样，五显坛被张家兄弟一坛三分。兄弟三人各自端着自家的神坛，上面用箩筐罩好，防止落雨落水，疾步回家安坛。

23. 撤案安坛（21:40—21:50），龙尚发、郭正荣、张勇执事

撤案，即撤掉坛上的所有神案，卷好收起。安坛，即帮助主人家把扎好的新坛安置在正堂上，享祀供奉，自此保护家宅吉庆安宁、家人健康延年。

庆坛仪式至此结束，看天色已晚，只能再住一宿。11 月 17 日早上 6 点起床，乘陈玉平老师的车回贵阳。上午 9:15 回到民大图书馆，拿钥匙回家。本次田野调查结束，基本达到调查目的。

纳雍穿青人庆坛有三个特点非常鲜明：

特点之一：穿青人庆五显坛，“跳”戏的戏份很重，花样繁多，参与跳演的不仅是法师，群众的参与度较高。

特点之二：“荤”成分浓厚。“荤”成分表现在两个方面：一是“荤段子”多，二是不雅的“荤”动作举止丰富，且渗透程度高，弥漫于整个仪式过程。这点或许恰是庆坛被人神喜爱的原因之一吧！

特点之三：穿青人庆坛的锣鼓经比较单一。五显坛上锣鼓经主调为：○○ ×× ｜○○ ×× ｜○○ ×× ｜，且仅此一种。锣为低衬音：◎ ◎ ◎ ◎。

附录六：贵州省平塘县塘边镇新店村沙沟组李玉辉阳戏坛调查报告

时　　间： 2018 年 8 月 18 日

地　　点： 贵州省平塘县塘边镇新街村秦宅

调查事项： 秦宅顶阳戏坛还祖愿仪式调查

调查人员： 吴电雷

电话联系上平塘县阳戏坛李玉辉法师，他正在罗甸县边阳镇干洞村的女儿家。因为平塘县塘边镇与罗甸县边阳镇、惠水县羡塘镇毗连，塘边镇的新店村沙沟组又是毗连的交汇点，邻里乡亲各种伦理关系的交织使人们在很大程度上忽略了行政区划的人为分割。

一、平塘县李玉辉阳戏坛概况

塘边镇李玉辉阳戏坛为祖传，前后八代，老太公流传，到曾祖父、祖父、父、已、儿、孙、重孙。新店村李玉辉阳戏坛演出在当地很有名气，李玉辉掌坛师说 20 世纪 50 年代，参加过平塘县艺术节的表演。该阳戏坛是遵义那边的师傅来到这边亲自传授的，平塘县新店阳戏、罗甸县土坝阳戏、栗木乡达上邓氏阳戏都是该师傅传授的。当时塘边老师祖、边阳深井邓代星、栗木达上邓国飞是一帮的，几个徒弟一起学习，给师傅的报酬是魏家山一座山。后来师傅离开魏家山回到遵义，原来的几个门徒皆独立行坛，不再联合演出。

掌坛师李玉辉，法号李德临，“掌坛师”是该地阳戏坛对主坛者的称谓。现在李玉辉阳戏坛有20个徒弟，授徒过职不举行特殊的仪式，师傅仅送一件衣服即可。平时演出阳戏最多10人，不能太多，八九个也可以演出。李玉辉坛班做文、武两教法事仪式，文教安葬超度，武教还愿演阳戏。阳戏主要在娶媳嫁女、安宅架梁、许愿会、祖神愿的场合演出，一年要做20次。去年（2017年）四月份开始禁办酒席，至今演出次数大大减少。

李玉辉阳戏坛上祀奉川主、土主、药王“三圣”，三伯公婆、梅花小娘也是主要神祇。祖师坛上尊置老郎太子，即牧牛郎君。面部扮装有勾画脸谱、戴面具两种形式。勾画脸谱表演在该坛班是常态，戴面具演出的场面较少，面具是纸壳粘胶制成。服饰有小战裙、战靠、红巾帕、红色长袍、官帽等。使用乐器品种不多，有鼓、小铜锣、大锣、马锣、钹。据掌坛师介绍，鼓已使用四十多年，锣、钹皆为铜器，已用一百多年。法器有师刀、牌带、卦子和牛角号，牌带里面有朱砂、铜钱和祖师谱。

掌坛师保存唱书十四本：《开坛撒帐》《唱杂戏科仪·送神·点盆土地·行坛·报台·盖馗》《开路·请神童子·开路铁甲科》《唱戏领牲科仪》《上熟科仪》《接驾土地科仪》《演唱科仪·灵官·催愿·二殿·奠酒》《演唱戏本·化药·插柳·搞枷》《演唱戏本·唐二·范郎》《佛门造船科仪》《韩信追霸》《梓潼科仪》《唱戏请神科》《上熟科》。

二、塘边镇新街村秦宅还阳戏愿

（一）参与此次还祖愿仪式的坛班主要法师

杨法书，1949年出生，70岁，十多岁即从事阳戏演出。从江西搬迁至现住址，至今已有九代。

徐洪元，1954年出生，64岁，17岁学阳戏。1988年举行过职仪式，法号徐法贵。

杨远昌：1952年出生，现年67岁，9岁学阳戏。

秦开智：1983年出生，15岁学演阳戏，现为掌坛师，2013年过职，法号秦胜显，塘边镇新风村人，顶阳戏坛为佛教坛，为乡民还七佛愿、九佛愿。

李金乾：1979年出生，12岁开始学演阳戏。

秦开礼：1968年出生，没有度职。

李远井：1988年出生，30岁，20岁时学阳戏，没有举行过职仪式。

徐德相：1975年出生，自幼学习演阳戏，演出阳戏是徐家祖传。徐德相于2014年举行过职仪式，文教、武教过职仪式一起举行，法号徐果玄。武教又有阳戏和冲傩之分，“阳戏”敬祀祖神；“冲傩”顶兵马坛，杀鬼，驱逐邪气，奉祀三清、元始天尊、南山圣母、东山圣公。文教称之为“道教先生”。武教一般是一天一夜；文教是三至七天，多者达九天。

香烛师：秦正章。

茶酒师：邹乾斌。

演出地点：新街村秦宅。

还阳戏愿，在戏帐神坛正中间仅挂一张“三圣图”神案。神案上下共五层，上面绘有神祇川主、土主、药王、三伯公婆等二十四尊神。戏帐内放置一小供桌，供桌上面的箩筐内供奉木偶戏神太子，保佑演出顺利。

表演内容被写成戏单形式挂在戏帐前面的竹竿上。内容有：开坛先师撒帐使者、报台小鬼开路先锋、请神童子点盆土地、西川灌口领牲二郎、云中得道走马二郎、先天首将王天君、斗口灵官马天君、黑虎玄坛赵天君、催愿仙官还愿使者、唐朝敕封绣球太子、搞枷脱锁结使郎军、柳青娘子化药先师、城洲范郎李洲孟姜、求神打卦四官尊神、万天川主崇应惠明大帝、土地清河梓潼帝君、药王济苦报国真人、三伯公婆梅花小娘、愿日掌愿仙官今日勾销使者、大口先师老曹判、当年奉敕火瘟二部、前传后教历代宗师、三教香火福德尊神、阴戏阳戏四十八戏。

（二）主要仪式程序

1. 开坛（18:35—18:45），站坛师：李德临

开坛，即开坛法师锣鼓齐鸣，打闹台。李德临法师坐坛调度，徐德相打小铜锣，杨法书操鼓，李远井操大锣，李金乾打钹，香烛师燃香添蜡，茶酒师斟酒倒茶，祀神还愿活动准备就绪。掩锣息鼓，打卦鸣牛角号，还祖愿仪式开始。

2. 撒帐（18:47—19:47），站坛师：杨远昌

撒帐，即撒帐使者拉开戏帐，阳戏还愿戏开始。李远井穿兵服、戴盔头出场。场地为落地舞台，中间为祀神的供桌。供桌左右两边有绘画布作为戏帐，右边绘凤凰，有“入相”“花戏”“日”，对应的左边绘龙，有“出将”“舞扬”“月”。杨法书、徐德相两位法师看科书说唱，其他法师唱和。站坛师穿法裙，戴法帕法冠，左手拿牌带，右手摇师刀，跳唱。唱毕，肩扛牌带，右手握着竹卦，由小愿主秦朝辉、秦朝帅陪同，跪着向供桌神坛颂神祭祀。秦开智法师倒提着公鸡跳唱，向东、南、西、北、中五方祀拜。站坛师起身，在神坛前吹牛角号、烧纸钱、打胜卦占卜，再仰天鸣牛角号两声，撒帐仪式结束。

3. 开路先锋（19:55—20:25），站坛师：李金乾、秦开智

开路先锋，又称“先锋”或“报台小鬼”，意即先锋带领享祀牲的神祇来到愿家神坛。李金乾、秦开智两位法师扮报台小鬼，穿红色无袖狱卒服，头裹红巾帕，面涂红黑相间两种颜色，额眉间写一个大红底白色的“王”字。两位“小鬼”在供桌前面唱跳一阵，然后跑向对面两张方桌，在上面倒立、翻滚数回合。然后，两位法师一人拿斧头、一人持刀在坛前舞动一番，象征着带领各路神祇到坛上。

4. 点盆土地（20:29—20:45），站坛师：秦开智

意即土地神来到神坛点戏棚，演戏谒神。杨法书操鼓、唱念科仪书，徐德相打锣。秦开智法师戴面具、挂髯口、穿长红袍扮土地老者，左手持纸钱燃烛，右手拄祖师棍和蒲扇，在神坛前唱、跳、拜五方。随后，李远

井、秦开礼分别持戟在坛前唱念打斗，祭拜功曹营。之后，烧纸钱，打胜卦，吹牛角号，结束。

5. 交钱（20:49—22:09），站坛师：杨法书

交钱，意即烧纸钱酬谢诸路神祇，还包括演戏娱乐神祇的场面。杨法书法师头缠法帕、肩扛牌带、手持牛角卦站坛，李远井法师戴法冠、穿红袍、拄杖在功曹营处站班，代拜人秦朝辉随拜。站坛师向功曹营供桌前烧纸钱、打胜卦，祭祀神祇。

演戏：秦开礼法师头戴盔头、肩披战靠、背插翎子、腰系战裙、耳挂髯口、面部勾脸，耍刀出场，演武戏。李金乾法师扮小丑，头缠红帕、穿红袍、腰束白布带，手持竹竿，顶端拴绳子系猪尿泡，演丑角戏。徐德相法师挂黑髯、穿白色战衣、戴战盔、执画戟出场，李远井法师顶白帕、双手持花毛巾碎步袅娜出场，二人演武将爱情戏。掌坛师李德临在供桌旁唱念科书。最后，武戏、丑角戏和爱情戏以大团圆的结局终场。交钱仪式结束。

6. 领牲（22:30—23:25），站坛师：秦开礼

领牲，意即临坛法事仪式的神祇领受愿家祀供的洪猪祀品。秦开礼法师戴戎冠、勾花脸、穿鹅衣扮领牲神，端坐在堂前的供桌后面。杨法书裹红巾头扎，在两个代拜人的陪同下跪在供桌前面一边唱领牲科仪唱书，一边烧纸钱、打竹卦。众人把鬃毛和内脏清理干净的洪猪用宽条凳抬到堂前，洪猪背上插香烛，唱二郎领牲科仪书。最后，打卦、吹响牛角号，领牲仪式结束。

7. 走马二郎（23:26—00:10），站坛师：李远井

走马二郎是阳戏坛主神，该出唱祭祀川主二郎神。杀猪信人邹坤洋祀牲。先到堂前施礼祀拜，秦开智法师唱猪牲超生唱词，斟酒敬祀杀猪信人。敬祀完毕，杀猪匠动手卸下猪头、割项圈肉、切割猪腿等。李远井法师裹红头帕，穿鱼皮战衣，左手端持捆成“十”字的两束大香，每束大香的两端都要燃起，四端烧得挺旺。待到大香近乎燃尽时，弃置村口的沟渠内。法师回到坛前，打胜卦，祭祀二郎神顺利。吹响三声牛角号，走马二郎仪

式结束。

唱超生猪牲的唱段，唱调单一，只有“咿——吆——喽（yī——yǎo——wēi）”一种拖腔。

8. 回熟（00:12—00:52），站坛师：徐德相

回熟，即用煮熟的项圈肉、猪肝和猪脚等再次祭祀坛上的神祇。供桌上放盛熟肉的盆和二十四只碗，其中一只碗中装饭插香烛。徐德相法师头扎红巾帕，肩扛牌带，双手端钹，在坛前唱念回熟科书，两位代拜人一左一右陪在后面躬身祀拜。唱念科书完毕，站坛师念《疏奏文》，奏明愿主家举办阳戏仪式法事的缘由和交还神祇的茶酒果供等。念毕，把《疏奏文》装进“谨川殿药王宫”的函封内，随纸钱一起烧掉。最后，打胜卦，吹牛角号，回熟仪式结束。

9. 造船（00:12—01:56），站坛师：秦开智

造船，即造起茅船，装起危害家宅清吉安宁的鬼疫恶煞远走他乡。所谓“茅船”，即用稻草挽扎成提篮形的简陋器具。先把茅船放在一塑料盆中，旁边插上一根红烛，上面放三只瓷碗。盆外面的地上再放两只瓷碗，里面放些供果，祀茅船中的鬼煞。站坛师把科仪唱书放在面前的塑料凳上，唱诵送茅船的科仪唱词。本段法事只有他一人完成，没有扮装，没用法器，也没有乐器伴奏。

10. 勾愿（00:12—01:52），站坛师：徐洪元

勾愿，站坛师针对愿主事先所许的愿信根据仪式上献牲献熟的兑现情况逐条在《雷霆都司》疏文上勾销。许愿、还愿是这坛阳戏的核心仪式。徐德相敲锣、李金乾敲鼓。站坛师头扎红帕，手捧牛角卦，双膝跪在神案前，念《雷霆都司》还愿疏文，具体内容如下：

雷霆都司　本司为勾销了愿事

牒疏　中华人民共和国贵州省平塘县塘边镇新街村管下小地名下组信奉圣设供焚香炳烛酬恩毕愿祈祥了愿信民秦正云爱人 ×

氏　右仰合家信士人等　即日投诚上干　圣听 × 氏具词言念叩生东土日感者值灾信士秦正云及夫人　所居人口清吉六畜平安五谷丰收财源茂盛　又因　祖神良愿　虔心叩许祖神三圣良愿一供自许之后今不负恩　恭伸表酬　由是卜吉本月伏善修建

正一仙家舞扬神戏一供宰杀洪猪一只净酒一封雄鸡一只　以此启阅　上达

恩良注今圣竟注上今酬之至王历簿中　昔许勾簿之文掌簿二司随带文簿下赴行坛面对勾销　右仰掌簿二司　经此　天运戊戌年七月初八日至法临　发

一还管酒信人　邹乾斌　　一还管钱信人　秦正章

一还代拜信人　秦朝辉　　一还杀牲信人　邹坤洋

一还了愿信人　秦正云　　一还勾销弟子　李德临

三天扶教大法师　张法旨　敬

站坛师边念还愿疏文，边随着愿主的“有”“是”等应答声逐条画“√”勾销愿信。并把管酒信人、管钱信人、代拜信人、杀牲信人、了愿信人处涂黑，在所交愿信处画方框，对角画“×”，再全部涂黑。勾销完毕，打卦、吹牛角号，勾愿仪式结束。

11.范郎（00:12—01:52），站坛师：杨法书

勾销完毕，封口嘴，用红纸封口，由愿主秦正云捆扎结实。三坛法事同时进行。所有戏单在最后一出烧掉。

12.送神（01:52—02:01），站坛师：徐德相

送神，即把茅船送到愿主门旁的沟渠内焚烧掉，把扰乱家宅的鬼煞污祟驱赶送走。徐德相和代拜人秦朝辉完成此出仪式。杨法书法师收拾神坛供桌的纸钱、残烛断香，送到茅船上一起烧掉。

最后，法师们收起神案，撤坛拆戏棚，顶阳戏坛还祖愿仪式结束。

三、值得思考的问题

通过该阳戏坛调查，有两点值得思考：

思考点一：缩短了用时，节约成本。本次阳戏坛还祖愿仪式，从下午六点半开始到凌晨两点结束，历时七个半小时，亦算做两天的工时。法师们既考虑到愿主的家庭负担，又要保证法师们的经济收入，在保持仪式程序完整性的情况下，采取几个仪式程序同时并行推进的灵活方式，缩短了用时，节约了成本。这在所见过的种种傩坛法事仪式中，尚属首次。

思考点二：戏帐上“舞扬”“花戏”的名称，从田野实践中进一步加深对“阳戏名称多元化”的认识，也进一步佐证了“各地仪式性阳戏出目无论从抄录时间还是内容信息看，皆宗祖于重庆巴南区道光时期的阳戏文本”①结论的客观性。因为在四川、重庆的阳戏坛上，“舞扬神戏”“舞阳花戏”“舞扬会上”的说法多有记载。②

---

① 吴电雷：《中国西南地区阳戏研究》，中国社会科学出版社2014年版，第21—22页。

② 胡天成编：《中国传统科仪本汇编（六）——四川省重庆接龙区端公法事科仪本汇编》，新文丰出版公司2003年版，第349页；于一：《巴蜀傩戏》，大众文艺出版社1996年版，第30页；于一、王康、陈文汉：《四川梓潼县马鸣乡红寨村一带的梓潼阳戏》，施合郑民俗文化基金会1994年版，第196页；等等。

附录七：贵州省六盘水市六枝特区落别乡纳骂村地戏扫场仪式调查

时　　间： 2019 年 2 月 13 日

地　　点： 六盘水市六枝特区落别乡纳骂村

调查事项： 纳骂村地戏扫场仪式调查

调查人员： 吴电雷、陈玉平、石开忠、周永健

调查组一行四人于 11:30 来到调查点落别乡纳骂村。该村 2004 年时还是纳骂乡驻地，之后乡镇合并，纳骂乡降格为现在的“落别乡纳骂村”。落别乡纳骂村，村名具有少数民族特色，但居民多数是汉族人。他们是在明朝初年“调北征南”“调北填南”时期迁移到当地的，村民的祖籍多数是江西、安徽、湖南等地。

纳骂村地戏队唱《接指记》地戏谱，是关于明朝开国第五代皇帝时期的历史演义，神仙道化内容较多。《接指记》，又称《黑黎打五关》。根据地戏谱所唱内容知道，黑黎是河北国镇殿侯。《接指记》地戏谱共八卷，今年原本打算唱完两卷，可到了农历正月初九，眼看地戏队成员陆续要返城务工了，还有两场没唱完。即使没完成计划也要扫场、封箱，唱到演义故事的一个节点即可，来年接着唱。

六盘水市六枝特区属于地戏跳演的边缘地区。在六枝特区跳地戏的村

附录八：贵州省罗甸县边阳镇深井村摆贡李氏阳戏还婚愿仪式调查

时　　间： 2019 年 2 月 14 日

地　　点： 罗甸县边阳镇深井村摆贡村民组李氏家宅

调查事项： 边阳唐登相阳戏坛还婚愿仪式调查

调查人员： 吴电雷、陈玉平、周永健

本次阳戏还婚愿法事仪式由唐登相坛班组织。掌坛师唐登相，1986 年生，现年 33 岁，2017 年度职，2018 年正式掌坛，是文坛和武坛双科掌坛师，文坛道号为唐德元，武坛道号为唐覆元。

唐登相阳戏坛为世代家传，传承至今已是第三十九代。该坛组织的仪式活动较多，春节前后在农历腊月二十三、正月初五、正月初九就演出了三次。师傅们的报酬也比较微薄。每次演出按照两天计算，下午进场，第二天中午结束，主人家给 2000 元左右，参与演出的师傅有 15 个左右，这样下来，平均每人每天七八十元钱。其他报酬亦是少量，阳戏演出结束后，给掌坛师刀头肉一块、排骨肉一块、祭祀用的活公鸡一只。该坛也演出梓潼求子戏和文教丧葬戏，演梓潼戏主人家要送掌坛师猪头，但演阳戏是不送的。演文教丧葬戏要穿法衣，戴花冠，花冠是三清、日、月五官图。

在边阳镇，阳戏全称“太上舞阳仙家有灵神戏”。当地民众普遍信仰阳

戏“三圣”神祇，家庭的香火堂上供奉以“万天川主、土主、药王三圣老祖位”之“三圣”为标志的阳戏坛。但也并非每家都会请阳戏坛班举办还愿仪式，只有顶阳戏坛的家庭才举办酬还愿的仪式活动。家庭顶阳戏坛是世世代代流传下来的，并非所有的当地人家都信奉阳戏。

边阳唐登相阳戏坛唱书有九本：《勾销交钱全簿》《阳戏》（上、中、下）、《阳戏科书》《回熟了愿科》《造船科仪》《阳戏使用写本》《领牲交钱科》。常规演出的仪式出目有十六出：《开坛》《小鬼》《土地》《开路》《童子》《领牲》《灵官》《柳青》《化药》《二殿》《催愿》《敲枷》《唐二》《勾愿》《盖馗》《送神》。

唐登相阳戏坛上也演花戏。跳花戏时，角色扮演采用画脸的形式。所跳花戏出目有《打唐二》《盖馗》等。《打唐二》，情节为范杞良被征去修长城，唐二随行，一路上调笑的段子不断。《盖馗》，剧情为钟馗解鬼，两个法师，一个扮钟馗，一个扮小鬼，钟馗押解小鬼到房屋的各室驱瘟诛邪。当然，既是还愿戏就必须有《勾愿》一出，勾愿执行者是判官，勾愿判官的身份为土地。

还婚愿阳戏的戏棚搭在庭院内。在棚前设神坛，挂“三圣”等神祇案子。两边有出场与退场的“出将”“入相”。神案后面设置化妆换装准备演出的简易戏房，戏房内的一角设神案供奉“太子”，即是所谓保佑顺利演出的戏神太子。

还愿疏文对本次还婚愿仪式的来龙去脉说明得非常清楚。还愿疏，即《雷霆都司院疏》。《雷霆都司院疏》疏文内容如下：

雷霆都司院　本司为勾销了愿事　今据　中华人民共和国贵州省罗甸县边阳镇管下小地名深井村摆贡居住

奉道设供焚香烛为酬恩了愿迎祥信士李光雄室人邹氏　右暨合家善眷人等　即日投诚上干圣厅　臣俱词伏为李光雄室人邹氏之子李林鸾凤和鸣洞房花烛花果结缘　香花位前虔心叩许跳打

酬还祖上遗留太上舞阳仙家有灵神戏一供　自许之后果保家门人民清吉人眷平安五谷丰收畜财旺相　今不负恩净心喜期跳打酬还　由是取今　本月初十日良吉喧设　正一酬恩了愿迎祥法事　唪燃

一还九品香烛三堂

一还棚上二十四戏

一还棚下二十四戏

一还三圣证盟珍财各疏

一还三伯公婆珍财六箱

一还山川证盟珍财八架

一还阴戏云马等份

一还洪猪一只

一还敬酒二封

一还了愿疏文一函

一还勾愿疏文一道

一还送圣茅船一只

一还扫棚龙鸡一只

以此寸忱上叩　三圣帝君之洪恩下祈勾销了愿事

伏愿　三圣洞鉴　众圣垂临注上今酬之字划除昔许之文酬恩恩字了愿愿明一切叨恩不忘神佑

须至牒者　右牒仰

愿日掌愿仙官　今辰勾销使者

准此（法印）天运己亥年正月初十日良吉勾

祖师三天上相正一真君张

今将听用人开列于后

一还交烛信人　朱兴玉

一还放牲信人　刘国伦

一还管香烛信人　张朝勇

一还管茶酒信人　朱兴玉

一还管钱信人　张朝勇

一还礼拜信人　李杰

一还酬恩信人　李光雄

一还勾销弟子　唐覆元

《雷霆都司院疏》经过法师的勾销了愿后装进疏函封内。函封，即称为“雷霆都司院封”，其正背面皆有文字。

正面：雷霆都司院　本取　今　本月初十日良吉勾（法印）今辰勾销使者　愿日勾愿仙官

背面：天运己亥年正月初十日（法印）谨奉

在新郎、新娘婚拜成亲前，法师要为主人家清洁宅室。两位阳戏坛法师分别扮钟馗和小鬼为主人家清吉除秽。钟馗高大魁梧，戴花冠、扎红头巾、穿猛兽图案法裙、涂蝙蝠花块脸，手握短柄宝剑。小鬼身材瘦小精干，头裹红巾，两只耳朵上插两个画符的犄角，用黑、白、红三色涂面，身穿绘有猛兽的长裙，双手握攥毛巾、绸缎、鞋垫、书等杂物。他们要把堂前屋后、楼上楼下、室内室外、牛栏猪圈扫除干净，辟邪清吉。

钟馗和小鬼首先到一楼正堂前除秽送福，祈求五方神祇保佑愿家人口安康、家业兴旺。法师敲击令牌，唱：“东南西北中，五方神祇保兴隆。东方，家门清吉保安康；南方，人口清吉六畜旺；西方，人鬼两分万事昌；北方，家道兴隆万事兴；中央，五谷丰登打满仓。”法师敲令牌，打卦成阳卦，法师祈福仪式结束。法师唱时，钟馗、小鬼在堂中央面向内跪拜。唱毕，钟馗、小鬼在堂前跳、舞、打斗一阵，然后依次到楼上的新婚洞房、卧室侧门扫污除秽。最后，钟馗用短柄宝剑押小鬼回至正堂，寓意钟馗收服鬼煞，愿主家宅清吉。期间，三位法师敲鼓、打锣、击钹，贯穿仪式的始终。法师的扫除仪式结束，婚礼即时举行。

该地的婚礼上有“回车马”和“供饭”两种特殊仪式。回车马，又称“退喜神”。新娘下轿在拜堂举行婚礼前要举行退喜神仪式，退喜神就是把路上随新娘来的鬼魂恶煞原路退回。在院落中间的方桌上放一个斗，里面装上粮米，粮米上面放一面镜子、一杆秤、一把尺子，寓意公平公正地礼遇这些随喜的鬼魂恶煞，让其甘心退回。“供饭”，又称“叫饭”，用一块红布包住一碗酒糟和刀头肉，婚礼三天后给新郎新娘下饭，寓意婚后丰粮足食。

调查还发现，愿主李氏堂号为“陇西堂”。[①] 正堂祖师牌位上有“晋阳堂”[②]。据掌坛师介绍，“晋阳堂”隐含着他们祖上的迁徙信息，他们李氏祖籍江西湄潭（音）小地名。据此推测，湄潭即现在的贵州湄潭县。这与之前“罗甸县北部汉族聚居区广布的阳戏坛属于黔北仪式戏坛，是随移民异地整体移植的特例”[③] 的结论相吻合。

婚礼结束后，举行送茅船仪式。送茅船，即烧茅船送秽。扫除仪式结束后，愿主家人把象征装着家宅污秽的茅船送到路边的水渠沟烧掉。茅船内有纸钱、香、烛、《雷霆都司院疏》等物品。

至此，李氏还婚愿仪式全部结束，历时一天一夜。

调查期间，发现两个问题：其一，黔南（罗甸、平塘）还愿阳戏皆在门前的院坝上设坛，而非如其他还愿仪式戏那样在堂屋正堂前设神坛。其二，罗甸县普遍有封室封堂的符讳。不论是普通百姓的庭院居室，还是商家店铺，凡有门楣处皆有粘贴。

下午近四点钟，还婚愿仪式调查结束。调查组一行三人辗转去罗甸县城采访县委党校的王世昌常务副校长，因为他掌握有丰富的罗甸县地方文献资料。我们驱车经过少许的山地路段，再驶上高速，下午五点到

---

① 陇西为天下李姓的郡望。

② 唐氏的堂号。

③ 吴电雷：《贵州阳戏文献文物叙录》，贵州民族出版社2017年版，第10页。

达目的地。回想起行驶过的那三五公里陡崖峭壁间的路段，心有余悸。王校长把晚饭安排在罗甸的大小井风景区。大小井风景区山清水秀，洞穴颇多，实乃修养身心之胜地。夜宿在罗甸县千岛湖大酒店，因白天的舟车劳顿，一夜酣眠。

后 记

起笔写后记，预示着作品的完成，要回顾与总结一些内容。下面的内容包括三个方面：一是回顾研究成果的形成过程，二是对过去一个阶段的学术总结，三是表示感谢。

本部书稿的完成前后经历了五年的时间。笔者于2015年7月承担了贵州省哲学社会科学规划一般课题“贵州多民族傩信仰研究”（编号：15GZYB65）的科研任务，经过两年的调研写作，在贵州民族大学科研处柳斌先生和省社科规划办蔡中孚先生的帮助下，于2017年7月按时提交成果，完成结项。本书《贵州多民族傩文化研究》就是在课题结项成果的基础上修改完成的，尤其是在2020年春节之后新冠肺炎时期进行了细心打磨和较大幅度修改。

总结笔者从中山大学毕业到贵州民族大学教书的第一个五年期间（2012年7月至2017年7月），最主要的工作就是主持两项贵州省哲学社会科学规划课题，按时提交了《贵州阳戏文献文物叙录》和《贵州多民族傩信仰研究》两项成果。因为省社科规划项目的特点是结项要求高，资助经费少，我常说这五年自己“只干活，没赚钱”。但是这两项成果的完成对我颇有意义，这是我作为高校教师从事学术科研工作立足起步的“垫脚石”。

既有点滴成果，亦需感谢给予我帮助的人。其一，感谢庹修明先生和课题组成员陈玉平、谭厚锋、杨锋兵、周永健四位老师，以及陈紫星、郭彦鑫、杨晓、张米佳等同学。课题研究过程中，他们或提出许多好的建议，或帮助搜集文献材料，或陪同一起做田野调查。其二，感谢在田野调查过程中给予帮助的学者和艺人，如山东微山县文化馆王萌女士、德江民族宗教事务局的吴昌辉先生、罗甸县委党校的王世昌先生、湄潭县文化馆的杨志刚先生、贵阳花溪傩文化公园秦仁军先生、安顺面具博物馆秦发忠先生、安顺大明屯堡文化艺术公司胡科伟先生、沿河县民族陈列馆面具雕刻艺人杨云霞女士、岑巩县平庄镇平庄村喜傩神傩坛掌坛师肖光华先生、长顺县威远镇张家院村庆坛掌坛师张玉兴先生、纳雍县董地乡上寨村穿青人庆坛掌坛师龙尚云先生、平塘县塘边镇新店村阳戏坛掌坛师李玉辉先生以及山东省微山县端公戏“坛头”金中玉先生和杨成兴先生等，这些学人对当地文化的传承发展满怀热情、无私奉献。其三，感谢在专业课上一起参与讨论的研究生——胡李柱、谭诗然、孔唯佳、逄婷、彭利容、李童、刘苗、刘章林、王晓寅等同学。在就相关问题进行讨论时，他/她们给予很多思考问题的新视角和支撑观点的新材料。

本书出版由中国戏剧出版社李静女士精心策划、编辑，得到贵州民族大学文学院龙耀宏先生的帮助和支持，谨致谢忱！

由于自己才疏学浅，成书时间亦显仓促，其中不乏不足之处，敬请同人不吝批评，予以指正。

吴电雷

2021年2月于贵阳花溪御林斗室